KB261860

급진민주주의리뷰 데모스

No.4
2013

한국 급진민주주의 프로젝트: 비판과 모색 II

RADICAL DEMOCRACY REVIEW

급진민주주의 연구조합 데모스 엮음

이 도서의 국립중앙도서관 출판시도서목록(CIP)은 서지정보유통지원시스템 홈페이지(http://seoji.nl.go.kr)와 국가자료공동목록시스템(http://www.nl.go.kr/kolisnet)에서 이용하실 수 있습니다.(CIP제어번호: CIP2013021835)」

故 방인혁 (1959~2013)

암흑과 격변의 시대에는 불의와 공포에 타협하지 않았고, 이념과 실리가 혼란스럽게 충돌하는 현실에서는 학문을 통해 그 혼돈을 바로 세우려했던 故 방인혁 선생님께서 『데모스 4호』가 출간되기 전인 지난 2013년 6월 지병과 과로로 永眠의 길로 들어서셨습니다. 욕망과 혼돈 앞에서 어떤 삶을 살아야 하는가를 후학들에게 아름답게 몸소 보여주셨던 故 방인혁 선생님께 데모스 편집위원 일동이 애도의 뜻을 표하며, 호걸이자 큰 나무와 같았던 그분의 삶의 의미를 독자들과 함께 나누고자, 『데모스 4호』의 서두를 故 방인혁 선생님에 대한 추모로 갈음합니다. 이번 『데모스 4호』에는 선생님께서 생전에 『데모스』에 대한 애정을 담아 집필하신 遺作이 실려 있습니다. 사랑하고 존경하는 故 방인혁 선생님께서 생전에 사랑하셨던 소주 한 잔과 담배 한 개피를 지면 위에 바치며, 삼가 고인의 명복을 빕니다.

『데모스』 편집위원 일동

책을 내면서 | 아직, 아무것도 아닌 자들을 위하여 ● 5

제1부 데모스 프로젝트: 비판과 모색

1. 연구모임 데모스의 기획, '민주주의와 맞서는 민주주의'
   조희연의 논의를 중심으로__ 김보현 ● 11

2. 급진민주주의 기획과 한국적 급진민주주의론에 대한 단상__ 이창언 ● 30

3. '한국적 급진민주주의론'의 급진성과 주체성 연구__ 방인혁·류석진 ● 40

4. 사회비판의 급진성과 학문적 주체성
   급진민주주의론의 옹호를 위한 자기비판__ 서영표 ● 64

제2부 데모스 프로젝트: 보완과 변형

5. 위험평가에 대한 현장노동자의 인식 연구
   가스안전 규제완화를 중심으로__ 서영표 ● 95

6. 진보정치와 '정치적인 것'의 재해석
   칼 슈미트의 그람시적 확장을 위하여__ 손우정 ● 127

7. 한국사회 자살현상과 『자살론』의 실재론적 해석
   숙명론적 자살(fatalistic suicide)을 중심으로__ 김명희 ● 161

8. 국민과 비국민의 횡단: 트랜스내셔널의 주체성
   해외입양인의 경험에 대한 단상__ 김재민 ● 203

9. 보편적인 능력으로서의 사랑
   급진민주주의 좌파와 대항종교운동의 새로운 조우를 위한 연구노트__ 장훈교 ● 223

아직, 아무것도 아닌 자들을 위하여

철학자 김영민은 어디에선가 "'아직, 아무것도 아닌 것'을 위하여"라고 말했다.[1] 그의 뜻을 모두 헤아릴 수는 없지만 우리는 이 명제를 연구조합 데모스의 현 위치에 대한 하나의 사실로 확인하고 수용하고 싶다. 그래, 우리는 '아직, 아무것도 아닌 것' 혹은 '아직, 아무것도 아닌 자들'이다. 김영민은 이런 확인을 '정직한 절망'을 위한 것이라고 말했다. 모든 희망을 끊어버리는 일반적인 절망과 달리 정직한 절망은 자신의 유한성과 정직하게 마주하는 과정에서 발생하는 절망으로, 동시에 절망에 대해 '아직'이라고 말할 수 있는 절망이다. 따라서 정직한 절망은 내가 마주한 세계로부터 나의 내면으로 침잠하여 나를 출구가 없는 감옥의 수인(囚人)으로 만드는 절망이 아니다. 오히려 '정직한 절망'은 절망으로 귀결된 현재의 상태를 인정하면서 그 폐허 위에서 다시 모든 것이 절망으로 귀결될지라도 "다시, 한 번"이라고 말하는 절망이다. 우리에겐 아직, 다르게 실패

---

1) 김영민, 2011, 『비평의 숲과 동무공동체』(한겨레출판사, 2011), 287쪽.

할 가능성이 남아 있다는 절망, 그래서 이 폐허와 다시 직면하는 절망이다.

따라서 어쩌면 이 '정직한 절망'이란 자신의 위치를 확인하고 인정하는 과정을 통해 모든 것을 포기하는 것이 아니라, 그럼에도 다시 한 번 이 과정의 반복을 요청하는 용기의 또 다른 표현일지도 모른다. 하지만 이 '용기'가 우리가 우리 스스로에게 부여한 자기기만의 정체성의 향유로부터 발생하는 것이라면 이는 '정직한 절망'일 수 없다. 우리의 질문과 응답이 부분적으로 진리의 얼굴과 마주하고 있다는 믿음이 우리에게 부여하는 권력의 감정, 다시 말해 우리가 진리와 정의의 일부이며 바로 이 때문에 우리의 작업이 역사적인 중요성을 갖는다는 주관적인 감정과 심미적인 만족의 감정으로부터 발생하는 '용기'라면 이것은 정직한 절망이 아닌 권력에 대한 열망의 다른 표현일 것이기 때문이다. 정직한 절망은 이와 반대로 우리가 진리와 조우하고 있지 못하며 오히려 우리의 지식체계 외부에 존재하는 그 진리로 인해 우리가 구축한 모든 지식의 유한성과 오류의 가능성에 직면할 때 발생한다. 용기는 우리의 지식이 권력 앞에서 자유롭지 못하다는 사실로부터 출발하며, 진리 앞에서 아무것도 아닌 것으로 판명 나는 경우에도 불구하고 진리 앞에서 정직하게 '아직, 아무것'도 아님을 인정하고 오직 진리 앞에서 자유롭기 위한 자유를 열망하는 것이다.

그렇다. 우리는 '아직, 아무것도 아닌 자'들이다. 우리의 말과 글은 우리의 화려한 수사에도 불구하고 때론 지식의 흉내일 뿐이거나 혹은 대상에 대한 이미지를 대상 자체와 혼동하는 은유의 함정에 빠졌거나 무엇보다도 신념과 믿음 혹은 열정의 이름으로 연구를 대체해버린 '아무것'도 아닌 것들일지 모른다. 하지만 우리는 이 과정에서 모든 희망을 끊어버릴 수 없는 하나의 가능성, 지식을 모방하는 우리의 습작에 내재된 그 가능성과 조우했다. 바로 '습작'의 과정에 내재된 모방과 물듦 그리고 다양한 교환의 양식들, 이것이 우리의 절망을 '아직'이라고 부를 수 있게 한다. 무엇을 이루기 위한 아무것도 아닌 자들의 연습과 훈련의 과정, 데모스의 정직한 절망은 이 과정을 솔직하게 인정하고 습작의 과정에 내재된 연습과 훈련의 과정을 우리 내부의 구성뿐만 아니라 외부와 연대하기 위한 우리의 출발점으로 다시 정의한다. 아무것도 아닌 자들의 습작들의 숲으로서의 데모스.

우리가 만들어가고 있는 연구조합 데모스가 습작들의 공동체 혹은 습작들의 숲을 지향한다는 것은 우리의 모방과 물듦 그리고 지식의 반복과 연습의 과정에 내재된 오류와 고통, 그 한계와 유한성을 은폐하는 것이 아니라 외부에 노출한다는 것이다. 동시에 우리의 숲을 동일한 연습과 반복의 과정에서 정직한 절망을 공유하고 있는 아직, 아무것도 아닌 자들에게 개방하겠다는 것을 의미한다. 우린 데모스가 우리와 같은 아직, 아무것도 아닌 자들의 훈련과 연습의 과정을 통해 생산되는 습작들이 공유되는 습작들의 숲으로 그 속에서 다양한 습작들과 타자들이 어긋나며 어울릴 수 있기를 바란다. 하지만 우리가 어긋나며 어울리는 것에 대해 어떤 환상을 공유하는 것은 아니다. 우리는 습작을 생산해내는 과정의 반복과 훈련이 '아름다운 영혼들'의 만남이 아니라는 사실을 잘 알고 있기 때문이다. 고유한 개별성이 만들어내는 어긋남은 김영민의 말처럼 "어긋내기의 외로움과 어울리기의 상처가 외려 그 주변을 피폐하게 만드는 짓"일수도 있기 때문이다.2) 돌아보면 우리 자신을 파괴하는 관계들을 '차이의 접속을 통한 생산'이라는 이름으로 은폐해왔었는가를 알게 된다. 만남은 그 자체로 어긋남을 확인시켜주는 하나의 계기일 뿐 그 자체로 새로운 유형의 어울림의 숲을 만들어내지 않는다. 오히려 아직, 아무것도 아닌 자들의 내부에서 반복되는 열망과 열등감 그리고 권력에 대한 주변적인 감수성이 만남을 절망의 계기로 변화시키기도 한다. 하지만 이 과정에서 발생하는 상처와 외로움 그리고 자신에 대한 정직한 절망을 비난할 수 있는 자는 오직 이 과정의 외부에 위치하여 '아직, 아무것도 아닌 자들'과의 교류를 통해 글을 생산하지 않아도 되는 이들이거나 '어긋나며 어울림'의 과정에 개입해보지 않은 자들일 것이다. 어긋남의 외로움과 어울림의 과정에서 발생하는 상처는 아직, 아무것도 아닌 자들의 훈련과 반복의 피

---

2) 같은 책, 233쪽.

할 수 없는 과정의 일부이기 때문이다.

습작들의 숲을 향한 교류의 양식을 발견하고 이를 실현하는 과정은 바로 이러한 피할 수 없는 외로움과 상처의 과정에 직면할 수밖에 없기 때문에 공동연구에 참여하고 있는 나의 삶의 양식은 각 개인의 일차적인 정직한 절망의 장소가 되어야 한다. '정직한 절망'이란 바로 이것일지도 모른다. 우리의 말과 글이 나의 삶의 양식과 내가 타자들과 함께 만들어가고 있는 사회성의 양식을 통해 힘과 권리를 획득하지 못한다는 사실, 바로 그 자체. 곧 나와 우리에 대한 정직한 절망. 말과 글의 교환만으로 환원될 수 없는 습작의 공동체는 우리의 삶의 양식 그 자체의 반복적인 훈련과 연습을 필요로 한다. 말과 글 그리고 삶의 양식 모두에서 우리는 '아직, 아무것도 아닌 자들'이다.

연구조합 데모스 편집위원회

제1부

데모스 프로젝트

비판과 모색

연구모임 데모스의 기획,
'민주주의와 맞서는 민주주의'*
조희연의 논의를 중심으로

김 보 현

명지대학교 연구교수

급진민주주의 연구모임 데모스 편,『급진민주주의리뷰 데모스』제1호·제2호(2011. 5)

1. 서평의 전략

　나는 책들을 모두 읽고도 바로 글쓰기에 들어가지 못하였다. 일단 비평 대상인『급진민주주의리뷰 데모스』(이하『데모스』)의 논자와 논고의 수가 상당히 많았고, 또 이들 사이의 관계를 어떻게 보아야 할지 얼른 판단하지 못하였기 때문이다. 나는 고민 끝에『데모스』제1호의 서문을 반복하여 읽었다. 그리고 거기

* 　이 글은 ≪진보평론≫ 49호(2011년 가을호)에 게재된 글을 재수록한 것이다.

에서 몇 가지 근거를 찾아내어 글쓰기 전략을 결정하였다.

첫째, 『데모스』는 지금 사정이 어떠하든 기존 민주주의론들과는 다른 또 하나의 '이론화'를 지향한다. 따라서 '급진민주주의 연구모임 데모스'(이하 '연구모임')의 성원들은 규범적으로 중요한 '공통성'을 지닌 이들이어야 한다.

둘째, '연구모임'은 『데모스』에 대해 자신들의 기준에 비추어도 못 미치는 점들이 있다고 시인한다. 그러나 『데모스』가 '연구모임'이 현재 어느 정도 "공유할 수 있는 방향" 안에서 내놓은 결실임에는 틀림없다.

셋째, 『데모스』의 '공유할 수 있는 방향'과 '이론화'는 다양한, 더 나아가 적대적일 수조차 있는 기존 입론들의 접합에 의해 추구된다. 이것은 '연구모임'의 중심인물인 조희연이 오랫동안 견지해온 학문적 성향과 중첩한다.

그래서 나는 조희연의 작업 결과들을 시야의 중심에 놓고, 그들 간의 학문적 유대를 일정 정도 공고한 것으로 받아들이며 글을 써나가기로 하였다.

2. 지금 왜, 급진민주주의인가?

'연구모임'이 급진민주주의론을 제기하는 이유는 현실 '민주주의의 위기'라는 상황인식에 있다. 그들에 따르면 현재 한국사회의 민주주의는 위기에 빠졌고 이에 대응하여 필요한 것이 민주주의의 급진화이다. 위기 진단은 1987년 이후 진화해온 민주주의가 주권자들 다수를 온전히 대의하지 못하고 있고, 따라서 그 다수의 주권자들에 의해 민주주의가 외면당하고 있으며, 이 민주주의에 실망한 대중들의 삶의 요구가 민주주의의 반대파, 즉 보수주의자들에 의해 그들 방식대로 전유되기까지 한다는 내용이다. 현실의 민주주의는 더 방치될 수는 없으며 새로운 논의와 기획, 운동을 통해 갱신되지 않으면 안 된다는 것이다. 이 때 '신자유주의'라 불리는 자본권력의 초국적 공세와 이에 적절히 대처하지 못한 "과거 개발독재와 대결하던 민주주의자들"의 "실정", 20년이 넘도록 진행된 국내외 자본의 지배형태 변환에 의한 새로운 주체들의 등장 등이 주요 조건으로 사고된다. 그리고 그러한 현실의 심각성과 대안 구상 및 실천의 절박성은 현실 민주주의의 무기력이란 상황 아래서 대중들의 삶이 점점 더 악화되어왔기 때문이며, 동시에 피폐해지고 배제된 삶들이 점점 더 기존 민주주의 담론과 제도 등에 대한 회의를 증폭시키기 때문이다(조희연·이승원·서영표·장훈교, 2011b: 10~11; 조희연, 2011a. 22; 조희연, 2011b: 90~91, 92~95; 이승원, 2011b: 338~350, 정규식, 2011: 334~335).

민주주의가 대중의 삶을 방어하고 그 지속을 위한 대중 자신의 무기로 작동하지 못하면서, 대중이 삶과 노동의 현장으로부터 축출·추방되고 있다. [……] 이러한 민주화 이후 삶과 노동의 현장에서 발생하는 대중의 추방과 배제, 그로 인해 생명의 유지와 존속 자체가 문제가 되는 시대상황은 시민으로 환원되지 않는 새로운 주체성의 영역을 탐구할 것을 요청하고 있다(장훈교, 2011b: 192).

3. 25년 전의 '조희연'과 '조희연'의 오늘

나는 조희연의 글들을 읽으면서 적지 않은 시간의 흐름 속에서도 크게 변하지 않는 그의 연구 태도를 느꼈다. 조희연의 일관됨을 표상하는 키워드들은 '복합성'과 '종합'이다. 그는 현실 분석 내지 이해와 관련하여 '복합성'을 강조한다. 이 '복합성'의 강조는 독자적 작업의 결과이겠지만, 상당 정도는 여타 다른 논자들의 대립(들)을 바라보면서, 그 대립을 매개로 하여, 그 대립하는 상이한 입장들의 실존 자체가 현실의 '복합성'을 입증한다는 판단에 따라 취하는 논지라고 여겨진다. 그렇기에 그는 하나의 쟁점을 둘러싼 대립에서 어느 일방도 완전히 긍정/부정하지 않는다. 그의 결론은 제반 입론의 '종합'이다. 각각은 저마다의 한계를 지님과 아울러 복잡한 현실의 일면을 반영하고 있으므로, 편향을 회피하면서 그들을 '종합'하는 길이 합당한 선택지라는 것이다. 그가 1980년대 중반경 '사회구성체논쟁'과 관련하여 한 논술의 일부를 인용해본다.

[……] 사회 전반에 자본주의적인 사회적 관계가 지배적으로 확대되게 된다. 이 과정은 서구사회의 자본주의화과정을 이념형적 상태로 전제할 때 '보편화 과정'이라고 부를 수 있을 것이다.

[……] 그러나 그러한 과정이 [……] 일정하게 파행적인 성격을 띠면서 관철되어간다. 즉 [……] 비서구적인 기형성을 강하게 띠고 있다. [……] 이것을 보편화 과정과 대립되는 의미에서 '특수화 과정'이라고 부를 수 있을 것이다.

[……] 양 측면이 종합적으로 고려될 필요가 있다. [……]

우리 사회는 여러 단계적 특질들이 혼합되어 존재하는 상황이 되었다. [……] '모순의 복합적 착종상태' [……] 복합적 상황을 그 복합성 자체로 정확하게 인식하는 것이야말로 [……] 길잡이가 되지 않는가 생각된다.

[……] 한국사회는 이제 계급모순이 기본모순으로 정착했다. [……] 그런데 주변부적 특성 때문에 프롤레타리아화의 과정이 제한·왜곡됨으로써, 노동계급의 내부구성이 복잡하게 나타나고, 노동계급의 문제가 상당부분 비노동계급의 문제로 전치되어 나타나며, 노동계급과 여타계급의 관계도 복잡한 상태로 출현하게 된다. 따라서 [……] 노동계급의 외연이 확대되어 나타나며, 여러 부문운동의 상호연관이 두드러지는 것이 보통이다. 따라서 보편화적 과정을 전제로 한 **노동운동의 선도성**을 인정하면서도, 노동운동의 '연대성'을 폭넓게 이해함으로써, 주변부 변혁운동의 가능성을 새롭게 설정해야 할 것으로 보여 진다.

[……] 시각상의 대립은 더욱 현재화되고 더욱 첨예화되어 **상호 침투해야** 하리라. (조희연, 1985).

조희연은 특정 대립의 장에서 벗어나 그 대립을 응시하고 그 당사자들을 얼마만큼은 중재·조정하려는 듯이 비쳐진다. 이를 두고 '높은 포용력'이라고 해도 좋을까? 근년에 출간된『박정희와 개발독재시대』그리고『동원된 근대화』의 서문에서는 이렇게 말한다.

[……] 복잡한 동학을 구조적으로 바라보는 것이 목적이다. 그러기 위해서는 이념적 차이를 뛰어넘어 객관적인 답을 찾으려고 해야 한다. [……] 박정희시대의 긍정적인 측면도 개방적으로 인정하고자 했다. [……] 박정희 시대가 갈등이 없고 대단히 안정적인 시대였음을 인정하는 것은 아니다. 박정희 체제는 고도성장의 기적을 추동했던 체제이기도 했지만 지속적인 '위기의 체제'였다. [……] 이 책은 박정희시대의 모순적 복합성을 드러내고자 하는 책이(다) [……](조희연, 2007: 8~15).

[……] 보수적 분석과 진보적 분석이 한 단계 진전되는 방향으로 발전해가야 한다. [……] 현재에는 박정희시대에 대한 두 가지 양분법적 시각이 존재한다. [……] 각각 한 측면을 강조한다. [……] 필자는 보수적 시각과 진보적 시각을 '해체'하는 것이 아니라, 각자의 시각을 견지하면서 반대의 시각이 제시하고 강조하는 역사적 사실들을 해석적으로 내재화하는 방향으로 풍부화되어야 한다고 생각한다(조희연, 2010: 8~9).

이런 지점이『데모스』에 실린 글에서도 눈에 띤다.

이 글은 민주주의론 자체를 급진적으로 심화하려는 문제의식에서, 그 지향을 가설적으로 '급진민주주의'로 개념을 부여하고 그 시각에서 민주주의론을 구성하는 여러 논의(들)를 급진민주주의론의 입론으로 종합해보고자 하는 것이다(조희연, 2011a: 23).

근대주의적 진보 흐름과 탈근대주의적 진보 흐름[……] 전자는 후자를 백안시하고 [……] 후자는 전자를 매도(한다)[……] 필자는 이 두 가지 인식을 같은 차원에서 대립시키고자 하지 않는다. [……] 근대주의의 입장에서 탈근대주의의 긍정적 문제제기를 결합하는 식으로 접근하려 한다(조희연, 2011a: 72~73).

그런데 그의 '종합'이 대립항의 수평선 혹은 대립항들의 다면체 정중앙에 서서 하는 '종합'은 아니다. 그 '종합'에는 특정한 편에 더 무게를 둔 중심이 있다. 그는 '급진민주주의'에 대해 "민주주의론을 중심으로 진보적 근대주의의 입장에서 '탈근대주의적 문제제기'를 비판적으로 전유·융해하는 이론적·실천적 프로젝트"(조희연, 2011a: 72)라고 설명하였고, 박정희 시대 논의를 어디까지나 "진보의 입장"에서 펴나간다고 밝혔다. 또 과거 '사회구성체 논쟁'과 대면해선, 한국 사회의 변화 속에서 '보편성'의 관철을 확인할 수 있으나 그것을 제한하고 굴절시키는 '특수성'을 염두에 두어야 한다고 강조하였다. 어순을 뒤바꾸어 한국만의 '특수성'을 고려해야 하겠으나 '보편성'의 의연한 관철에 주목해야 한다고 논할 수 있었을 텐데도 말이다.

조희연의 '종합'이란 문제설정은 그 자신이 현재 제기하는 '반신자유주의 연합전선론'에 녹아들어 있고, '연구모임'의 다른 논자들인 이승원과 서영표가 각기 'E. 라클라우'와 '비판적 실재론(Critical Realism)'을 경유하여 제기하는 사회운동들의 연대 구상들(이승원, 2011a; 2011c; 서영표, 2011a)을 끌어안고자 한다.

4. 근대 시민혁명과 자본의 지배형태

조희연의 한국사회 인식은 거시 - 역사적 지평에서 출발점을 찾는다. 그리고 그는 '서구 근대'를 한국사회 이해의 큰 거울로 삼는다. 앞선 인용에서 알 수 있듯이 1980년대 중후반 당시 그의 논의는 '서구＝보편＝정상'과 '한국(비서구)＝특수＝비정상'이란 유형화를 기본 전제로 해둔 것이었다. 물론 이런 경향이 조희연만의 것은 아니었다. 지금은 그러한 역사인식에 대한 일정한 성찰이 웬만큼 이루어지고 있으나, 예전에는 당연 명제처럼 사회비판적 지식인 대다수의 뇌리를 꽉 잡아놓고 있던 것들이 이와 같은 도식적 사고틀과 거기에서 도출된 '한국 특수성론'이었다.

한국의 사회비판적 지식인들에게 마치 콤플렉스처럼 작용한 자의식은 '시민혁명의 부재'라는 것이었다. '시민혁명의 부재'는 식민지화(내생적·자발적 근대화의 좌절)에서 초래되어 그 유제의 미청산에 따라 지속된 '절름발이 근대화'의 핵심이었고 해방 후 당시까지 이 사회에서 출현한 각종 문제적 상황들을 일종의 병리현상으로서 그 같은 비정상성의 소산이었다고 본 것이다. 그런데 1987년에 이르러 그러한 서구중심주의적·특수주의적 자아관에 '수정'이 가해질 계기가 마련되었다. 그것이 바로 '6월 민주항쟁'이었다. 여전히 한국의 근대와 포스트근대를 실질성이 없는 허상에 지나지 않는다고 간주하는 이들이 있음은 사실이나, 적어도 조희연은 이제는 그러지 않는 것으로 보인다. 서구 근대에 '시민혁명'이 있었다면 한국 근대에는 '6월 민주항쟁'이 있었다. 그러므로 그가 지금도 '우리' 자신을 분석하고 평가하는 중요한 척도로 '서구'를 생각하는 한에서, 현 시기 한국의 민주주의 그리고 그 대안으로 급진민주주의를 논구하는 거시 - 역사적 지평 위에 서구 근대의 '시민혁명'과 한국 근대의 '6월 민주항쟁'을 출발점으로 내세우고 있음은 자연스럽다(조희연, 2011a: 27, 44 이하; 조희연, 2011b: 72~73, 88 이하).

민주주의론의 급진적 재구축을 위해 먼저 시민혁명으로 확립된 근대 대의민주주의에 대한 논의에서 출발하고자 한다. [……] 근대 시민혁명을 통해 확립된 민주주의는 인류의 거대한 정치사적 성취라고 할 수 있다. 근대 시민혁명은 **지배권력과 사회구성원의 상호관계**를 '시민혁명 이전'과 '시민혁명 이후'로 **나눌 수 있을** 정도로 급격하게 변화시켰다. [……] 이때의 민주주의의 원리는 인민주권, [……] 의회와 [……] 선거, 인민의 자유와 시민적·정치적 권리 [……] 등을 구성요소로 한다(조희연, 2011a: 44~45).

서구 근대의 맥락에서 시민혁명은 근대 민주주의를 정립(하였다) [……] 근대 시민 혁명으로 두 가지 자유와 해방을 이루었다. [……] 한편에서 절대주의적인 국가의 통제로부터 시민사회가 독립하고 인민에게 정치적 자유와 해방이 주어졌고, 다른 한편에서 경제에 대한 국가 개입과 통제가 종식되면서 자본과 시장의 자유, 재산권의 자유가 확립되었다. [……] 인민의 해방과 자본의 해방이라는 두 가지 사건이 동시에 일어났다. [……] 정치적 자유화 [……] 경제적 자유화 [……].

한국의 1987년 6월 민주항쟁도 유사한 결과를 가져왔다. 즉 [……] 한편에서 개발독재로부터의 '정치적 자유화'를 가져왔고, 다른 한편에서는 '경제적 자유화'를 가져왔다. 전자[……]는 국가통제로부터의 시민사회의 자유, 시민적 자율, 공론장의 자율화와 자유화를 의미하며, 후자는 [……] 국가통제로부터의 자본과 기업 및 시장의 자율화와 자유화를 의미한다. 근대 시민혁명 이후 [……] 6월 민주항쟁 이후 두 가지 해방(자유) 간의 각축이 전개되었(다) [……] '자본주의와 민주주의의 전쟁' [……](조희연. 2011b: 72).

조희연의 급진민주주의론은 줄곧, 한편에서 서구 근대 시민혁명이 낳은 민주주의의 내적 한계와 긴장, 모순 및 새로운 가능성을, 또 한편에서 한국 근대 시민혁명이라 할 '6월 민주항쟁'이 낳은 민주주의의 내적 한계와 긴장, 모순 및 새로운 가능성을 논술하고, 이들을 병렬·교차시키는 가운데서 펼쳐진다. 그리고 그 전개는 '자본의 지배형태' 변화에 대한 인식에 입각하여 구체성을 확보하려 한다. 그에게 근대 민주주의와 근대 민주주의의 항상적 혁신이라 할 민주'화'(민주화'운동')가 단지 역사일 뿐만 아니라 하나의 절대적 규범이라면, 자본주의는 이 규범적 지향을 애초에 탄생시킨 주요 '모태'들 가운데 하나이자 이후 현재까지 끊임없이 그 지향을 억지·조절하며 무력화하고자 한 '적'이기 때문이다. 달리 말하면 그가 제기하는 급진민주주의는 자본주의의 역사 속에서 잉태·산출된 사회적 약자들의 고통과 희생, 소외 등을 지양하고 그들의 절규와 요구, 욕망 등을 수용하는 변증법적 '무기'였다는 근대 민주주의 - 민주화의 계열 내에서 숙고되는 것이기 때문이다.

특히 신자유주의적 자본운동에 따라 이전과 달리 더 많은 삶의 영역이 자본의 지배 하에 포섭되면서 자본운동과 민주주의 간의 긴장은 더욱 확대된다. [……]
지구화는 자본주의와 민주주의의 전쟁에서 전자를 강화 [……] 선진국에서 '사회민주주의적 균형'을 깨뜨리는 힘으로, [……] 후진국에서 '민주주의에 대한 자본주의의 천민적 공세'를 강화하는 힘으로 나타난다. [……] 지구화가 '아래를 향한 경쟁' 효과를 동반한다. [……] 민중이 오랜 투쟁을 통해 쟁취한 자유와 자율, 권리마저도 "자기계발의 의지로 재전유되고"(서동진, 2009) 있는 것 [……] 독재에 저항하면서 [……] 민주주의의 역동적 주체가 된 민중이 "신자유주의적 통치성"(조주현, 2009)에 재포획되는 것[……]. 민중이 [……] 투쟁으로 자본주의를 변화시켰다고 한다면, 지구화는 그것을 역전시키고 있다. 이제 [……] 다층적 차원에서 '자본주의와 민주주의의 전쟁' 전선이 형성되어 있다.
[……] (그러나) 자본의 식민화 영역의 확산이 [……] 노동자계급 주체를 넘어 다양한 사회적 저항주체의 등장으로 이어졌다. [……] 자본주의의 전개과정은 한편에서는 자본의 식민화 영역의 확대 과정이지만, 다른 한편에서는 사회적 저항주체의 확대 과정이기도 하다(조희연. 2011b: 80~83).

'연구모임'의 다른 구성원들도 자본주의의 현 시기 조건들과 동학, 양상 등에 주의를 기울이며 각자의 논지를 펴나간다(장훈교, 2011a; 이승원, 2011b; 정규식, 2011).

5. 새로운 것, 급진적인 것

'연구모임'의 급진민주주의론은 '민주주의에 대항하는 민주주의' 기획이다.

조희연이 참고한 한 문헌(Wood, 1995)의 제목 그대로 'Democracy Against Capital-ism'이자 'Democracy Against Democracy'인 것이다.

'연구모임'의 논자들은 현 시기 민주주의를 넘어서야 한다고 말한다. 새로운 민주주의, 민주주의의 급진화를 역설한다. 현재의 민주주의는 지구적 자본권력과 다양한 보수적 사회권력들의 공세하에서 식민화·무력화되고 있으며, 그 '외부'로 '추방'당한 사람들(현실 민주주의의 척도에 비추어 "존재하지만 의미 없는" 외부자들)을 온존·증식하는 지배체제들의 통치기제로 기능한다는 것이다. 그렇다면 그들의 민주주의론에서 새롭다는 것은 무엇인가? 또 급진성은 어디에 있다는 것인가?

우선 그들의 기본적 시선을 생각해보자. 여느 민주주의론자들과 마찬가지로 그들은 주권자 '인민'의 삶과 정치에 초점을 맞춘다. '인민'이 단일한 행위자라기보다 내적 차이 혹은 이질성, 위계관계 등을 지닌 범주[1]임을 고려할 때, '인민'의 어느 층위에 관심을 쏟고 있는지 물을 수 있다. 이에 대해 다른 어떤 논고보다 정규식의 사례 연구가 간명한 답이 되어준다. 그는 '노숙인'의 삶과 주체화 속에서 한국의 정치적 현실과 그 새로운 가능성을 고찰하기 때문이다(정규식, 2011). 이 사회의 노숙인은 장훈교의 표현대로 현실 민주주의에 의해 보호되지도 대의되지도 않는 '비시민'들 중의 '비시민'이다. '연구모임'은 중간층에 준거 기반을 두거나, 조직된 사회운동들에 편중된 시선을 두는 민주주의론자들과는 다르다. 예컨대 주류 권력 혹은 지배체제에 의해서만이 아니라 민주화운동과 민중운동에 의해서조차 배제되고 망각되어온 "써발턴의 목소리를 듣고자 하는가"라는 한 연구자의 질문(김원, 2011)과 결부시켜 평하자면, '연구모임'은 '그렇다!'고 말할 수 있다.

'연구모임'이 조직된 주체에만 관심을 갖는 것은 아니나 다양한 사회운동의

---

1) "민중은 단일한 실체가 아니라 다양한 사회경제적 하위주체 및 소수자로 구성된 복합적 구성체라고 파악되어야 한다"(조희연, 2011a: 26).

위상에 강조점을 두고 있기는 하다. 이런 면에서 한국 학계 안팎으로 가장 존중받는 민주주의론자인 최장집과의 비교를 통하여 '연구모임'과 『데모스』의 포지션을 확인하는 것도 좋겠다.

최장집에게 결정적으로 중요한 것은 다원주의적 대의정치과정(정당정치 및 코포라티즘)의 제도적 안착과 합리적 운용이다.[2] 그의 미덕은 사회에 실재하는 갈등들의 실존과 표출을 그 자체로서 외면하거나 억압해서는 안 된다는 주장에 있다. 그리고 그가 오랫동안 담론과 정치지형의 주변부로 내몰리는 압박에 시달려야 했던 '노동'의 정치적 주체화를 논술과 연구의 주요 대상으로 삼아왔다는 점은 반공산주의의 강한 영향력이란 시대적 정황을 감안할 때 새삼스럽지만 긍정적으로 평가되어 마땅하다. 그러나 '오늘의 시점'에서 보면 그러한 문제설정은 이제 (정권이 아니라) 지배체제들의 안정화 논리와도 맞닿는 보수적 일면을 드러낸다.

그는 공식적 제도의 수준을 중심으로 사고한다. 그는 제도권 내 복수의 정당 및 코포라티스트 체계가 사회갈등의 관련 당사자들을 합리적 규칙에 근거하여 경합적으로 대의하거나 조정·중재하고 이것의 국가정책화가 이루어지면서 다시 동일한 절차를 통해 피드백이 되는 반복적 순환과정을 규범화한다. 그렇기에 사회운동의 활성화, 더 나아가 급진화는 대의정치(민주주의정치)의 저발전 또는 지체된 근대화의 증표로, 한 논자의 표현처럼 대의정치의 "퇴행이거나 병리현상"으로(고병권, 2011: 88) 받아들여진다. 사회운동은 최장집이 생각하는 민주주의의 최소한의 제도요건이 정초되기 이전까지만 각별한 의미를 부여받는다. 그 문턱을 넘어서면 그것이 잠정적으로 해오던 정치적 역할은 대부분 제도화된 정당들에게 이전되어야 한다. 사회운동과 운동정치는 다원주의적 정당체계와 코포라티스트 기구의 원활한 작동에 필요한 기능요소 정도로 여겨진다. '연구모임'이 주목하는 민주주의의 '구성적 외부', 다시 말해 '추방'된 '비시민', '지역풀

---

2) 최장집(2002; 2006; 2008; 2009); 최장집·박찬표·박상훈(2007, 제1부) 등을 참고할 것.

뿌리정치' 등과 결부된 문제적 상황 및 의제는 '좋은 정당'을 만들고 '제도정치를 정상화'하는 일에 따라 해소될 것으로 가정된다. 최장집이 진보정당의 성장과 안정화를 희망하는 것은 바로 이런 맥락에서이다. 반면 '연구모임'은 정당정치에 국한시켜 보더라도 "사회운동과 정치정당을 접합"한 "사회운동정당"을 '좋은 정당'의 사례로서 탐구할 정도로 상이한 입장을 보여준다(서영표, 2011b: 118~120; 장훈교, 2011a). '연구모임'의 민주주의론도 대의정치의 기본적 틀을 긍정하며 또 중요시한다. 그러나 최장집의 그것을 아래와 같이 자신들의 입론과 구별한다.

> [······] 현 단계의 제도정치가 사회적 적대를 반영하지 못하는 형태로 불구화되어 있다는 점[······] 공유한다. 그러나 그것의 극복은 '제도정치의 정상화'가 아니라 사회적 동력에 의한 제도정치를 포함한 민주주의의 재구성 투쟁을 통해서 가능하다. [······] 제도정치에 인입되지 않는 대중의 다양한 저항적 잠재력을 '정치화'(사회적 적대의 정치화)함으로써 제도정치와 사회의 괴리를 정정하고 민주주의의 재구성을 도모해야 한다(조희연, 2011a: 33).

'연구모임'이 그려내는 민주주의의 비전에는 '완성' 단계가 없다. '정상화'란 발상도 없다. 그들이 서구의 시민혁명 이래로, 또 한국의 6월 민주항쟁 이래로 정초되고 진보해왔다고 보는 근대 민주주의는 처음부터 '원형적 결손', 즉 민주주의의 외부자들을 구성·존속케 하는 경향을 내장한 것이었다. 그뿐 아니라 '연구모임'이 규범화하는 민주주의의 요체는 자본권력의 신자유주의적 공세에 포위된 최근에 이르기까지 '본원적 한계'를 보정하거나 지양하고자 행해진 매순간의 노력들과 그 성과들, 더 나아가 현실의 지배적 사회관계들(자본주의·개발주의·가부장주의 등)과 결부되어 현존 민주주의의 '외부자 생산' 효과들이 지속되는 한 또 다시 그 민주주의와 맞서게 될 긴장과 모순에 찬 민주주의의 재구성 과정들 자체이기 때문이다.

『데모스』의 입지는 구좌파들과의 대비를 통해서도 드러난다. '연구모임'은 과거의 좌파들과 마찬가지로 사회운동들 간의 연대와 헤게모니 정치를 강조한다. 그러나 미리 결정되어 있기에(pre-determined) 결코 훼손되어서는 안 되는 계급 중심성 내지 민족 중심성을 전제하면서 제반 운동을 위계화하지는 않는다. 그들은 상이한 운동들 사이에서 어떤 중심성을 부정하지는 않으나 그것이 정세의 차원에서 교차·소통하는 다양한 실천들의 접합 - 연대를 통해 우발적으로 실현되는 것이라고 사고한다(이승원, 2011a; 2011c). 그래서 '적·녹·보 동맹', '지역풀뿌리정치' 등과 관련된 논의들이 보여주듯이, '연구모임'은 2000년대에 들어 더욱 가시화된 새로운 사회비판적 주체들에 관심을 기울이는 한편, 그들과 한층 적극적인 연대를 탐색·추구한다. 그들은 자신들이 "급진민주주의라는 기표를 통해 강조하는 '급진성'"이란 곧 "'연대성'을 의미한다"고 말한다(조희연·이승원·서영표·장훈교, 2011: 53~54).

문제는 이러한 '연대의 정치'에 대한 고민과 논의가 과거와 같은 '동맹' 수준 혹은 더 부정적으로는 '선거전술'로 환원되지 않게 하는 것이다. [……] 연대의 요청에는 적의 제거라는 문제 이전에 연대에 참여하는 혹은 참여시키고자 하는 집단과 세력이 지향하는 공동체 구성 및 유지의 원리가 필요(하다) [……] 연대는 상이한 세력이 서로에 대한 연민과 호혜성을 바탕으로 새로운 관계를 만드는 복잡한 과정(이다) [……](이승원, 2011c: 53~54).

6. 혼란 또는 의문

'연구모임'은 아직 시작 단계이기에 불분명한 점과 부족한 점이 있다고 솔직히 토로한다. 나는 그러한 변을 어느 정도 수긍할 수 있다. 그러나 비평자인 까닭에 고개를 끄덕이며 넘길 수만은 없는 몇몇 지점들을 발견한다.

일견 정지상태의 민주주의란 없고 '민주화=급진화'(현실 민주주의에 맞선 계속되는 민주주의의 '재구성' 운동)만이 있는 듯한 '연구모임'의 급진민주주의론에서 '내부화' 개념은 아주 중요하다. 이 '내부화'는 기존 민주주의에 의해 배제·소외 당해온 사람들이 정치의 장 안으로, 민주주의의 틀 안으로 진입함으로써 그들의 주권자다운 주체성을 구현한다는 것을 뜻한다. '외부자'들의 '내부화'는 기존 민주주의의 외연을 조정할 것이고 그 내포를 변경시키지 않을 수 없을 것이다. 즉 '재구성'을 초래한다. 그런데 여기에서 '재구성'이 일면적으로, 논자들이 바라 마지 않는 방향으로만 해석되는 것은 아닌가? 조희연의 글들에서 잘 드러나는 바처럼 그들이 말하는 민주주의의 급진화가 시민혁명을 기점으로 확립되어온 기존 근대 민주주의의 정초적 틀(인민주권론, 의회와 선거 등 대의제도들, 또 국민국가가 보장해야 할 기본권들)의 확장이지 그 틀의 질적 전화 혹은 전복 및 대체는 아니기에 그렇게 보인다. '내부화'는 최소한 이중적 변화 과정일 것이다. 그러나 '연구모임'은 기존 민주주의의 긍정적 확장(누적적 진보)만을 예견·논술하고, 다른 한편에서 이루어질지 모를 '내부화'에 따른 '외부자'들의 변화, 즉 '외부자'들이 '내부화'됨으로써 국가 정치와 행정, 상품관계 등을 매개로 하여 지배체제들의 '입맛에 맞는' 주체들로 끊임없이 순치되어갈 전망에 대해서는 크게 우려하지 않는다. 그러니까 '연구모임'의 민주주의론('내부화'론)은 민주주의의 끊임없는 급진화를 의도하지만, 반대로 일정한 사회적·정치적 갈등을 동반하면서 결국은 지배체제들의 지속적 안정화와 내구화('지배'의 헤게모니 강화)를 귀결시킬 수도 있는데, 이 가능성을 그다지 고려하지 않으며 따라서 아무런 관련 구상을 제시하지 않는다. '내부화'가 '연구모임'이 주창하는 민주주의론의 중요한 구상들 가운데 하나임에 틀림없다면, '연구모임'은 그것이 지시하게 될 정치적 내용들에 대해 좀 더 세밀하게 연구·토론·부연해야 할 것이다.

이미 말한 바처럼 '연구모임'의 급진민주주의론은 '연대'를 대단히 중요시한다. 『데모스』 제2호는 대주제를 '연대성의 정치학'으로 잡았다. 그리고 앞의 인용에서 알 수 있듯이 과거 사회운동에서 나타났던 연대의 발상과 자신들의 그것을 구별하고자 한다. 그러나 비평자의 눈에는 지난 시기의 부정적 흔적이 여전히 보인다.

우선 단일한 모토('반신자유주의') 아래 거대 단위의 (이른바 '인민적' 혹은 '국민적') 전선을 형성하고자 하는 의지가 강하게 나타난다. 전체적으로 연대의 강한 의지는 '반신자유주의 전선'의 구성에 집중된다. 이것은 '자본주의'와 현 시기 자본의 지배형태로서 '신자유주의'가 사회구성원들 다수에게, 진보적인 어떤 사회운동, 어떤 정치단체에게나 중대한 문제적 대상들이란('공통성') 판단 위에 취해지는 태도이다.

물론 그런 판단 자체가 틀렸다고 생각하지 않는다. 그러나 그렇다고 해서 종래의 전선 구도를 다시 추진해야 하는지는 의문이다. 그러한 발상의 구체화는 '하나의 전선'을 두고 '이편'과 '저편'으로 갈리어 대결하는 '이원론의 진영체제'가 성립한다는 것을 뜻한다. 반면 '연구모임'이 스스로 긍정하듯이 현실 사회는 사전적으로 중심성이 설정되거나 어느 하나에 환원될 수는 없는 복수의 문제적 관계들, 복수의 지배체제로 구성되어 있다. 게다가 '반신자유주의'는 안티테제이기에 그 자체로만은 상당히 비구체적일 수밖에 없고 또 그만큼 경합적인 여러 해석과 대안들을 포함한다. 즉 인민전선이니 국민전선이니 하는 "전 계급·계층적 투쟁"의 형식이 시도된다는 것은 바로 '이편'에서 '이편' 내부에 엄존하는 차이와 갈등 심지어 적대가 그러한 '공통성'의 명분 아래 일상적으로 도외시·억압될 가능성('동일성'의 정치가 지배할 가능성), '우리 안의 권력'과 '우리 안의 권위주의'("중앙을 향하는 '소용돌이의 정치'")가 재연될 공산이 커지는 것이다. 연대는 다른 여러 수준들에서 다른 여러 형태들로 국지화·편재·교차·경합하며 유연하게 실현될 수 있다. 우리의 상상력을 군이 그처럼 큰 위험이 내포된 방식에 포박시킬 필요는 없다. '연구모임'이 정녕 '위계 없는 복수의 모순론'을 자신들의 것으로 확신한다면 그리고 '통일성의 연대'가 아닌 '차이의 연대'를 지향한다면 과거 '반독재'/'반파쇼' 전선운동을 성찰할 뿐만 아니라 벤치마킹하려는 듯이 보이는 태도는 현 시점에서 재고돼야 한다. 2000년대에 들어 경험하게 된 '촛불'들의 시발과 양상, 과정 등에 비추어 볼 때 오늘날 대중들이 과연 그러한 운동방식에 얼마나 호응할지도 의문이다.

상이한 의제들, 상이한 운동들 사이의 관계에서 미리 주어진 중심성이 없다는 '연구모임'의 별도 언명은 사실 잘 믿어지지 않는다. 그 중심성은 『데모스』의 텍스트 속에서 이미 결정되어 있다. 전술한 바의 진영론적 아이디어도 그렇지만 다른 제반 논고, 문장에서 자본주의의 역사 및 자본의 특수한 지배형태와 관련된 분석과 고찰이, 예컨대 '개발주의 지배체제', '가부장주의 지배체제' 등과 관련된 논의들에 비해 양적으로 질적으로 대단히 압도적이다.[3] 자신들은 생태주의 그룹, 여성주의 그룹 등 누구와도 소통·연대할 의지가 있다고 표명하면서 다가오라 크게 손짓하지만, 서로 만나 이야기조차 나누기도 전에 벌써 "반신자유주의적 투쟁"을 중심축으로 삼고 여기에 "다양한 민주적 투쟁들"을 "접합"시키는 전략을, "사회경제적 진보주의를 기본가치로 하는 진보적·좌파적 운동"의 입장에서 "여성주의와 생태주의"를 "수용"한다는 방침을 확정해놓은 것이다. 마치 전자는 '보편'이고 후자는 '특수'로 이해되는 듯하다. '신자유주의'가 이 사회의 구성원들 다수와 관련된 공통의 적이라 말할 수 있다면, '가부장주의'도 '개발주의'도 마찬가지 아닌가? '신자유주의'가 '가부장주의'와 '개발주의'를 지지·강화하는 측면을 가지는 것이 분명하지만, '가부장주의'와 '개발주의'의 구조들은 그것보다 훨씬 공고하고 깊은 저변의 힘들에 의해 지탱되어왔음을 간과해서는 안 된다.

연대와 관련하여 조희연이 범주화한 '탈국가 좌파', '체제이탈적 운동', '포스트 구조주의', '탈근대주의' 등의 성향과 내용이 지니는 특이성에 대해서도 더 신중히 사고되어야 한다. 왜냐하면 진정한 연대는 어느 일방의 의지로만 성사되

---

3) 일례로 조희연,(2011b: 69~70)을 보라. 이 부분은 "1987년 이후의 한국사회의 변화 과정"을 기술하고 있는데, "자본(주의적) 지배"라는 단어가 13번 읽히는 동안 다른 지배체제의 변동과 관련된 단어는 단 한 차례도 나오지 않는다.

는 것이거나 또 도덕주의적 당위의 과제로서 실현되는 것이 아니기 때문이다. 연대는 쉽게 말해서 당사자들 간의 조건들이 맞아 떨어져야 이루어진다. 그렇지 않다면 그 연대는 가상의 연대로서 정치공학의 산물에 지나지 않을뿐더러 특정 층위의 운동들, 대중들에게 심각한 폭력일 수 있다. 통약 불가한, 환원 불가한 차이와 특이성에 대한 냉철한 직시야말로 연대의 중요한 전제 중 하나이다. 이런 시야에서 보면 '연구모임'은 연대를 너무 쉽게 생각하는지도 모르겠다. 누구와도 어렵지 않게 연대하고 서로의 입장들을 접합한다는 강한 의지의 표현이 어떤 이들에게는 또 하나의 권력욕망으로 비쳐질 수 있다.

이렇게 차이와 특이성의 실제를 유념하는 관점에서 보면 '연구모임'이 여느 민주주의자들처럼 이론적 기초로 삼는 '인민주권론'이 역시 회의의 대상으로 되지 않을 수 없다. 주지하다시피 '주권'의 속성들은 유일성과 분할 불가능성(통일성), 절대성, 예외성 등이다. 반면 '인민'은 내적으로 ('공통성'을 보유하고 '연대'하는 경우들조차) 흡수·통합되기 어려운 다양한 주체성으로 구성되어 있다. 나는 '민족' 혹은 '국민'을 실체적 개념으로 받아들일 수 없는 것처럼 '인민'이란 거대 주체 개념 또한 실체적 개념으로 긍정할 수 없다. 그것을 주권 개념 아래 실체화하려는 순간, 그 정황과 강도 등에 따라 한 인물에 의해서든 한 정당에 의해서든 한 정권에 의해서든 인민주권의 대의를 불가피하게 하면서 그러한 시도를 정치적 독재화의 길로 유인할 것이기 때문이다. 역설적이게도 민주주의론의 이론적 기반으로 간주되어온 '인민주권론'은 상시적으로 권위주의를 내장한다. 따라서 민주주의의 원리로서 '자기 통치'는 '인민주권'과 구별되어야 하며, 거기에서 '자기'의 '내적 차이들'과 '통치'의 '자기 척도'가 중요시되지 않으면 안 된다.

'연구모임'의 급진민주주의론은 자본주의와 맞서고, 현존 민주주의와 맞서는 계속적 민주화 - 운동론이다. 그것은 사실상 과거 사회주의 기획이 가졌던 문제설정조차 민주주의론에 포괄시켜 구상하는 기획이다. 그렇다면 이 급진민주주의론의 저 너머에는 '자본주의 이후' 또는 '자본주의 외부'의 어떤 세계가 상정되는 것인가? 이런 질문과 관련하여 나는 『데모스』를 읽는 동안 내내, 과거 자본주의의 대안으로서 사회주의를 생각한 것처럼, 당시 설정된 사회주의의 위상과 비슷한 '삶의 대안적 양식' 차원에서 민주주의를 좀 더 적극적으로, 포지티브하게 연구·탐색·실험할 수 없을까 하는 초보적 문제의식을 갖게 됐다. 이 문제의식은 "서로에 대한 연민과 호혜성을 바탕으로 새로운 관계를 만드는 복잡한 과정"으로서, 그 "새로운 관계를 위한 '자신'과 '타자'에 대한 새로운 인식과 실천양식의 전환"으로서, "저항의 수준을 넘어서 보다 나은 정치질서 혹은 공동체 구성을 위한 대안적 정치실천"으로서(이승원, 2011c: 54) '연대'를 기획한다는 '연구모임'의 생각과 통할 수 있겠다.

　『데모스』가 비평자에게 제시한 논제들은 '급진화'와 '내부화', '연대', '접합' 등이다. 이후 '연구모임'이 할 일은 그 구체성을 가시화하는 것이다. '구체성을 가시화'한다는 차원에서 다음호부터는 어떤 시기, 어떤 공간에 대한 것이든 '사례연구'를 많이 제공해주었으면 하는 바람이 있다. 멀리서 찾지 않을 수도 있다. 예를 들어 '연구모임'의 주요 관심 대상인 '신자유주의적 사회편성에 맞선 민주주의'라면 '연구모임' 성원들의 일상사 공간이자 '불안정노동의 온상지'인 대학교에서, 바로 성공회대학교에서 논의의 모멘트를 구하는 것도 얼마든지 가능하다.

참고문헌

고병권. 2011. 『민주주의란 무엇인가』. 그린비.
김원. 2011. 『박정희시대의 유령들: 기억, 사건, 그리고 정치』. 현실문화.
서영표. 2011a. 「비판적 실재론과 비판적 사회이론: 사회주의, 여성주의, 생태주의의 분열을 넘어서」. 『데모스』 제1호.
______. 2011b. 「우리에게 급진민주주의란 무엇인가」. 『데모스』 제1호.
이승원. 2011a. 「민주주의와 헤게모니: 현대 민주주의의 특징에 관한 이론적 재구성」. 『데모스』 제1호.

______. 2011b. 「신자유주의 소비문화적 쉼에 대한 반성적 성찰」, 『데모스』 제1호.

______. 2011c. 「연대의 정치적 필요성과 이론적 조건: 헤게모니 실천을 통한 연대와 민주주의의 통일」. 『데모스』 제2호.

장훈교. 2011a. 「사회운동정당: 사회운동과 정치정당의 접합을 통한 민주주의의 급진화」. 『데모스』 제1호.

______. 2011b. 「시민에서 비시민으로: 잉여성의 관리구조와 불안, 그리고 연대」. 『데모스』 제1호.

정규식. 2011. 「홈리스, 추방된 자들의 전복적 주체화」. 『데모스』 제2호.

조희연. 1985. 「종속적 산업화와 계급분화의 복합성」. 박현채·이대근·최장집 외. 『한국자본주의와 사회구조』. 도서출판 한울.

______. 2007. 『박정희와 개발독재시대: 5·16에서 10·26까지』. 역사비평사.

______. 2010. 『동원된 근대화: 박정희 개발동원체제의 정치사회적 이중성』. 후마니타스..

______. 2011a. 「한국적 '급진민주주의론'의 개념적·이론적 재구축을 위한 일 연구」. 『데모스』 제1호.

______. 2011b. 「'포스트 민주화' 시대의 진보와 '민주주의 좌파'의 정치학」. 『데모스』 제2호.

조희연·이승원·서영표·장훈교. 2011. 「책을 펴내면서: 민주주의의 위기, 민주주의 좌파 그리고 민주주의의 급진화」, 『데모스』 제1호.

최장집. 2002. 『민주화 이후의 민주주의』. 후마니타스.

______. 2006. 『민주주의의 민주화』. 후마니타스.

______. 2008. 『한국민주주의 무엇이 문제인가』. 생각의나무.

______. 2009. 『민중에서 시민으로』. 돌베개.

최장집·박찬표·박상훈, 2007. 『어떤 민주주의인가』. 후마니타스.

Wood, E. M. 1995. *Democracy against Capitalism: Renewing Historical Materialism*, Cambridge: Cambridge University Press.

급진민주주의 기획과
한국적 급진민주주의론에 대한 단상*

이 창 언
성공회대학교 연구교수

1. 낯선 만남:
존재론적으로 특권화되지 않는 주체, 내적 불화를 내장한 민주주의

우리는 어쩌면 대안체제에 대한 명확한 상이 없어져 버린 시대에 살고 있는 지도 모른다. 좌익독재가 반자본주의적 대안을 구체화하지 못하고 반민주주의 적·반환경주의적 국가로 타락해버린 현실, 노동운동이 신사회운동, 신좌파운 동과 효과적인 정치적 연합을 이루지 못한 서구의 현실 속에서 밀어닥친 글로벌 신자유주의의 거센 물결과 같은 거대한 변화는 진보와 보수라는 전통적인 도식 으로 설명하기 어려운 여백들을 만들어내고 있다.

일부에서는 거대한 전환의 흐름을 역사의 종말 또는 진보의 패배로 섣불리 규정짓기도 한다. 해답부재의 상황, 세계사적인 거대전환상황은 진보학계 스스

---

* 이 글은 비판사회학회가 발간하는 등재학술지 ≪경제와사회≫ 통권 제91호(2011)에「포 스트 민주화시대, 급진민주주의 기획과 민주주의 좌파의 과제」라는 제목으로 게재되 었다.

로 우리시대 민주주의는 어떠한 것인가에 대한 자기정립을 요구하고 있다. 물론 진보학계 내부에는 우리시대 새로운 진보와 민주주의에 대한 이론화 작업과 논쟁이 존재했다. 그러나 진보진영(학계포함)에서 사용하는 진보와 민주주의가 자의적이고 속류화를 벗어나지 못하였다는 비판과 함께 논쟁과정에서 진보진영의 보수성 또한 확인됐다. 특히 민주주의의 재구성과 대안전략의 정교화를 위한 노력은 상대적으로 부족했다는 평가가 많았다.

진보적 대안의 부재는 주체의 의지 문제만으로 환원할 수 없다. 진보와 민주주의의 내적 긴장, 유동적 성격과 관련성도 염두에 두어야 한다. 민주주의와 진보를 구성하는 내용은 선험적·초역사적으로 이미 확정된 불변의 것이 아니라 역사적 상황에 따라 자신을 변경시켜온 상대적인 개념이기 때문이다. 요컨대 보수 담론이 기존 질서를 물질적 기초로 하여 상당 부분 자연발생적으로 형성되고 발전해왔다면 진보 담론의 구성은 아직 실현되지 않은 현실의 맹아를 기반으로 자신의 입장을 만들어 나가야 하는 약점을 지니고 있다.

따라서 성공회대학교 민주주의 연구소 급진민주주의 연구모임의 『데모스 1.2』 발간은 대단히 의미가 크다. 먼저 급진이라는 부정적이고 여전히 모호한 개념과 지난한 '시간 투쟁'을 벌인 공동연구의 산물이라는 점에서 그렇다. 공동연구는 많은 시간과 노력(끈기, 협동, 우정)을 수반하며 어느 것도 자신의 특권적 지위를 주장하기 어렵다. "민주주의를 배우기 이전에 서로에 대해 배워야했고, 토론하는 과정이 서로의 삶에 내재된 오래된 문법과의 갈등이자 동시에 협력이라는 사실을 배우는 과정"이었다고 고백한 『데모스 1』 서문은 공동작업의 고통을 단적으로 드러내 주고 있다.

『데모스』의 발간이 갖는 두 번째의 의미는 참여자들의 의도와는 무관하게 서로 다른 시각과 세계관을 공개적으로 드러내는 한편, 한국 민주주의의 위기와 근본문제, 해법을 찾기 위한 진보진영의 자기반성과 성찰, 대안모색을 위한 진지한 고민을 제공해준다는 데 있다. 데모스는 현실 민주주의의 한계를 비판하지만 그 안에 내재되어 있는 변혁의 동력을 포착한다. 현실의 민주주의와 이상으로서의 민주주의의 틈새 분석은 초월적 기준에 의한 비판이 아닌 내재적 비판이라는 점에서 주체적 진단과 해결의 가능성을 제공한다.

『데모스』발간이 갖는 세 번째 의미는 주어진 세계에 쉽게 동화하지 못하는 외부(outsider), 지배적인 가치를 쉽게 받아들이지 못하는 소수자들(minority), 그리고 그 세계에서 추방되거나 배제된 타자들(the others)과 연대를 모색한다는 점이다. 아직은 낯선 만남의 과정이지만 '하나의 진보 - 민주주의'가 아닌 '복수의 진보 - 민주주의' 개념에 대한 시민권 확보를 시도한다. 여기에 더해 서구의 보편적 맥락과 한국적인 특수성의 맥락에서 급진민주주의론의 한국적 적(변)용을 시도하고 있다는 점이다.

2. 불화(不和)와 연대(連帶):
초월적 민주주의 비판이 아닌 민주주의의 내재적 비판과 급진적 재구성

한국적 급진민주주의론은 미완성이자 현재 진형형이다. 『데모스』 논자들도 여러 지면과 공개적 토론의 장에서 '결'이 존재함을 인정한다. 때문에 독자들이 볼 때 이들의 논의가 혼란스러워 보이는 것은 당연할런 지도 모른다. 단적으로 '데모스'라는 잡지명에서부터 그렇다. 급진민주주의 연구모임은 "시민, 인민, 민중으로 번역되어온 데모스(demos)"를 "시민과 민중, 인민과의 불일치의 지점에서 오로지 불화(不和)의 이름으로만 자신을 드러내는 부정성의 존재"로 정의한다. 한국적 급진민주주의론이 말하는 '데모스'는 "존재하지만, 의미 없는 자들의 공통의 이름, 질서로부터 배제되었지만 질서의 유지와 지배의 확립을 위해 요청되는 생명의 이름"이다. 급진성은 "존재하지만 의미 - 없는 - 자들의 언어"이며 "자신을 잉태한 그 사회의 내부에서 외부로 나아가는 자들의 언어, 삶의 방식, 그들의 미래와의 연대"다. 따라서 데모스는 "질서를 수호하거나 완성하자는 요청에 대항하여 질서의 변형 없이는 존재의 이유를 획득할 수 없는 자들의 사회적 상상"으로부터 출발한다. 배제된 급진적인 상상과 데모스의 연결, 이것이 급진민주주의라는 것이다.

다소 생소하고 낯선 개념이 나열되어 있지만 결코 생소한 이야기는 아닐 것이다. 위의 개념과 언술을 통해 우리는 급진민주주의가 일정 부분 포스트구조주의 논의와 닮았거나 이를 적극적으로 수용했음을 알게 된다.

급진민주주의 연구모임의 대표 논자인 조희연 교수는 "포스트구조주의 논의를 그람시적 헤게모니론의 확장적 재구성이라는 관점에서 재전유하는 방식으로, 라클라우와 무페의 담화이론적 급진민주주의와 구별되는 초/구조주의적 급진민주화론의 차별화"를 시도했다고 말한다.

이의 설명에서 확인할 수 있듯이 한국적 급진민주주의론은 포스트구조주의의 긍정적 논의를 수용하는 한편 경제적 환원주의나 민주주의의 본질론적 인식 경향으로부터 민주주의를 상대화시키고 민주주의적 변혁주의적 대안전략을 모색하고 있는 것으로 보인다. 포스트구조주의 논의와 마르크스주의의 비판·성찰적 수용을 통해 정치경제적 진보주의, 역사철학적 진보주의가 내장한 신화성, 세속성이 진보의 능동성과 다차원성을 억압해왔던 구좌파의 실천전략을 넘어서는 담론지형을 구축한다. 그 결과 포스트구조주의의 지적 전통으로부터 급진주의를 구성하는 내용은 선험적·초역사적으로 이미 구성된 불변의 것이 아니라 역사적 상황에 따라 자신을 변경시켜온 상대적인 개념으로 위치지어진다. 따라서 '급진화'는 당면 사회 현실의 구조적 모순에 대하여 근본적(fundamental) 해결책을 강구하고 총체적인 개혁을 추구하는 경향으로만 단순하게 정의되지 않는다.

한국의 급진민주주의론은 "존재론적으로 특권화되고 모든 해방의 궁극적인 중심이 되는 자기완결적이고 충만한 특권적 주체를 수긍하지 않는다"는 점에서 모순과 적대의 다양성과 중층성을 강조한다. 주체 간의 관계문제뿐만이 아니라 하나의 주체 자체도 복합적 존재이고 구성적 존재로 바라본다는 점에서 '민주주의의 도구론적 인식'과 차별화를 시도한다. 즉 하나의 집단주체는 단일하게 통일된 존재가 아니라 균열과 틈새와 단장을 내장한, 내적 불화를 겪는 '주체'인 것이다.

급진민주주의론에서 강조하는 민주주의와 (인)민의 양가성, 저항의 다차원성(풍부성)이라는 문제의식은 (인)민의 주체화의 확장을 포함하여 다양한 민주주의 투쟁에서 선험적인 위계성을 넘어 차이의 연대성을 확장하는 급진민주주의 기획에서 주요한 개념으로 활용된다. 다원성과 다차원성의 시각으로부터 민주주의 경계를 재설정하는 한편, 민주주의는 환호의 대상이 아니라 문제의 대상으로 재인식된다. 다양한 포스트구조주의가 주목하는 '예외상태'의 존재에 대한 천착, 과거의 저항성과 새로운 부르주아적이고 민주주의적인 지배가 만들어낸 저항성의 결합과 접점의 형성 시도는 풍부한 저항주체 전선을 만들어내는 데 긍정적으로 작용할 수 있음을 강조한다. 결국 급진민주주의론의 시각에서 본 '민주주의'는 부단히 구성적 외부를 만들어내는 비(非)민주주의화 과정을 내포하는 방식으로 작동한다.

그러나 포스트 구조주의가 갖는 문제의식의 긍정성을 수용하여 접점을 마련한다고 해서 한국적 급진민주주의 논의를 '탈근대적'이라고 단정할 이유는 없다. 『데모스』에서 자주 등장하는 급진(성)은 기든스와 울리히 벡의 논의와 유사하게 "현재의 사회에 극도로 불만족함으로써 변화를 희구하고 다만 그 방향이 진보적인 방향 즉 기존현상으로부터 어떤 새롭고 다른 방향으로 변화를 심도 있게 추구하는 경향"과 대립적이지 않다. "급진적이 된다"는 것은 역사에 내재한 가능성에 대한 확신, 지금보다도 더 좋은 미래사회를 건설하려는 의지 추구와 무관하지 않은 것으로 보인다. 논자에 따라 일정한 차이가 존재하지만 최소한 조희연의 한국적 급진민주주의론은 '진보적 근대주의'의 입장에서 탈근대주의의 긍정적 문제제기를 결합하려는 접근을 통해 한국적 민주주의론의 맥락에서 민주주의의 급진적 재구성을 시도하는 것으로 보인다.

3. 한국적 급진민주주의 기획:
민주주의 비판프로젝트가 아닌 대항헤게모니 프로젝트

한국적 급진민주주의론은 "급진(성)을 비롯한 여러 개념과 분석 틀이 정교하지 못하고, 학문적 주체성이 부족한 실험적 논의"라는 평가도 있다. 일각에서는 그람시와 포스트구조주의의 조합, 마르크스주의의 왜곡, 강단 좌파의 현학적 논의 등 한국적 급진민주주의론에 대한 애정 없는 비난도 존재한다. 『데모스』 저자들도 이런 시선과 비판을 미리 예상한 듯 급진민주주의 논의가 "현실의 텍스트로의 무환 회귀도, 현실과 분리된 하나의 상상도, 구체적인 실행능력이 없는 무규정성의 표현"이 아닌 "살아 있는 사람들과의 대화" 과정에서 구체화될 것이라는 점을 강조한다.

하지만 일부의 비판적 평가와 달리 『데모스 1.2』에서는 급진(성), 민주주의, 근대 민주주의 성격, 민주주의 이상과 현실의 관계, 정치의 성격, 정치를 둘러싼 각축 등 '급진민주주의론'을 둘러싼 이론적·개념적 탐색을 시도한다. 특히 (한국적 맥락에서) 포스트 민주화 시대, 새로운 보수 대 진보의 형성, 그를 위한 민주주의 좌파의 선도적 과제(전략)가 무엇인가 하는 문제에 많은 지면(탐색)을 할애한다.

사실 급진민주주의론 모색은 어느 날 갑자기 등장해 뜬금없는 논의가 아닌 한국사회구성체논쟁 - 한국 변혁 - 진보논쟁 - 체제론 논쟁의 연속성 속에서 살펴볼 때만 제대로 이해할 수 있다. 민주주의 위기에 대응하는 민주주의의 급진적 재구성을 위한 급진민주주의 프로젝트는 이미 조희연을 비롯한 일군의 비판 사회학자들이 1990년대 이후 지속적으로 준비해온 "오래된 현재"이자 "오래된 미래"이기 때문이다. 가까이는 2007년 진보논쟁 당시 민주화와 신자유주의적 지구화가 결합한 '투명한 계급사회'의 출현과 민주주의 위기론은 포스트 민주화 시대 한국적 급진민주주의론과 맞닿아 있다.[1]

진보논쟁 당시 민주주의 위기에 대응하는 조희연의 해법은 민주주의 위기의 원인 분석에서 시작하여 다음의 두 가지 방안으로 요약된다. 그것은 첫째, '헤게모니 정치를 통한 진보의 사회적 기반을 강화'하는 것, 둘째, '급진적 민중주의를 통해 신자유주의적 민주주의를 넘어서는 것이었다. 다시 말해 전환적 위기를 진보진영이 자기혁신의 계기로 삼기 위해서는 '위기론의 타자화' 극복과 '위기의 복합성'에 대한 인식전환을 강조한다.[2] 그의 논의는 2009년 체제론 논쟁을 거쳐 더욱 구체화되어 1987년식 민주주의를 미완으로 상정하고 이를 완성하는 "단선적인 민주주의 정상화" 프로젝트, "민주주의의 민주화론"과 구별되는 "민주주의의 급진화론"으로 이어진다.

'민주주의의 급진화론'은 민주주의 비판프로젝트가 아닌 대항헤게모니 프로젝트의 성격을 갖는다. 그것은 1990년대 이후 탈자본주의적 민주주의론에 입각하여 과거의 저항성과 새로운 저항성, 운동정치와 제도정치의 접합을 통한 국가의 민주화, 시장의 사회화를 위한 대안전략의 모색이라 할 수 있다. 이를 위해 저항주체의 현대적 재설정과 좌파 정체성의 재구성을 통한 한국민주주의의 새로운 위기 극복을 위한 지적·실천적 모색을 시도한다. 그것은 서구식 자유민주주의를 뛰어넘어 더욱 근본적인 정치·경제적 민주주의를 추구하는 공통성을 가진 다양한 주체(민주주의 좌파)를 민주적 동맹이라는 광범위한 정치로 정체성을 재구성하는 한편 포스민주주의, 민주주의 좌파의 과제로 집중된다.

'민주주의의 급진화론'은 민주주의의 새로운 저항적 이반과 잠재력이 대중적

---

1) 급진민주주의론은 한국 급진적 사회변혁운동의 내적 긴장과 갈등, 주요한 급진 사상의 존재론적 인식론적 전제에 대한 주체적 평가가 전제되어 있다. 특히, 한국비판사회학계의 주요 인물인 조희연의 지적 사유와 실천과 분리된 한국적 급진민주주의론 검토 또한 사실상 불가능하다는 점을 강조하지 않을 수 없다.

2) 조희연은 최장집에게 위기의 원인이 운동정치의 과잉이 아닌 운동정치의 부족과 함께 제도정치와 운동정치의 관계 재정립을, 손호철에게는 반(反)신자유주의투쟁의 복합적 실천을 위한 고민이 필요함을 역설한 바 있다. 손호철의 반론에 대해서는 반(反)수구 전선과 반신자유주의전선 이중전선의 중요성을 강조하며 재반론을 펼친 바 있다.

접합의 관점에서 발현된다는 점에 주목하면서 좌파적인 헤게모니적 접합의 관점에서 다양한 이반과 저항의 접합을 강조한다. 그것은 사회적 적대의 제도 정치적 표출이 가능한 새로운 민주적 경합공간을 창출하는 것이라 할 수 있다. 이를 구체적으로 살펴보면 사회(적)민주주의 의제전선의 전환을 위한 급진적 민생정치, 지역 풀뿌리정치, 생활정치의 급진적 변화와 대중적 역동성의 접합이라 할 수 있다. 새로운 급진민주주의적 대중전선은 차이의 정치학에 기초한 민주주의 좌파의 연대(적·녹·보 동맹)를 기본으로 하되 급진민주주의 전선의 우측경계의 개방(개혁자유주의세력)이 갖는 의미를 강조하고 있다.

살펴본 바와 같이 민주주의의 급진화를 위한 지적·실천적 대항헤게모니 프로젝트로서 급진민주주의는 "지배적인 대중의 상식을 재구성하여 새로운 민주주의의 동력의 창출을 지향"하고 있다. 한국의 급진민주주의론은 민주주의 위기론의 입장에 서 있으며 급진민주주의 프로젝트의 기본전략은 민주주의의 방어에 안주하지 않고 위기의 해결을 위해 위기를 강화하는 전략이라 할 수 있다. 따라서 "신자유주의적 지구화와 신보수정권의 성립 등의 계기에 의해 구성된 포스트민주화체제하에서의 최대 문제는 새로운 균열을 포괄하는 보수 대 진보의 전선을 정치적으로 구성하는 것"으로 상정되고 이를 실현하는 방도로 '헤게모니 전략과 급진화 전략의 배합'을 제기하는 것이다. 다층성, 복합성, 접합, 연대성이야말로 한국 급진민주주의론의 핵심적·실천적 개념이라 할 수 있다.

4. 한국적 급진민주주의론의 현재성:
열린 토론과 민주주의 좌파의 접점형성

2011년 한국적 급진민주주의론과 관련한 연구 성과들이 두 권의 무크지로 발간되면서 급진민주주의론은 학문적 논의의 대상으로 부상했다. 최근(2011년 8월 25일) 개최된 서강대학교 사회과학연구소와 성공회대학교 민주주의연구소의 공동학술회의(급진민주주의의 학문적 주체성을 묻는다)에서는 급진민주주의, 급진성 개념, 급진민주주의의 학문적 주체성, 제도 - 환경 관계 등과 관련한 질의와 토론이 진행됐다.

사실 급진민주주의론을 둘러싼 다양한 견해 차이의 기저에는 현재의 위기와 갈등을 보는 제도정치 중심주의적 관점과 사회 중심적 관점, 전통적 마르크스주의와 신좌파 내지 급진민주주의론자의 관점 등이 유발하는 내적 긴장과 무관하다고 할 수도 없다. 비록 급진민주주의 연구팀의 많은 이들이 "마르크스주의를 이론의 출발점으로 삼았고 구조적 분석과 총체성에 대한 인식을 기각하지 않았다"고 해도 급진민주주의론은 다양하게 해석되고 논쟁의 소지가 많아 보인다.

이는 급진민주주의의 기획의 발본적 한계로부터 시작된다. 즉 구좌파적 기획과 신좌파적 기획의 공통성을 만들어나가는 지향 자체로부터 필연적으로 발생한다. 중층성, 복합성 그리고 종합에 대한 진보진영의 내면화된 거부감도 영향을 줄 것으로 보인다. 주체적인 측면에서 보면 급진민주주의 연구모임의 공통지반은 여전히 포괄적이고 일관된 이론을 만들어내기 부족한 상황이다. 이 또한 급진민주주의 논의의 확장에 걸림돌로 작용할 것으로 본다.

그렇다고 급진민주주의 연구모임과 한국의 급진민주주의론의 미래가 어둡다고 단언하기에는 이르다. 『데모스 2』의 서문에서 언급하고 있듯이 급진민주주의는 열려 있는 개념과 이론이기 때문이다. "민주주주의의 수식어로 사용하는 '급진'이 민주주의의 의미를 축소 혹은 제한하거나, 민주주의의 다양하고 경쟁적인 판본 중 어느 하나를 강조하기 위한 것이 아닌 여러 판본을 관통하는 민주주의의 핵심을 분명히 드러내기 위한 것"이라는 말에서도 급진민주주의론의 개방성을 확인할 수 있다. 급진민주주의는 이미 정해진 단일한 이론적 지향을 쫓는 것이 아니라 새로운 것을 시도하며 합의의 주체를 언제나 열린 채로 승인하는 끊임없는 과정이므로 민주주의 좌파와 접합이 가능할 것이라는 것이다.

그러나 이것은 위안이 될 수 있어도 급진민주주의 기획과 연대의 확산을 보장하는 것은 아니다. 지금까지의 논의가 원론적 정당성 수준에 머물지 않고 확산되기 위해서는 학문의 주체화(급진민주주의의 한국화)를 위한 이론적·경험적 수준의 연구가 더욱 심화될 필요가 있다. 학문적 주체성이 이론의 창조적 수용과 한국화와 직결된다는 점에서 한국사회가 처한 실천적 맥락 속에서 다양한 이론 - 실천적 검증이 요구된다.

마지막으로 '그들의 언어가 아닌 자기의 언어, 인(민)의 언어로 이야기 하는 (방식) 소통'에 대해서도 깊이 고민해야 함을 제언코자 한다. 급진민주주의론이 운동사회 전반에 걸쳐 폭넓은 참여가 보장되기 위해서는 학자들과 일부 운동 선진분자들의 전문적인 용어구사(그들만의 리그)에서 벗어나 이보다 더 쉽고 구체적인 삶의 언어, 대중적 언어로 진행되어야 한다. 하지만 논의의 확산과 별도로 민주주의의 급진적 재구성을 위한 일련의 과정에서 새로운 종합화와 일반화는 당분간 신중하게 이루어져야 한다. 급진 - 민주주의의 개념이 정상과학으로 인정되는 순간 또 다른 침묵과 억압은 필연적이기 때문이다.

'한국적 급진민주주의론'의 급진성과 주체성 연구

3

방 인 혁

류 석 진
서강대학교 정치외교학과

1. 들어가며

　　1987년 6월 민주화운동으로 한국에서 제도적 민주주의는 정착되었다. 당시의 당면 운동목표였던 대통령 직선제가 실현됨으로써 이후 한국 민주주의의 과제는 제도적·절차적 민주주의의 공고화와 함께, 이를 넘어서는 실질적 민주화의 진전으로 설정되었다. 그러나 1997년 말 이른바 'IMF 사태'를 계기로 신자유주의가 본격화됨에 따라 실질적 민주화의 핵심내용인 사회경제적 민주화는 오히려 후퇴하게 되었다. 특히 신자유주의가 야기한 사회경제적 어려움의 해법으로 2008년 '중도 실용주의'를 내세운 신보수주의적인 이명박 정부의 출범으로 한국에서 민주주의 위기론은 설득력을 얻게 되었다.

　　한국에서 민주주의 위기론은 제도적·절차적 민주주의의 미완성에서부터 제도적·절차적 민주주의의 실현에도 불구하고 그것이 실질적 민주주의의 진전을 보장하지 못하는 것으로 보는 입장까지 다양한 스펙트럼에 걸쳐 있다. 따라서 한국에서 민주주의 위기론은 현재 한국 민주주의의 성격에 대한 질문부터 근대 이후 사회구성의 기본원리로 자리 잡은 민주주의의 가능성과 한계에 대한 일반적 문제제기까지 망라하는 것으로 볼 수 있다.

이런 상황에서 민주주의의 공고화·심화를 위해 '민주주의의 자유화'와 '민주주의의 민주화'의 제한성을 비판하면서 '민주주의의 급진화'를 대안으로 제시하는 '급진민주주의론'의 문제제기는 매우 시의적절하며 중요한 논의의 계기를 제공하는 것으로 보인다. 급진민주주의론은 성공회대학교 민주주의연구소가 2008년 1월 이후 '민주주의의 급진화란 무엇인가'라는 질문을 중심으로 진행한 일련의 연구 성과들을 2011년 봄에 두 권의 책으로 발간함으로써 심도 깊은 학문적 논의의 대상으로 부상했다. 따라서 이 글에서는 위의 연구 성과들을 비판적으로 검토함으로써 한국 민주주의의 공고화·심화를 위한 이론적 근거를 모색하고자 한다.

한국 민주주의의 공고화·심화를 위한 대안적 민주주의론으로서 급진민주주의론이 정당성을 인정받기 위해서는 제안그룹 자신들이 스스로 인정하듯이 우선 무엇보다도 그 이론의 '급진성' 여부이다(급진민주주의 연구모임 데모스, 2011a: 5). 또 한편으로 그 이론이 한국 민주주의의 공고화와 심화를 목적으로 한다는 점에서 그 이론의 학문적 주체성을 함께 질문해야만 한다. 민주주의의 공고화란 결국 이미 확보한 제도적·절차적 민주주의를 불가역적인 것으로 하는 것이고, 민주주의의 심화는 이것을 수단으로 사회경제적 민주화를 포함한 사회 전반의 발전을 이룩하는 것이다. 따라서 급진민주주의가 제도적·절차적 민주주의를 넘어 현재 한국이 직면한 민주주의의 위기를 극복할 수 있는 대안이 될 수 있기 위해서는 학문적 주체성이 불가피하게 요구되기 때문이다.

이 글에서 급진민주주의론의 학문적 주체성에 대한 질문은 협소한 의미의 이론적 토착성을 문제삼고자 하는 것은 아니다. 근대 이후 특히 신자유주의 지구화가 진행되고 있는 현시점에서 담론들은 상당히 보편적 성격을 지닐 수밖에 없고, 특히나 이론이나 담론의 생산자가 아닌 수용자로서의 한국의 학문적 현실을 고려한다면 더더욱 이론적 토착성은 유지되기 어렵기 때문이다. 따라서 이 글에서는 급진민주주의의 학문적 주체성에 관한 질문을 위해 서구중심주의를 극복하기 위한 강정인과 파농[3]의 네 가지 전략 가운데, 혼융적(Syncretive: Hybrid) 전략이 관철되고 있는가를 고찰하고자 한다. 즉 혼융적 전략이란 서구에서 개발된 이론을 수용하면서 이를 자신들의 사회적 상황에 창조적으로 적용시키는 것을 의미한다.

따라서 이 글에서는 급진민주주의론의 학문적 주체성을 다음의 두 가지 측면을 통해 평가하고자 한다. 첫째, 급진민주주의론이 스스로 준거로 삼는 그람시의 헤게모니 개념과 직접적으로는 라클라우와 무페의 포스트마르크스주의의 존재론적 및 인식론적 전제에 대한 주체적 평가가 이루어진 것인지를 살펴볼 것이다.[4] 둘째, 라클라우와 무페의 급진적·다원적 민주주의론이 한국의 정치와 사회 분석과 한국의 민주주의 급진화에 대안적 담론으로서의 적실성을 갖는가를 고찰할 것이다. 첫 번째의 고찰이 이론적 측면에서 급진민주주의론의 학문적 주체성 여부를 확인하는 것이라면 두 번째 고찰은 실천적 측면에서 급진민주주의론이 한국사회에 착근될 수 있는가를 묻는 것이다.

급진민주주의론의 급진성과 학문적 주체성을 문제 삼음으로써 민주주의의 공고화와 심화를 위한 대안적 민주주의론을 모색하고자 하는 이 글은 다음과 같이 구성된다. 다음 2장에서는 먼저 '한국적 급진민주주의론'의 내용을 주요 개념들을 중심으로 고찰할 것이다. 이어서 3장에서는 '한국적 급진민주주의론'이

---

3) 강정인은 서구중심주의 극복을 위한 대안적 담론전략으로 동화적(Assimilative)·통합적(Integrative), 역전적(Reverse: Counter), 혼융적(Syncretive: Hybrid), 해체적(Deconstructive) 전략이 있다고 본다(강정인, 2006, 429~454). 이 가운데 앞의 세 가지 전략이 파농에게서는 시계열적 전략(Fanon, 1963)으로 나타나는 데 반해, 강정인은 동시적으로 나타날 수 있는 것으로 보는 차이가 있다.

4) 급진민주주의론을 제안하는 '급진민주주의 연구모임 데모스'는 스스로 "열린 마르크스" 해석을 위해 자신들이 공유했던 이론적 자원이 안토니오 그람시였다고 밝히고 있고(급진민주주의 연구모임 데모스, 2011a: 17), 조희연은 급진민주주의론의 중요한 개념인 민주주의의 '구성적 외부'가 무페의 '구성적 타자'에서 유래한 것임을 밝힐 만큼(조희연, 2011a: 63), 라클라우와 무페의 급진적·다원적 민주주의 개념을 수용했음을 알 수 있다.

주장하는 급진성의 내용을 고찰할 것이다. 여기서는 급진민주주의론이 마르크스주의의 성찰적 전유를 주장한다는 점에서,5) 마르크스주의의 급진성 개념과 비교할 것이다. 4장에서는 급진민주주의론의 학문적 주체성을 이론과 실천의 양 측면에서 고찰할 것이다. 마지막으로 결론에서는 급진민주주의론의 비판적 평가를 통해 현재의 민주주의 위기에 대응하는 대안적 민주주의 담론의 윤곽을 모색하고자 한다.

2. "한국적 급진민주주의론"의 주요 개념과 내용

조희연은 1987년 이후 한국사회가 신자유주의적 지구화라는 국제적 조건과 신보수정권의 등장이라는 조건에 의해 매개되면서 '포스트 민주화' 시대로 이행했다고 본다(조희연, 2011a: 24). 즉 포스트 민주화 시대란 1987년 6월 민주화운동으로 달성된 제도적·절차적 민주주의를 통해 신보수정권이 등장하고 신자유주의 지구화로 인해 민주주의의 확정과 심화가 지체되고 있는 시대라는 것이다. 그는 이 시대에 대응하는 민주주의 좌파들의 '민주주의 급진화' 프로젝트를 급진민주주의론으로 규정하면서 급진민주주의의 목표를 다음과 같이 설정한다.

필자가 생각하는 급진민주주의는 '민주주의와 자본주의의 관계' 속에서 자본주의를 넘어서는 동력으로 작용하는 것만이 아니라 대의적 민주주의를 넘어 (인)민의 직접정치 혹은 대중적 민주주의(people democracy)를 실현하는 동력으로, 나아가 다양한 사회적 차별과 공존하는 민주주의가 아닌 모든 자별이 소멸되고 차이만 존재하는 사회적 평등 상태를 실현하는 동력으로 작용하는 것을 지향한다(조희연, 2011a: 69).

---

5)　이에 대해서는 조희연(2011a: 76~79) 참조.

위의 인용문을 통해 알 수 있듯이, 급진민주주의론은 자본주의가 야기하는 계급적 적대를 넘어서는 다양한 사회적 차별과 적대, 억압을 쟁점화하는 것을 지향하고 있음을 알 수 있다. 이런 측면에서 급진민주주의론은 포스트구조주의의 문제의식과 조우한다. 조희연은 "통상적 마르크스주의적 프레임이 중시하는 계급적 적대 프레임을 확장해 다양한 사회적 적대를 어떻게 급진적 프레임 속에 '내부화'해낼 수 있을 것인가, 나아가 계급적 주체로 환원되지 않는 다양한 사회적 저항 주체를 어떻게 기존 프레임을 급진적으로 재구성함으로써 위치지울 것인가 하는 점에 급진민주주의론적 문제의식이 있다"(조희연, 2011a, 79)고 주장한다. 즉 좌파의 정치학인 '혁명의 정치학' 혹은 '해방의 정치학'을 포스트구조주의의 '차이의 정치학'과 결합하는 문제의식 위에 급진민주주의론이 위치한다는 것이다.

조희연은 자신의 급진민주주의는 포스트구조주의 논의를 그람시의 헤게모니론의 확장적 재구성이라는 관점에서 재전유하는 방식을 지향하는 것으로 규정하면서, "'혁신된 사회주의정치학'의 관점에서 라클라우와 무페를 재급진화하는 작업"(조희연, 2011a, 90)으로 라클라우와 무페의 '담화이론적 급진민주주의'와 구별되는 '초/구조주의적 급진민주주의론'이라고 차별화시킨다. 라클라우와 무페의 이론적 기여를 서유럽 마르크스주의의 오랜 본질주의적 함정을 극복하고자 하는 시도로서 "존재론적으로 특권화되고 모든 해방의 궁극적인 중심이 되는 '자기완결적이고 충만한' 특권적 주체가 존재하지 않는다는"(조희연, 2011a: 86) 점을 해명한 점이라고 본다. 그러나 조희연은 우드와 제숍의 라클라우와 무페에 대한 다음과 같은 비판을 인정함으로써 라클라우와 무페의 재급진화의 내용을 알 수 있게 한다.

> 그러나 그들의 논의는 '경제적 사회구성체'를 이데올로기적 사회구성체로 전치해 버린 문제, 경제주의와 환원주의에 대한 성찰적 반성에서 '담화 환원주의'적 경향을 드러낸 점, 총체화에 대한 비판에서 탈총체화의 경향을 드러낸 점, 다양한 사회적 주

체의 인정에서 주체성의 구조적 근거 자체를 방기한 점, 필연성에 대한 비판에서 우연성의 논리로 환원한 점 등의 새로운 문제점을 드러내고 있다(우드, 1993; 제숍, 1985: 254~269)"(조희연, 2011a: 86).

달리 말하자면 조희연은 라클라우와 무페의 탈구조주의적 관점이 마르크스주의의 구조주의적 합리적 핵심을 전면 폐기시킴으로써 새로운 편향성을 야기시켰다고 평가하는 것이다. 따라서 조희연에게 라클라우와 무페의 재급진화의 핵심적 내용은 "정치(혹은 민주주의적 정치)의 급진적 확장을 통해 체제를 사회화하는 방식으로 자본주의를 넘어서고자"(조희연, 2011a: 91) 하는 것이다. 이런 점에서 조희연의 급진민주주의는 "자본주의 체제에 반하는 '반체제적인' 급진주의 및 '체제 이탈적인' 급진주의와 동맹하고 그 동력을 수용하고 소통하면서 체제 내부에서 민주주의를 통한 급진화 전략을 동시에 추구"(조희연, 2011a: 94)하는 '다중적인 초/반자본주의 전략'이라는 것이다. 라클라우와 무페는 자신들의 지적 기획이 포스트적이면서도 마르크스주의적인 것이라는 근거로 마르크스주의의 일부 통찰력과 담론 형식들을 발전시킨 한편으로, 다른 어떤 것들, 즉 마르크스주의의 주체성과 계급 개념, 자본주의 발전의 역사적 경로에 대한 견해와 공산주의 개념들을 억제 혹은 제거시킨 것이라고 주장했다(Laclau & Mouffe, 2000: 3~5). 따라서 마르크스주의의 구조주의적 합리적 핵심의 계승을 주장하는 조희연의 급진민주주의와는 상당한 차이점이 발견된다.

그러나 한편으로 급진민주주의론을 주장하는 논자들에 따라서 이 문제는 미묘한 차이를 보인다. 이승원은 그람시의 헤게모니 개념에는 전통 마르크스주의의 유산과 본질주의적이고 환원론적 토대가 남아 불완전 것으로 비판하면서, 라클라우에 의해 비로소 그런 유산들이 해체되었다고 평가한다(이승원, 2011: 176~177). 그뿐만 아니라 라클라우와 무페를 비판하면서 급진적 재전유를 주장하는 조희연 자신도 급진민주주의의 실천론을 논하면서는 마르크스주의의 구조주의적 합리적 핵심이라고 할 수 있는 계급의 중요성이 부차화되고 있다. 즉 조희연은 적·녹·보 연대의 필요성을 강조하면서 새로운 급진민주주의 전선에 서는 과거에 부차적인 지위를 차지했던 생태민주주의와 젠더민주주의가 중심에 위치해야 한다고 주장한다(조희연, 2011c, 120).

물론 급진민주주의론이 신자유주의적 자본주의가 야기한 사회적 모순을 직시하면서 이의 극복을 중요한 운동의 과제로 견지하는 것은 틀림없다. 그러나 급진민주주의론이 자본주의 사회에서 계급적대를 다른 사회적 적대들과 수평적으로 사고한다는 점에서 마르크스주의의 합리적 핵심을 전유했다고 보기 어렵다. 급진민주주의론의 학문적 주체성을 검토하면서 후술하겠지만, 급진민주주의론이 마르크스주의의 계급중심론을 계급환원론과 동일시한다면 다양한 사회적 주체의 인정에서 주체성의 구조적 근거 자체를 방기한다는 비판을 면할 수 없다. 자본주의 시대 일반과 마찬가지로 특히 전 지구적으로 신자유주의가 득세하는 현재의 상황에서 다양한 사회적 적대들은 계급적대에 매개되면서 독자성을 갖는 것일 수밖에 없기 때문이다.

바스카의 비판적 실재론에서 사회주의 이론의 재구성에 기여할 수 있는 가능성을 찾는 서영표의 논의는 급진민주주의론에서 자본주의 이후의 사회의 가능성을 밝혀내려는 사회주의 정치로서의 가능성을 모색하는 것으로 주목된다(서영표, 2011, 262~263). 그러나 주지하듯이 바스카 등의 비판적 실재론은 존재론으로 실재론을 견지하면서도 인식론적 상대주의의 유용성을 인정한다. 달리 말하자면 비판적 실재론은 마르크스주의 혹은 마르크스 자신의 인식론을 소박한 기계적 반영론과 큰 차이가 없는 것으로 전제하는 것이다. 후술하겠지만 마르크스주의의 인식론은 물론이고 마르크스가 『자본론』에서 강조한 경향으로서의 법칙성은 마르크스주의가 결코 단선적 진화론이나 기계적 법칙성을 주장하는 것일 수 없음을 알 수 있다. 조희연이 마르크스주의를 경제 환원론적 탈정치주의로 규정하는 것(조희연, 2011b: 296)은 이 문제에 대한 오해에서 기인한 것으로 보인다.6) 그러나 마르크스가 법칙의 경향성을 인정한 데서 알 수 있듯이, 가능성의 현실성으로의 전환과정에는 우연적 요소들과의 조우가 불가피하고, 경향성과 반경향성의 충돌이 필연적이라는 점은 바로 마르크스주의 자체의 정치적 성격을 보여주는 것이다.

마르크스주의 내부에 경제환원론적 편향이 존재하는 것은 사실이고, 이에 대한 조희연의 비판은 지극히 타당하고도 중요하지만 조희연이 대안으로 제안하는 '급진적 정치주의'(조희연, 2011b: 324)가 자본주의의 계급적대를 부차화하거나 우회하는 것이 되지 않도록 세심한 주의를 필요로 한다.[7] 이 문제와 관련해서는 마르크스가 1857년 발간된 "정치경제학비판 서문"에서 정치경제학 연구에 전념하게 된 계기를 설명하는 부분을 주목할 필요가 있다. 마르크스는 당시의 프랑스 사회주의와 공산주의가 "전진하겠다는 선의(善意)가 사실에 대한 정통한 지식을 때로 압도하는" 것이었다고 보고, "부르주아 사회의 해부학은 정치경제학에서 찾아야 한다는 결론"(마르크스, 1989: 8)에 도달했다고 한다. 이 말의 의미는 선의가 아닌 사실에 바탕한 정치의 필요성을 자각하면서, 정치의 근거가 인간의 경제적 삶에서 발생하는 적대에 있음을 강조하는 것으로 해석할 수 있다. 달리 말하자면 경제주의와 정치주의가 아닌 경제적 사회구성체에서 유래하는 사회적 모순과 적대를 해결하는 수단으로서의 정치를 사고해야 한다는 것이다. 자본주의 사회경제구성체에서 정치는 결국 '선의'를 실현하는 윤리적 수단이 아니라 토대로부터 발생하는 계급적대를 중심으로 그것의 매개를 거친 다양한 사회적 적대들을 극복하는 수단이 되어야 함을 알 수 있다. 바로 이 지점에서 급진민주주의론의 '급진성'에 대한 검토가 시작되어야 한다.

---

6) 물론 조희연은 경제환원주의적 입장이 마르크스주의 일반이 아닌 '일부' 마르크스주의에서 발견되는 편향으로 보는 조심스런 태도를 보인다.

7) 조희연은 급진적 정치주의를 "정치 자체에 대한 반정치주의, 탈정치주의, 제도정치 중심주의적 정치주의적 관점을 넘어서서 정치의 이중성에 주목하고, 정치란 구성적 투쟁을 통해 인민이 전유하고 (재)구성을 지향하는 어떤 것으로 규정"하면서 근대 시민혁명을 통해 확보된 인민의 주체적 정치공간의 전복적 재구성 방식으로 민주주의의 '구성적 외부'를 급진적으로 내부화하는 것을 지향한다고 한다(조희연, 2011b: 324).

3. 급진민주주의론의 급진성 개념에 대한 비판적 고찰

급진민주주의론자가 스스로 강조하듯이(급진민주주의 연구모임 데모스, 2011b: 5), 급진민주주의를 평가하는 데서 가장 중요한 것은 '급진성'의 내용일 것이다. 급진민주주의가 지향하는 '급진성'은 다소 모호하기는 하지만, 스스로를 다음과 같이 규정하고 있다. 즉 "따라서 우리에게 급진민주주의란 여전히 모호한, 그럼에도 서로가 직면한 다양한 지적/실천적 문제들의 공동의 담으로 지향하는 공통의 무엇으로 존재한다. 이런 의미에서 우리에게 급진민주주의란 하나의 지적 대상이라기보다는 연대와 우정의 대상이다. 서로 다른 신체와 마음이 급진민주주의 연구라는 집합적 배치 안에서 그 이전과는 다른 신체들로 변이해가면서 새로운 사유에 눈을 뜨고 있다(급진민주주의 연구모임 데모스, 2011a: 7).

이처럼 급진민주주의론자들이 스스로 모호한 형태로 '급진민주주의'를 정의하는 것은 자신들의 지향을 '열린' 마르크스 해석에 있다는 주장에서 알 수 있듯이(급진민주주의 연구모임 데모스, 2011a: 17), 구조적 분석과 총체성 인식을 지향하는 마르크스주의가 본질주의적·환원주의적 요소를 갖고 있다는 비판에 근거한 것으로 보인다. 이것은 마르크스가 「헤겔법철학 비판 서문」에서 "급진적이라는 것은(To be radical) 사물의 뿌리를 파악하는 것이다. 그러나 인간에게 그 뿌리는 바로 인간 자신이다"(Marx, 1975: 182)라는 언명을 의식한 것으로 보이는 다음과 같은 규정을 통해 확인할 수 있다. 즉 "급진화(radicalization)는 근본으로의 회귀가 아닌 미래를 물질화하는 투쟁과 전략이다. 과거와 단절하고 미래와 연대하라"(급진민주주의 연구모임 데모스, 2011a: 11)고 주장한다. 마르크스가 급진성의 징표를 사물의 뿌리, 즉 근본이나 본질의 파악으로 본 반면에, 급진민주주의의 급진성은 '미래의 물질화', 즉 현재의 모순이 극복된 미래를 위한 모든 방면에서의 투쟁과 전략이라는 것이다. 특히 조희연은 "현실권력에 의한 민주주의의 식민화가 확장되어 민주주의의 일부로서의 (제도)정치와 사회의 괴리가 확장되어 배제된 존재들이 민주주의에 대한 희망을 포기하게 되는 상황, 다시 말해 민주주의가 (인)민의 요구와 이해를 실현시키는 통로로서의 기능이 소진된 상황"(조희연, 2011a: 64)인 민주주의 위기의 극복을 가장 절박한 과제로 제시한다.

조희연은 민주주의를 자본주의의 외피로 본 마르크스의 '우려의 정신'을 급진적으로 확장함으로써, 민주주의를 폐기시켰던 마르크스주의자들의 한계를 비판하고, "이제 민주주의의 이름으로 대의민주주의의 한계성에 대항하라! 민주주의의 이름으로 자본주의에 대항하라! 민주주의의 이름으로 모든 사회적 차별에 대항하라!"(조희연, 2011a: 70)고 주장한다. 이상에서 볼 수 있듯이, 급진민주주의론은 마르크스주의를 본질주의이자 환원주의로 파악하고, 마르크스주의의 급진성 대신 민주주의 자체의 급진적 재구성을 급진성의 징표로 내세운다. "따라서 급진민주주의는 하나의 목표가 아니라 현실에서는 부단히 특정한 제도적 형태로 고정화되지만 과정 및 운동으로 존재하는 것이며, 모든 사회관계와 삶의 영역으로부터 발생하는 다양한 적대에 대항해 출현하는 저항과 대안적 삶의 기획을 접합해 새로운 정치성 혹은 정치적 주체를 출현시키는 '급진민주주의 혁명의 전략'을 가진다"(조희연, 2011a: 71)고 주장한다.

급진민주주의를 목표가 아닌 과정 및 운동으로 이해하는 것은 마르크스의 공산주의 규정을 연상시킨다. 마르크스는 "공산주의란 우리에게 있어 조성되어야 할 하나의 '상태'가 아니며, 혹은 현실이 따라가야 할 하나의 '이상'도 아니다. 우리는 공산주의를 현재의 상태를 폐기해나가는 '현실의 운동'이라 부른다. 이 운동의 여러 조건들 역시 지금 현재 존재하고 있는 전제들로부터 생겨난다"(Marx, 1979: 49)고 했다. 마르크스도 분명히 공산주의를 어떤 고정된 목표가 아닌 현실의 운동으로 보았지만, 그것의 조건은 현재 존재하고 있는 현실에서 발생하는 것으로 보았다. 마르크스는 당시의 프랑스 사회주의 및 공산주의가 "전진하겠다는 선의(善意)가 사실에 대한 정통한 지식을 때로 압도했던"것을 비판하면서 "부르주아 사회의 해부학은 정치경제학에서 찾아야 한다는 결론"(마르크스, 1989a: 6)에 도달했음을 밝히고 있다. 요컨대 마르크스는 공산주의가 현실의 운동으로서 어떤 고정된 목표를 향해 단선적으로 나아가는 것은 아니지만, 그것의 총체적 방향은 이미 자본주의에 내재한 모순의 파악과 그에 기초한 운동이어야 하는 것으로 본 것이다.

또한 마르크스는 『자본론』 2판 후기에서 당시 자신의 연구에 대한 비판을 다음과 같이 반박하는데, 여기에도 마르크스의 진정한 의도가 잘 드러나 있다. 마르크스는 "예컨대 파리의 『실증주의 철학평론』은 한편으로는 내가 경제학을 형이상학적으로 고찰하고 있다고 비난하고, 또 한편으로는 — 무엇인지 추측해보라! — 내가 주어진 사실의 비판적 분석에 국한하고 미래의 음식점을 위한 요리법(콩트류의?)을 저술하지 않는다고 비난하고 있다"(마르크스, 1989b: 15)고 소개한다. 전자가 자본주의의 운동법칙에 대한 추상적 이론화에 대한 비판이라면, 후자는 마르크스가 『자본론』을 통해 구체적인 미래 사회상을 제시하지 않는다는 비판이다. 마르크스에 대한 이런 비판들은 부르주아 사회의 해부학으로 정치경제학을 연구했지만, 미래사회의 구체적인 모습은 현실의 운동의 결과에 따라 다양한 모습일 수 있다고 보는 마르크스의 진의를 이해하지 못한 결과들이다.8)

____

8) 『자본론』의 학문적 성격과 방법론에 직결되는 마르크스의 이런 입장은 다른 곳에서도 구체적인 설명들이 발견된다. 『자본론』 2판 후기의 마지막 부분에서 마르크스는 "물론 연구의 방법은 형식의 면에서 조사방법과 다르지 않을 수 없다. 조사는 마땅히 세밀하고 자료에 정통하고, 자료의 상이한 발전형태들을 분석하고, 이 형태들의 내적 관련을 구명해야 한다. 이 작업이 끝난 뒤에라야 비로소 현실의 운동을 적절하게 발표할 수 있다. 이 것이 잘 되어 자료의 생명이 거울에 반영되듯이 관념에 반영되면, 그것은 마치 우리가 선험적 구조물을 대하고 있는 것처럼 보일 수 있다"(마르크스, 1989b: 18)라고 했다. 즉 『자본론』은 이미 조사를 경과한 다음 그로부터 추출된 가치라는 기본개념을 통해 자본주의 사회의 구체를 분석해가는, 이른바 '추상에서 구체로의 상승'을 묘사하는 것이라는 점이다. 또한 이 문제와 관련해서는 엥겔스도 『자본론』의 제3권에 대한 보충설명에서 마르크스의 가치법칙을 "비록 이론적으로 필요하기는 하지만 하나의 허구"(마르크스, 1990: 1100)로 주장하는 좀바르트와 슈미트 등이 가치법칙을 "논리적 과정일 뿐만 아니라 역사

이처럼 마르크스가 급진성을 사물의 뿌리, 즉 본질을 파악하는 것으로 보는 것은, 현상의 이행 방향은 다양할 수 있으나, 그것이 극복해야 하는 근본적인 모순을 파악하고 극복하는 것임을 강조한 것이다. 달리 말하자면 마르크스는 현실의 운동으로서 공산주의의 구체적 미래상은 다양할 수 있지만, 그것은 당면의 물질적 조건이자 전제인 자본주의 토대에 대한 파악과 그것이 야기하는 모순을 극복하는 것이 급진적이라고 본 것이었다.[9]

이와는 달리 조희연은 다음과 같이 규정함으로써 마르크스의 급진성의 개념과 외연 및 내용에서 일정한 차별성을 보여주고 있다. 즉 "필자가 생각하는 급진민주주의는 '민주주의와 자본주의의 관계' 속에서 자본주의를 넘어서는 동력으로 작용하는 것만이 아니라 대의적 민주주의를 넘어 (인)민의 직접정치 혹은 대중적 민주주의(popular democracy)를 실현하는 동력으로, 나아가 다양한 사회적 차별과 공존하는 민주주의가 아닌 모든 차별이 소멸되고 차이만 존재하는 사회적 평등 상태를 실현하는 동력으로 작용하는 것을 지향한다"(조희연, 2011a: 69)고 선언한다. 여기서 알 수 있는 것은 우선 무엇보다 급진민주주의가 자본주의의 극복을 포함하지만, 그것을 넘어서는 외연을 갖는 것임을 알 수 있다. 즉 자본주의를 극복하는 동력 이상의 직접적 혹은 대중적 민주주의 실현의 동력이라는 자본주의적 모순과 병존하는 어떤 모순의 존재를 승인하는 것으로 보이기 때문이다. 급진민주주의론이 이런 입장을 견지하게 된 이유는 무엇보다도 기존의 마르크스주의와 사회주의가 "'민주주의의 도구론적 인식' 및 경제 환원주의적

적 과정 그리고 이 과정이 사고에 반영되는 것 그리고 이 과정의 내부관련들의 논리적 추적이라는 사실"에 충분한 주의를 기울이지 않는다고 비판했다(마르크스, 1990: 1101).

9) 이 점과 관련해서 마르크스가 아직 자본주의의 발전이 불충분했던 당시의 독일에서 급진주의는 종교에 대한 비판에서 시작되었다고 본 것에 주목할 필요가 있다(Marx, 1975: 182). 왜냐하면 인간에게 뿌리는 바로 인간 자신이기 때문에 자본주의의 발전이 미흡했던 독일에서는 인간해방이라는 급진주의의 목표는 당시의 지배적 모순이었던 종교에 대한 비판으로 야기될 수밖에 없다고 본 것이다.

정치인식"(조희연, 2011a: 76)에 사로잡혀 있다고 평가하기 때문이다. 이런 입장에서 마르크스주의의 성찰적 전유를 주장하는 급진민주주의론은 자본주의에 대항하는 노동자 투쟁을 급진민주주의 투쟁으로 규정한다는 점에서 스스로를 "기본적으로 탈자본주의적 민주주의론"(조희연, 2011a: 77)으로 부른다. 조희연의 탈자본주의적 민주주의론으로서의 급진민주주의론은 다음의 인용문에서 잘 드러나고 있다.

> 민주주의가 내포한 잠재적인 평등주의적 원리 — 1인 1표주의, (인)민의 자기통치, (인)민의 자기권력 — 를 급진적으로 확장하게 되면 사적 소유 자체를 폐기하지는 못하지만 사회주의론이 대결하는 경제적·계급적 불평등을 최대주의적으로 공적·정치적으로 규율한 상태를 실현할 근거를 가질 수 있다. 왜냐하면 소유, 분배, 통제가 계급에 따라 근본적으로 불평등하게 구조화된 사회에서 진정한 민주주의를 달성하는 것은 급진적 의미를 담고 있기 때문이다. 이처럼 급진민주주의는 민주주의의 급진적 확장과 '생산수단의 사회화'로 표현되는 사회주의의 목표 사이를 연결하고자 하는 문제의식 위에 있다(조희연, 2011a: 78~79).

사물의 뿌리를 파악하는 것을 급진적인 것으로 보는 마르크스가 자본주의의 사적 소유 자체를 문제로 삼는다면, 급진민주주의는 민주주의의 평등주의적 잠재성을 극단에 이르기까지 실현하는 것을 급진적인 것으로 인식하고 있음을 알 수 있다. 이 점에서 마르크스주의가 사적 소유의 철폐를 전제로 하는 민주주의의 내용의 급진성을 문제삼는 것이라면, 급진민주주의의 급진성은 민주주의의 내용과 실현기제의 급진적 확장을 의도하는 것으로 볼 수 있다. 즉 급진민주주의는 사적 소유가 유지되는 조건에서도 민주주의의 평등주의적 잠재력을 확장함으로써, 자본주의에 의한 민주주의의 식민화를 제한할 수 있다고 보는 것이다.10) 마르크스가 자본주의 발전 초기의 사회적 모순을 분배의 공정이나 평등주의적 이념의 확장으로 치유할 수 있는 것으로 보았던 프랑스의 공상적 사회주의와 공산주의를 "전진하겠다는 선의"로 규정하고 그것이 "사실에 대한 정통한 지식을 때로 압도"했다고 비판한 점에 주목할 필요가 있다(마르크스, 1989a: 6). 급진민주주의론이 사적 소유의 철폐가 없는 상태에서 민주주의의 평등주의적 잠재성을 급진적으로 확장할 수 있다는 주장이 이 시대의 "전진하겠다는 선의" 가 아닐 수 있는 근거를 어디에서 찾을 수 있을 것인지를 먼저 대답해야 할 것 이다.

4. 급진민주주의론의 학문적 주체성에 대한 비판적 고찰

급진민주주의론에서 급진성이 가장 중요한 문제라면, 그것의 학문적 주체성 에 대한 물음도 결코 가볍지 않은 무게를 갖는 연구 주제이다. 이미 서두에서도 말했지만, 현재의 학문적 조건이 전 지구적 동시간대에 따라 움직이고 특히 한 국이 이론의 창조자가 아닌 수용자의 입장인 점을 고려한다면, 학문적 주체성 에 대한 질문이 이론의 협소한 토착성 문제로 귀결될 수는 없다. 따라서 급진민 주주의론에 대한 학문적 주체성 검토도 그것이 주요한 이론적 자원을 얼마나 진 지하게 검토했고, 또한 우리의 실천적 맥락에서 유용하게 창조적으로 적용된 것인지를 묻는 작업이 될 수밖에 없다.

현재 급진민주주의론이 주요한 이론적 자원으로 삼고 있는 라클라우와 무페 의 포스트 마르크스주의적 급진민주주의론이 한국에 소개된 것은 1990년대 초 반이다. 그것은 현실사회주의 붕괴와 탈냉전이 초래한 "기존 변혁운동과 진보 이론에 대한 광범한 회의와 재검토가 요구되던"(방인혁, 2009: 517) 상황의 산물

---

10) 급진민주주의론이 운동의 구체적이고 총체적 성격보다 적·녹·보 연대와 사회운동정당 그리고 풀뿌리 지방정치 강조 등 연대의 범위와 민주주의 실천의 기제에 보다 많은 관심 을 기울이는 것은 이것과 관련이 있는 것으로 보인다.

이었다. 또 한편으로 현재의 급진민주주의론은 2008년 이명박 신보수정권의 출범 이후 야기된 이른바 "체제론 논쟁"을 거치면서 보다 뚜렷한 윤곽을 보여주게 된 것으로 평가할 수 있다.

1990년대 초반 한국에서 포스트 마르크스주의에 대한 평가는 극단적으로 갈렸다. 김세균은 포스트 마르크스주의 입장이 "마르크스주의를 폐기하고 자유주의적, 부르주아 민주주의적 관점을 받아들이고 있는 점"(김세균, 1992: 130)에서 부르주아적 시민사회론과 다를 바 없다고 비판했다. 이에 대해 김성국은 라클라우와 무페의 견해에 따라 그람시 사상의 핵심적 특성을 "정통맑시즘에서 (경제적) 토대로서만 취급되던 시민사회의 영역을 재구성하여, '사회적인 것에 관한 새로운 논리'"(김성국, 1991: 213)를 개발하여 역사적 블록 개념을 통해 계급환원주의를 극복했다고 평가했다.

그람시의 헤게모니론과 시민사회론과 함께 논의되었던 당시의 포스트 마르크스주의에 대해서는 1980년대 중반 이후 한국에서 복원되었던 진보사상 흐름 속에서 시민사회 개념을 둘러싸고 김세균과 강문구 논쟁과 손호철과 김성국의 논쟁 등을 통해 상당한 이론적 진전이 없었는 것은 아니었으나11) 결국 마르크스주의의 정통을 옹호 여부를 둘러싼 일종의 소모적 논쟁의 성격이 강했다.12) 그것은 라클라우와 무페의 기본적 문제의식이 마르크스주의에 대한 이론적 연구가 아직 일천했던 당시 한국의 사상적 맥락과 실천적 조건에서 너무 파격적인 것이었기 때문이었다.

라클라우와 무페는 "마르크스주의에 의해 정교화된 주체성과 계급 개념, 그리고 자본주의 발전의 역사적 경로에 대한 견해, 또는 물론 적대가 사라진 투명한 사회로서 공산주의라는 개념도 더는 주장될 수 없다"(Laclau & Mouffe, 2000:

---

11) 이에 대해서는, 방인혁(2009: 517~534) 참조.
12) 윤건차는 1990년대 초반의 시민사회 논쟁이 1980년대 후반의 사회구성체 논쟁만큼이나 큰 규모였다고 평가한다(윤건차, 2000: 124).

4)고 단언했다. "'헤게모니'는 동일성의 장엄한 전개가 아니라 위기에 대한 대응"이며, 마르크스주의의 보편적 주체, 단수로서의 역사, 특정 계급이해에 근거한 예지적 구조로서의 사회라는 정치적 상상은 미이 다원적이고 복합적 현재의 사회적인 투쟁에서 지탱될 수 없다고 기각했다((Laclau & Mouffe, 2000: 2~7).

이후 이 문제를 둘러싼 논쟁은 포스트주의 일반의 마르크스주의 공격과 마찬가지로 마르크스주의가 본질주의·환원주의 경향을 불가피하게 내장하는가의 여부에 집중되었다. 우드는 마르크스주의의 입장에서 라클라우와 무페에 대해 "이데올로기와 정치를 모든 사회적 토대로부터, 더 구체적으로는 모든 계급적 기반으로부터 자율적인 것으로 만들어버린다"(우드, 1993: 24)고 비판하였다. 또한 제라스는 라클라우와 무페의 기획에는 이론적 실체와 진정한 실천 - 규범적 특수성 혹은 지향도 결여하고 있다는 의미에서 "이중의 빈터"가 존재한다고 비판했다(제라스, 1992: 69). 한국에서도 김세균은 1990년대 한국 마르크스주의의 대표적 이론지 역할을 했던 『이론』의 1997년 여름호 특집에서 발제문을 통해 마르크스주의적 실천을 위기에 빠뜨린 기존 마르크스주의의 해체와 재구성을 요구하면서, 본질주의와 환원주의에 대한 입장을 밝히고 있다. 즉 그는 기존의 속류화된 마르크스주의의 본질주의와 환원주의적 총체성론과 탈근대주의의 '탈중심화된 총체성론'을 동시에 비판하는 '중심성을 인정하는 비본질주의적·비환원주의적 총체성론을 대안으로 제시했다(김세균, 1997: 112). 나아가 김세균은 알튀세르의 환원불가능한 제 모순들의 중층결정론의 문제점을 지적하면서 "결정관계의 위계성 등을 인정한다고 해서 그것이 '본질주의적·환원주의적인 파악이라고 비난받을 이유는 없다"(김세균, 1997: 111)고 주장하면서, 알튀세르의 '우발적 유물론' 내지 '마주침의 유물론'의 유효성을 인정한다고 해서, 표층적 수준의 정세의 흐름만을 중시해서는 안 된다고 강조했다(김세균, 1997: 116).

조희연의 지적대로 일부 마르크스주의에 경제환원론적 편향이 존재하는 것은 사실이지만, 이상의 논의에서 볼 수 있듯이 마르크스주의 일반이 모두 그런 것이 아님은 분명하다. 또한 이미 2장에서 간단히 고찰했지만, 급진민주주의론이 마르크스주의의 계급중심론을 계급환원론과 동일시한다면 다양한 사회적 주체의 인정에서 주체성의 구조적 근거 자체를 방기한다는 비판을 면할 수 없다. 자본주의 시대 일반과 마찬가지로 특히 전 지구적으로 신자유주의가 득세하는 현재의 상황에서 다양한 사회적 적대들은 계급적대에 매개되면서 독자성을 갖는 것일 수밖에 없기 때문이다.

그뿐만 아니라 인식론적 차원에서도 마르크스주의는 포스트주의적 비판과는 달리 본질주의적이고 환원주의적 성격을 갖지 않는다. 엥겔스로부터 레닌에 이르기까지 정교화된 마르크스주의적 인식론은 절대적 진리의 존재와 이의 자동적 인식가능성을 주장한 것은 아니기 때문이다. 엥겔스의 사유와 존재의 동일성(*MECW* 26: 367), 즉 "인식가능성은 레닌에게 와서는 의식과 무관하게 존재하는 대상에 대한 상대적 인식의 발전으로 절대적 진리에의 접근을 의미한다(*LCW* 14: 136). 즉 레닌은 과학적 연구와 실천적 경험을 매개로 한 절대적 진리로의 근접 가능성을 이야기한 것이고, 사실상 존재하는 모든 진리는 상대적 진리임을 분명히 했다. 마르크스주의의 반영론적 인식론의 이런 합리적 핵심을 전제한다면, 포스트주의의 마르크스주의 인식론 비판은 마르크스주의 자체가 비판한 실증주의의 기계적 반영론과 마르크스주의의 반영론의 차이를 파악하지 못한 오류이다. 포스트주의의 인식론의 오류는 결국 인식론적 상대주의에 함몰하는 결과로 되어, 저항의 이후를 선취하거나 예시할 수 없거나(박영균, 2007: 228), 포스트모더니즘이 약속하는 해방은 공간적·시간적 깊이를 갖지 않는다"(딜릭, 2005: 238)는 지적이 타당한 것으로 된다"(방인혁, 2011: 185). 그뿐만 아니라 마르크스가 『자본론』에서 규명한 자본축적의 일반적 법칙은 경향적인 것으로 보았다는 것은 다양한 실천적 지형의 존재를 인정한 것이라는 점에서 본질주의적이고 환원주의적인 것으로 이해될 수 없다.

현재의 한국에서 급진민주주의론이 보다 구체적 윤곽을 갖게 된 것은 2009년에 전개된 이른바 '체제론 논쟁'을 경과한 결과로 보인다. 당시 조희연과 서영표, 이승원 등 급진민주주의론자들은 손호철 등 신자유주의 전선을 강조한 마르크스주의자들을 경제주의로 규정하면서 경제체제 이하의 수준에서 "헤게모니 분파의 전환, 정치적 전환, 경제와의 모순적 결합 등등이 분석될 수 있는 식으로 분석을 개방화할 필요"(조희연, 2009: 33)를 강조했다. 이런 입장은 급진민주주의론이 사물의 뿌리를 파악하는 것이라는 마르크스의 급진성 개념과 다른 점에서 유래하는 것으로, 조희연이 "민주주의의 이름으로 자본주의에 대항하라"는 그의 '민주주의 변혁주의'론(조희연, 2011a: 37~38)에 근거를 둔 것으로 생각된다. 이에 대해서는 손호철이 "그 같은 구체적 분석이 추상성을 혼동해서 이루어져서는 안 된다. 나아가 다양한 측면에 대한 서술적 풍부함이 인상중의적 서술을 '과학적 분석'으로 혼동하는 '사회학적 서술주의'로 흘러서는 안 된다고 생각한다"(손호철, 2009: 28)는 지적이 타당하다고 본다. 급진민주주의론이 사물의 뿌리를 파악하는 것을 급진적인 것으로 보는 마르크스의 급진성 개념을 본질주의나 환원주의로 규정하는 한, 포스트주의와 마르크스주의의 대화처럼 그것은 귀머거리의 대화로 전락할 위험성이 다분하기 때문이다.

물론 조희연 등은 라클라우와 무페의 이론적 자원을 단순히 기계적으로 도입하는 것은 아니다. 조희연은 이미 한국적 급진민주주의론의 개념적·이론적 재구축을 고민한 바 있고(조희연, 2011a), 2장에서 살펴보았듯이, 라클라우와 무페의 담화환원론과 탈총체성의 경향 및 주체형성의 구조적 근거를 방기하고 필연성의 반대를 우연성의 논리로 대체한 점 등을 비판했다. 그뿐 아니라 라클라우와 무페가 적대성을 사회적 관계의 핵심으로 파악한 점과 일정한 거리를 두면서, "그러나 다른 한편으로 인민의 집단적 삶에는 공생적인 성격이 존재한다"(조희연, 2011b: 270)는 점에서 연대성의 원리를 강조하는 차이를 부각시키고 있다.

그러나 조희연의 연대성의 원리리는 이미 무페가 적대감을 적들 사이의 관계만 아니라 "우호적 적들"이라는 역설적 방식으로 정의한 점에서 헤게모니적 접합의 대상으로서 그녀의 '경쟁성' 개념(무페, 2006: 31)과 큰 차이를 발견하기 힘들다. 또한 라클라우와 무페의 담화환원론적 경향 등에 대한 조희연의 비판도 적대와 갈등의 위계성의 문제에 대한 그의 설명에서 일관성을 유지하지 못하고 있다. 즉 그는 "제2차 세계대전 이후 6·8 혁명 등에 의해 계기지워지는 것처럼 인민의 주체화가 진전되어 기존의 계급적대로 포괄되지 않는 사회적 적대를 문제로 인식하고 저항"(조희연, 2011b: 286)하게 됨으로써, 계급을 포함한 다양한 차별의 우선순위를 논하는 것은 이미 의미가 없다고 단언하기 때문이다. 이것은 결국 계급환원론에 대한 자신의 비판이 계급중심성을 굳건히 견지하지 못하고 있다는 것을 보여준다. "모든 갈등과 적대의 '선험적' 위계성을 부정하는 것이 갈등과 적대의 관계를 초역사적인 우연적 관계로 환원하는 것을 용인하지는 않는다"(조희연, 2011b: 287)는 강조에도 불구하고, 다차원적 적대 인식이 계급 적대의 희석이 아닌 저항의 풍부화라는 그의 주장만으로는 한국사회의 모순의 뿌리에 대한 과학적 연구를 면제해주는 것은 아니기 때문이다. 이 지점에서 추상성의 수준에 대한 준별을 요구했던 손호철의 비판은 경청할 필요가 있다.

이처럼 이론적 측면에서의 급진민주주의론의 학문적 주체성을 확인하기 위해서는, 급진민주의론이 논의의 출발점으로 삼는 마르크스주의의 본질주의·환원주의 여부에 대한 정밀한 검토가 전제되어야 한다. 이를 위해서는 존재론과 인식론적 차원에서 마르크스주의 특히 마르크스 사상의 원천에 대한 질문이 전제되어야 한다. 라클라우와 무페의 포스트 마르크스주의적 급진민주주의론을 서구의 이론사적 및 실천적 맥락을 재조명함으로써 그것이 전제하는 마르크스주의 비판의 타당성 여부를 검토하는 것에서 출발해야 한다. 이런 측면에서 한국적 급진민주주의론은 마르크스주의의 본질주의적이고 환원주의적 규정성을 너무 성급히 수용하고 있는 것은 아닌지를 물어야 한다. 이것은 마르크스의 급진성 개념과 포스트 마르크스주의의 급진성 개념을 비교하는 것에서 확인 가능할 것이다.

급진민주주의론의 학문적 주체성을 확인하기 위해서는 이론적 차원의 검토만 아니라 그것들이 한국의 상황에서 생산적이고 창조적 적용성이 있는지도 검토해야 한다. 사실 복지국가의 실패는 신자유주의의 득세를 낳았고, 한편으로 민주주의의 사회화가 아닌 국가화를 지향했던 사회민주주의와 국가사회주의 기획의 실패는 마르크스주의의 위기를 낳은 것이었다. 포스트 마르크스주의는 서구에서 그에 대한 그 나름의 대응으로서의 의미를 인정할 여지가 있을 것이다. 조희연이 한국의 상황을 분석하면서 급진주의적 인식 내부에 새로운 저항성과 과거의 저항성에 관한 두 가지 편향을 지적하면서 양자를 대립적으로 파악하는 사고에서 벗어날 것을 주장하는 것(조희연, 2011c: 83)은 이와 관련하여 경청할 필요가 있다. 즉 "구체적으로 87년적인 저항성을 계승·발전하면서도 그것을 급진적으로 심화시키고 이른바 '다중'으로 표현되는 새로운 저항적 주체와 결합해서 더욱 풍부한 저항적 주체 전선을 만들어내야 한다"(조희연, 2011c: 94)는 것이다.

그러나 이상의 원론적 정당성을 갖는 주장이 한국의 급진민주주의론으로 정착하기 위해서는 한국사회의 모순구조에 대한 본질적 인식과 함께, 한국 민주주의의 발전수준에 대한 객관적 평가가 필요할 것이다. 서구 복지국가의 위기와 사회민주주의적 기획의 실패, 보다 근본적으로는 근대 대의민주주의 일반의 위기에 대한 대안으로 고안된 급진민주주의론이 한국의 상황에 창조적으로 적용이 될 수 있어야 하기 때문이다. 이 점과 관련하여 조희연의 '민주주의 급진화'론이 비판하고 극복의 대상으로 삼는 '민주주의의 자유화'와 '민주주의의 민주화'가 한국사회에서 아직 무시하기 어려운 영향력을 갖는 이유가, 한국의 절차적 민주주의와 복지의 기형성과 절대적 부족의 결과일 수도 있기 때문이다.

조희연이 잘 지적했듯이, "지구화는 자본주의와 민주주의의 전쟁에서 전자를 강화시키는 힘으로 작용한다. '자본주의와 민주주의의 전쟁'에서 지구화는 선진국에서 '사회민주주의적 균형'을 깨뜨리는 힘으로, 그리고 후진국에서 '민주주의에 대한 자본주의의 천민적 공세를 강화하는 힘으로 나타난다"(조희연, 2011c: 81). 그렇다면 한국적 급진민주주의론은 한국의 민주주의와 자본주의의 발전수준과 위상에 직결되는 방식으로 이론적 체계화되어야 할 것이다.

5. 맺으며

1987년 민주화 이후 한국사회는 제도적·절차적 민주주의의 복원에도 불구하고, 그것의 공고화와 함께 실질적 민주주의의 진전이라는 과제를 안게 되었다. 급진민주주의론자들은 이 시기 신자유주의적 지구화라는 새로운 국제적 조건과 신보수 정권의 등장이라는 국내적 조건에 의해 매개되면서, 이른바 "포스트 민주화 시대"라는 새로운 조건에 직면했다고 파악한다(조희연, 2011a: 96). 따라서 급진민주주의론은 제도적·절차적 민주주의를 넘어서기 위한 노력으로 "민주주의의 자유화"와 "민주주의의 민주화"를 넘어서는 "민주주의의 급진화"를 과제로 제기한다. 즉 그들은 국가사회주의 이론과 역사적 실험의 실패를 교훈으로 민주주의와 사회주의의 접합, 구성적 외부를 만들어내는 민주주의의 한계를 극복하기 위한 민주주의 자체의 급진적 재구성이 필요하다는 것이다(조희연, 2011a: 100).

사실 1987년 이후 절차적 민주화에도 불구하고, 신자유주의에 의한 사회적 분열의 심화와 급기야 선거라는 민주적 제도를 통해 신보수 정권이 출범한 현재 한국사회의 조건에서 민주주의의 급진적 확장을 주장하는 급진민주주의론은 시의적절하며 중요한 문제제기를 한 것으로 평가된다. 그러나 이 글에서는 라클라우와 무페의 포스트 마르크스주의적 급진민주주의론을 이론적 자원으로 하여 마르크스주의의 성찰적 전유를 주장하는 한국적 급진민주주의론에 대해서는 세심한 비판적 검토가 필요한 것으로 보았다.

이상의 문제의식에서 이 글은 한국적 급진민주주의론의 급진성 개념과 학문적 주체성 여부를 마르크스주의적 관점에서 비판적으로 검토했다. 그 결과 한국적 급진민주주의론에 대해서는 다음의 몇 가지 측면에서 비판적 질문이 가능하다고 본다.

첫째로, 한국적 급진민주주의론의 급진성 개념인 '미래의 물질화를 위한 투쟁과 전략 및 미래와의 연대'가 마르크스의 급진성 개념과 상당한 괴리가 된다는 점이다. 즉 마르크스의 급진성 개념인 '사물의 뿌리의 파악'이 정통한 사실에 기반을 둔 운동을 지향하는 데 반해, 급진민주주의론은 마르크스가 비판한 19세기 중반의 프랑스 공상적 사회주의와 공산주의가 의거했던 '선의'와 유사한 것은 아닌가 하는 점이다.

둘째로, 급진성 개념에 대한 차이는 결국 한국적 급진민주주의론이 마르크스주의를 본질주의적·환원주의적 편향을 불가피하게 내재하는 것으로 선험적으로 단정하는 근거로 된 것은 아닌가 하는 점이다. 이 점에 대해서는 전술했듯이, 마르크스주의 전통에서 이런 편향성을 내재한 요소들이 존재한 것이 사실이지만 이런 편향성을 극복하려는 마르크스주의의 재구성을 위한 노력이 지속되었던 점에서 과도한 일반화의 오류로 비판받을 소지가 있다.

셋째로, 급진민주주의론이 강조하는 하위주체들, 즉 주민등록 말소자, 이주노동자 및 다양한 사회적 약자와 소수자들이 현상 차원에서는 민주주의의 구성적 외부이지만, 본질적 차원에서는 자본주의가 만들어내는 구성적 외부라는 점이다. 달리 말하자면, 그런 하위주체들은 자본의 축적구조나 국제분업상의 변화가 산출하는 집단일 수 있다는 사실이다.

넷째로, 학문적 주체성 여부가 이론의 협소한 토착성에 근거하는 것은 아니지만, 적어도 한국적 급진민주주의론이 학문적 주체성을 인정받기 위해서는 서구의 포스트 마르크스주의적 급진민주주의론의 마르크스주의에 대한 비판의 정당성에 대한 엄밀한 이론적 검토가 선행되어야 한다. 물론 전술한 바와 같이, 조희연 등이 라클라우와 무페의 주장들을 전면 수용하는 것은 아니지만 그들에 대한 비판이 실천적 대안의 구축 등에서는 일관성을 유지하지 못하는 한계를 보이고 있다.

다섯째로, 학문적 주체성이 이론의 창조적 수용 여부와 직결되는 문제라는 점에서, '민주주의의 급진화'라는 급진민주주의론의 지향이 한국의 민주주의 발전수준과 자본주의의 국제적 분업수준이라는 실천적 맥락에서 타당한 것인지에 대한 엄밀한 검토가 필요하다. 특히 이 문제는 2008년 체제를 '포스트 민주화’ 시대로 규정하는 것이 과연 타당한가의 문제이기도 하다.

이상의 비판적 질문들을 고려하면, 현재 한국사회의 민주주의 위기에 대응하는 대안적 사회이론은 현상의 배후에 존재하는 자본주의적 모순을 극복할 수 있는 계급중심성을 견지해야 할 것이다. 즉 계급적대를 중심으로 다양한 사회적 적대들이 그것을 매개로 하여 나타나는 현상들에 조응하는 연대성의 방안을 마련해야 한다는 것이다. 급진민주주의론이 본질주의와 환원주의를 비판하려는 의도에서, 급진성의 개념을 ‘사물의 뿌리’가 아닌 다양한 현상들에 주목함으로써 마르크스가 비판했던 ‘전진하겠다는 선의’에 머물러서는 안 되기 때문이다. 또한 급진민주주의론의 창조적 수용을 위해서는 한국사회가 처한 실천적 맥락 속에서 세밀한 이론의 검증이 이루어져야 할 것이다.

참고문헌

강정인. 2006. 『서구중심주의를 넘어서』, 아카넷.

급진민주주의 연구모임 데모스 편. 2011a. 『급진민주주의리뷰 데모스 1: 민주주의의 급진화』. 데모스 미디어.

______. 2011b. 『급진민주주의리뷰 데모스 2: 연대성의 정치학』. 데모스 미디어.

김성국. 1991. 「안토니오 그람시의 헤게모니 이론」. ≪사회비평≫, 제5권. 나남.

김세균. 1992. 「시민사회론’의 이데올로기적 함의 비판」. ≪이론≫, 가을호(통권 2호), 이론.

______. 1997. 「오늘의 마르크스주의 ― 재구성을 위한 하나의 시도」. ≪이론≫, 여름호(통권 17호). 이론.

딜릭, 아리프. 2005. 『포스트모더니티의 역사들』. 황동연 옮김. 창작과비평사.

마르크스, 칼. 1989a. 『정치경제학 비판을 위하여』. 김호균 옮김. 중원문화.

______. 1989b. 『자본론 제1권(上)』. 김수행 옮김. 비봉출판사.

______. 1990. 『자본론 제3권』. 김수행 옮김. 비봉출판사.

무페, 샹탈. 2006. 『민주주의의 역설』. 이행 옮김. 인간사랑.

박영균. 2007. 『맑스, 탈근대적 지평을 걷다』. 메이데이.

방인혁. 2009. 『한국의 변혁운동과 사상논쟁』. 소나무.

______. 2011. 「서구중심주의 비판을 위한 대안적 방법론 모색: 탈식민주의에 대한 마르크스주의적 비판」. 경상대학교 사회과학연구원 편. ≪마르크스주의 연구≫, 제8권 3호. 도서출판 한울.

서영표, 2011, 「비판적 실재론과 비판적 사회이론」. 급진민주주의 연구모임 데모스 편. 『급진민주주의리뷰 데모스 1: 민주주의의 급진화』. 데모스 미디어.

손호철. 2009. 「한국사회체제론'을 다시 생각한다: 사회학적 서술주의와 추상성의 혼동을 넘어서」. 서강대학교 사회과학연구소 창립 20주년 기념 학술심포지엄 자료집. 『한국사회체제론'을 다시 생각한다: 이론과 실천전략』.

우드, 엘린 메익신즈. 1993. 『계급으로부터의 후퇴』. 손호철 편역. 창작과비평사.

윤건차. 2000. 『현대 한국의 사상흐름』. 당대.

이승원. 2011. 「민주주의와 헤게모니」. 급진민주주의 연구모임 데모스 편. 『급진민주주의리뷰 데모스 1: 민주주의의 급진화』. 데모스 미디어.

제라스, 노만. 1992. 『포스트맑스주의?』. 이경숙·전효관 엮음. 민맥.

제숍, 밥. 1985. 『자본주의와 국가』. 이양구 외 옮김. 돌베개.

조희연. 2009. 「97년 체제의 '이중성'과 08년 체제하에서의 '헤게모니적 전략'에 대한 고민」. 서강대학교 사회과학연구소 창립 20주년 기념 학술심포지엄 자료집. 『한국사회체제론'을 다시 생각한다: 이론과 실천전략』.

______. 2011a. 「한국적 '급진민주주의론'의 개념적·이론적 재구축을 위한 일 연구」. 급진민주주의 연구모임 데모스 편. 『급진민주주의리뷰 데모스 1: 민주주의의 급진화』, 데모스 미디어.

______. 2011b, 「지배, 정치, 헤게모니, 저항 그리고 '급진적 정치주의'」. 급진민주주의 연구모임 데모스 편. 『급진민주주의리뷰 데모스 1: 민주주의의 급진화』. 데모스 미디어.

______. 2011c. 「'포스트 민주화' 시대의 진보와 '민주주의 좌파의 정치학'」. 급진민주주의 연구모임 데모스 편. 『급진민주주의리뷰 데모스 2: 연대성의 정치학』. 데모스 미디어.

Fanon, Franz/Constance Farrington(trans.). 1963. *The wretched of the earth*, New York: Grove Press.

Laclau, E. & Mouffe, C. 2000. *Hegemony and Socialist Strategy(2nd edition)*, Verso.

Marx, Karl. 1975. "Contributionto the Critique of Hegel's Philosophy of Law, Introdution." *MECW 3*(Moscow: Progress Publishers).

Marx, Karl. 1979. "German Ideology." *MECW 5*(Moscow: Progress Publishers).

사회비판의 급진성과 학문적 주체성* 4
급진민주주의론의 옹호를 위한 자기비판

서 영 표

제주대학교 사회학과

1. 머리말

급진민주주의라는 개념은 라클라우(Ernesto Laclau)와 무페(Chantal Mouffe)에 의해 제기된 정치 이론에 붙여진 이름이다. 하지만 모든 이론과 개념이 그렇듯이 급진민주주의론은 다양한 사람들에 의해 다양한 방식으로 해석되어왔다. 때로는 자유주의의 급진적 입장으로, 때로는 마르크스주의의 경직성을 수정하는 마르크스주의 전화의 원리로, 때로는 포스트구조주의적인 정체성 정치의 원리로 받아들여졌다. 성공회대학교 급진민주주의연구모임은 이러한 다양한 해석을 검토하고 한국사회에 적용할 수 있는 '급진민주주의론'을 생산하려고 노력했다. 이미 그러한 노력의 산물을 2권의 책으로 출간하기도 했다. 하지만 여전히 해결되지 않은 많은 문제들이 있다. 때로는 이론적인 측면에서, 때로는 실천적인 측면에서 논의되어야 할 어려움이 산적해 있는 것이다. 이 글의 목적은 급진

---

* 이 글은 《경제와사회》 통권 95호(2012)에 게재되었던 글을 재수록한 것이다.

민주주의연구 모임이 제기한 급진민주주의론이 안고 있는 난점과 한계를 명확히 하고 그것을 넘어서기 위한 방향을 제시하는 것에 있다.

연구모임이 아직은 미진한 내용을 책으로 출간하면서 바랐던 것은 '난점'과 '한계'를 노출시킴으로서 한국의 민주주주에 관한 '좌파적' 토론'공간'을 여는 것이었다. 한국적 급진민주주의론을 만들어내는 작업에 비판적 사회이론 진영의 참여를 유도하려 했던 것이다. 책의 논평자 중의 한 사람인 이창언의 지적처럼 연구모임이 제시한 '급진민주주의론' 자체가 다양한 해석에 열려 있으며, 내적으로서 일관된 이론을 만들어내고 있지 못한 조건(이창언, 2011: 357, 363)은 모두가 인정할 수밖에 없다. 이러한 조건에서 연구모임이 할 수 있는 것은, 수미일관하게 완성된 이론 생산을 기다리기보다는 거칠고 일관성이 떨어지더라도 더는 미룰 수 없는 현실로서의 민주주의에 대한 논쟁을 촉발할 수 있는 '발언'을 하는 것이었다.

이러한 바람에 비하면 연구모임의 '발언'이 불러온 논쟁은 기대만큼은 아니었다. 이창언(2011)과 김보현(2011)의 애정 어린, 하지만 날카로운 비판 이외에는 이렇다 할 반응이 없었기 때문이었다. 본격적인 논쟁으로 나가기 위해서는 좀 더 발본적이고 비판적인 논평이 필요했다. 이런 맥락에서 《경제와 사회》 93호에 실린 류석진·방인혁의 「한국적 급진민주주의론'의 급진성과 주체성 연구」는 연구모임에게는 매우 소중한 글이었다.

본문에서 자세하게 다루어지겠지만 류석진·방인혁(2012)이 제기한 비판의 핵심은, 제목에서 드러나듯이 급진민주주의의 '학문적 주체성'과 '급진성'에 대한 것이다. 두 저자의 표현을 빌자면 '민주주의의 절대화'와 '정치주의적 편향'은 마르크스의 마르크스주의가 보여주었던 구조에 대한 급진적 비판의 성격을 약화시킴으로써, '급진적'이라는 수식어와는 상반되게 '급진성'을 약화시켰다는 것이다. 마르크스를 버리지 않고 마르크스를 재해석하려 하지만 결국에는 그보다 퇴보했다고 보는 것 같다. 여기서 '급진성'을 약화시킨 정치주의의 핵심은 '계급중심성'의 포기에서 연원한다는 것이 이들의 지적이다. 좀 더 근본적으로는 급진민주주의론이 마르크스를 단순화시켜 이해하고 구조적 조건에 대한 분석의 추상성을 비판하고 나섬으로써 사회학적 서술주의로 치우치게 되었다고 비판한다.[1]

이 글은 이러한 비판에 대한 반론이자 이론적 개입이다. 따라서 반론의 성격보다는 또 하나의 입장 제출인 것이다. 하지만 입장 제출은 거기서 멈추어 서는 것이 아니라 또 다른 논쟁을 위한 재료가 되어야 한다. 논쟁은 이미 정해진, 고정불변의 입장들 사이의 대화가 아니다. 이런 논쟁은 시간낭비에 지나지 않는다. 생산적 논쟁은 비판에 귀 기울이고 수용함으로써 스스로의 입장을 수정하고 발전시킬 수 있는 상호발전의 과정이어야 한다. 그래서 이 글은 논쟁을 통한 자기비판과 수정의 과정이기도 하다. 한편으로 논쟁에의 개입은 급진민주주의 연구모임의 내적 차이와 긴장을 발전적 방향으로 종합할 수 있는 기회이기도 한다. 다른 한편 지금까지의 논평과 비판이 주로 연구모임의 대표적 이론가인 조희연의 주장에 집중되어온 것에 대한 교정이기도 하다. 근본적인 차원에서 비판을 수용함으로써 자기수정을 회피하지 않지만 비판의 내용이 연구모임의 내적인 토론과정에서 이미 제기되었고 논의되었음을 확인하는 반비판의 과정이기도 하다는 것이다. 그리고 이러한 자기수정과 반비판은 논쟁을 종결짓는 것이 아니라 새로운 단계로 나가는 계기를 마련하고자 하는 목적을 가진다.

본문은 크게 네 부분으로 구성된다. 먼저 2절에서는 급진민주주의론의 입장을 요약하도록 하겠다. 내용에 대한 충실한 요약은 김보현(2011)과 이창언(2011)에서 찾아볼 수 있기 때문에 여기서는 조금은 '정치적'인 요약을 시도하겠다. 3~4절은 류석진·방인혁이 제기한 비판에 초점을 맞추어 구성되었다. 3절은 급진민주주의론의 '급진성'에 대해 논의하고 4절은 '학문적 주체성과 실천성'을 다룬다. 논의 내용은 그들의 비판에 국한되지 않고 김보현과 이창언의 비판

---

1) 저자들은 '사회학적 서술주의'라는 표현을 손호철(2009)로부터 가져오고 있다. 손호철의 글은 체제논쟁 과정에서 조희연·서영표(2009)에 대한 비판을 담고 있다.

에 대한 대응도 담고 있다. 그리고 마지막 5절에서는 논쟁의 내용을 요약하고 한 단계 발전된 토론의 의제를 설정하도록 하겠다.

2. 급진민주주의론이란?

본격적인 논의에 앞서 지금까지 개진된 급진민주주의론의 핵심을 요약할 필요가 있다.[2] 급진민주주의론은 무엇보다도 이념이 아닌 현실운동의 과정으로서의 민주주의에 주목한다. 민주주의는 평범한 사람들의 투쟁이고 삶이다. 대부분의 경우 그것을 자각하지 못하지만 우리의 의식과 무의식, 만족과 저항은 모두 복잡한 현실을 매개하는 '민주주의 담론'과 '민주주의 제도'를 거칠 수밖에 없다. 그렇기 때문에 민주주의는 이데올로기적 투쟁의 대상이다. 이데올로기적 투쟁의 대상이란 민주주의가 때로는 현실의 억압과 착취를 중립화하고 정당화하기도 하지만 다른 한편으로 억압과 착취에 저항하는 사회적 투쟁의 명분을 제공하기도 한다는 의미이다. 이런 맥락에서 급진민주주의론은 민주주의가 계급투쟁에 종속되는 것이 아니라 '상대적'으로 자율적인 투쟁의 대상임을 주장한다. 이것이 급진민주주의론이 구좌파의 계급환원론을 비판하는 이유이다. 하지만 다른 한편 급진민주주의론은 민주주의가 상대적으로 자율적인 투쟁의 대상이 되는 담론적 공간에 주목하면서도 그것이 현실의 계급투쟁으로부터 '절대적'으로 자율적일 수 없음을 강조한다. 이 점이 급진민주주의론이 포스트마르크스주의 또는 포스트구조주의가 가지는 상대주의를 비판하는 근거이다.

계급환원론과 담론적 상대주의[3] 사이의 길을 찾으려는 급진민주주의론은

---

2) 여기서의 요약이 연구모임 전체의 입장이라고 생각하지는 않는다. 앞에서도 밝혔듯이 내적으로 상당한 의견차이가 있으며 이곳에서의 요약은 필자의 개인적인 입장이 강하게 반영되어 있다는 점을 밝혀둔다.

당연히 이미 고정된 것으로 가정된 계급의 시각이 아닌, 체제 안에 허용된 위치를 갖지 않는 '외부'의 시점으로부터 민주주의를 급진적으로 재해석하려 한다. 그리고 동시에 체제 안에 있음으로 해서 지배적인 담론에 종속되어 있고, 그것에 순응하지만 동시에 저항의 계기를 지속적으로 경험하는 평범한 시민들의 의식을 변증법적으로 재해석하려 한다. 물론 '외부'에 대한 천착과 '내부'로부터 저항의 근거를 찾으려는 시도는 매끄럽게 공존하지는 않는다. 이 점이 급진민주주의 연구모임의 내적인 균열 지점이기도 하다. 이에 대해서는 뒤에서 자세하게 논의하도록 하겠다.[4]

다음으로 급진민주주의론이 계급중심적인 변혁전략에 대해 비판적인 만큼 다양한 사회적 모순과 그곳으로부터 생겨나는 다양한 사회운동에 주목하는 것은 당연하다. 그리고 체제의 변혁을 위해 이렇듯 다양한 운동주체들 사이의 연대를 어떻게 구축할 것인가로 관심이 이동할 수밖에 없다. 급진민주주의론이 출간한 두 번째 책 제목이 "연대성의 정치학"인 이유가 여기에 있다. 물론 다양한 주체와 연대에 대한 급민민주주의 연구모임의 입장 또한 매끄럽지는 않다. 솔직히 말하면 급진민주주의론은 계급모순으로 환원되지 않는 다양한 사회운동이 가지는 힘을 긍정하는 데까지만 성공적인 것으로 보인다. 하지만 앞에서 세워놓은 원칙, 즉 계급환원론은 피하지만 상대주의로까지 나가는 것은 경계하는 것을 온전히 지키는데 성공하지 못하고 있다. 상대주의로의 경도를 막아줄 이론적 준거점을 갖고 있지 못하기 때문이다. 포스트마르크스주의의 상대주의를 비판할 때에는 마르크스주의에 의지하고, 완고한 마르크스주의를 비판할 때는 포스트마르크스주의적인 상대주의에 의지하지만 정작 이 두 입장을 화해시

---

3) 바스카는 후자의 편향을 인식적 오류(epistemic fallacy)라고 부른다. 담론은 언제나 실재하는 대상에 관한 것이어야 하는데, 인식적 오류는 그러한 상관성을 부정한다(Bhaskar, 1998).

4) 조희연과 장훈교가 '외부'의 관점을 강조한다면 서영표는 모순적인 주체성의 변증법적 운동을 강조한다. 조희연(2011a; 2011b), 장훈교(2011), 서영표(2011a; 2011b)를 보라.

킬 수 있는 한 단계 높은 이론적 종합에는 아직 도달하지 못한 상태에 있는 것이다. 이러한 한계를 만회할 수 있는 길은 현실개입능력을 극대화하는 것인데, 류석진과 방인혁, 그리고 김보현의 글에서 지적되듯이 아직은 추상적인 이론논쟁을 벗어나지 못한 단계에 머물고 있기 때문에 이론의 실천성에서도 아직 만족스러운 답을 제시하고 있지 못하다.

마지막으로 급진민주주의론은 진보적 정치전략의 두 가지 축인 정당과 사회운동을 종합하려 시도한다. 김보현(2011: 311~312)이 언급했듯이, 급진민주주의론(특히 조희연)은 최장집과 박상훈의 정당정치 안정화론에 대해 강하게 비판한다. 그것이 한때 진보적인 성격을 가지고 있었을지는 모르지만 지구화라는 조건에서의 '포스트민주주의' 시대에는 변혁의 가능성을 부정하는 보수적 입장으로 변질될 수도 있다는 것이다. 따라서 다음과 같은 박상훈의 주장과 확실한 경계선을 그으려 하는 것이다.

> 대규모의 영토국가, 대규모의 시민, 사회적 기능의 분화와 전문화 등을 특징으로 하는 현대사회의 민주주의를 말하면서 시민의 직접통치 내지 집회 민주주의, 광장 민주주의를 대안으로 말하는 것은 비현실적인 동시에 위험한 일이다. 실천될 수 없는 민주주의를 말한다면 그것은 사람들을 민주주의와 멀어지게 만들 뿐이다(박상훈, 2011: 96).

> 정당을 통해 갈등의 수를 줄이되 갈등의 규모는 사회화해서, 가장 바람직한 공익이 뭔지를 정당들이 서로 달리 대표하게 하고, 그렇게 형성된 두 개 내지 세 개의 대안이 선거에서 경합하게 하는 것, 그것이 좋은 민주주의의 조건이라는 말이다(박상훈, 2011: 104).

급진민주주의론이 박상훈을 비판하는 근거는, 차이의 인정 위에서 구성되는 연대의 정치를 구현하는 데에서 정치정당의 역할은 부정할 수 없으나 다양한 사회운동의 힘에 의해 견제되지 않는, 또는 풍부해지지 않는 정당은 체제의 게임

규칙을 수용함으로써 빠르게 체제내화할 수밖에 없다는 것이다(김보현, 2011: 312).

하지만 위험은 제도 안으로의 흡수에만 있는 것은 아니다. 특권적 주체를 부정하고 저항의 다차원성을 강조하는, 포스트구조주의적 다원주의의 수용이 구좌파의 교조주의적 입장을 비판하는 데에는 효과적이었지만 되돌아서서 다원성의 거친 대양의 파도 위에 흔들리는 스스로를 묶어줄 기둥을 찾는 데까지는 이르지 못한 상태는 또 다른 유혹에 이끌리게 할 수 있다. 급진민주주의론이 소위 코뮌주의자들과 혼동될 여지가 생겨나는 것이다. 코뮌주의의 대표적 논자인 고병권(2011)은 '이후의 민주주의'라는 개념으로 제도로서의 민주주의를 부정하고 '흐름'과 '네트워크'로서의 민주주의를 제시한다.[5] 코뮌주의가 생각하는 민주주의는 "'국민 - 주권 - 대표'에 속하지 않는 미등록 이주노동자", "정치적 시민권이 없는 중고생들", "온갖 네트워크에 출몰하는 익명의 대중들"의 민주주의이다(고병권, 2011: 96). 급진민주주의론이 의도하는 바는 고병권이 강조하는 제도에 의해 '호명되지 않는' 주체들의 시각에서 제도정치를 끊임없이 비판함으로써 민주주의의 급진성이 소진되는 것을 막으려는 것이다. 하지만 제도의 '외부'를 말하는 순간, 그리고 "존재하지만 의미 - 없는 - 자들의 언어"를 강조하는 순간(이창언, 2011: 358), 현학적인만큼 현실 정치에서는 무능한 민주주의에 대한 '말장난'으로 퇴행하는 듯한 모습을 보인다. 현실 정치에서 그 외부적 존재는 스스로를 조직화할 수도, 스스로의 목소리를 낼 수도 없는 존재들이다. 그들의 목소리가 중요하다고 '선언'하는 것은 아무런 말도 하지 않은 것과 같다. 그리고 그들의 목소리가 급진적이라고 '주장하는' 것은 여전히 지식인들이다. 이론적 구성물에 지나지 않는 것이다. 이런 주장이 설득력을 얻기 위해서는 그들의 목소리를 어떻게 들리게 할 것인지에 대한 정치적 기획이 있어야 한다. 그러나 '외부'를 바라보는 논자들은 '그들'의 목소리를 정치적으로 조직해야 하는 방법에 대

---

5) 코뮌주의의 자세한 내용은 이진경 외(2007)를 보라.

해서는 침묵한다. 그것은 곧 민주주의의 '급진성'을 훼손하는 것으로 생각되기 때문이다.

이러한 치우침으로부터 급진민주주의론이 완전히 단절했다고 말하기는 어려워 보인다. 대부분의 논평자들이 지적하고 있는 것처럼 급진민주주의론은 아직 제도정치와 운동정치 사이에서 실천 가능한 구체적 전략 내지 기획을 제시하고 있지 못한 것이다. 제도정치와 운동정치 사이의 균형을 잡으려 하지만 제도정치를 포기한 운동정치와 운동정치를 부차화하는 제도정치 사이에서 진동하고 있는 것이다. 아래의 3~4절은 이번 절에서 지적된 급진민주주의론의 핵심주장과 한계에 대해 더 구체적으로 논의하도록 하겠다.

3. 급진민주주의는 '급진적'인가?

류석진·방인혁이 '급진'민주주의의의 '급진성'을 의심하는 이유는 "마르크스주의를 본질주의이자 환원주의로 파악하고, 마르크스주의의 급진성 대신 민주주의 자체의 급진적 재구성을 급진성의 징표로 내세"우는 접근 자체에 있다. 류석진·방인혁은 마르크스는 급진성을 "사물의 뿌리, 즉 본질을 파악하는 것"으로 보며 이러한 입장은 "현상의 이행의 방향은 다양할 수 있으나, 그것이 극복해야 하는 근본적인 모순을 파악하고 극복하는 것"으로 제시함으로써 "자본주의 토대에 대한 파악과 그것이 야기하는 모순을 극복하는 것"을 급진적이라고 본다는 지극히 '당연한' 해석을 제시하고(류석진·방인혁, 2012: 227~230), 그 반대편에 급진민주주의론을 위치 짓는다. 급진민주주의론은 "민주주의의 평등주의적 잠재성을 극단에 이르기까지 실현하는 것"을 급진성으로 파악하고 "사적 소유가 유지되는 조건에서도 민주주의적 평등주의적 잠재력을 확장함으로써, 자본주의의에 의한 민주주의의 식민화를 제한할 수 있다"고 주장함으로써 마르크스가 가지고 있던 급진성으로부터 퇴행했다는 것이다(류석진·방인혁, 2012: 230~

231).

　급진민주주의연구모임이 이러한 비판을 받아들이는 방식은 두 가지일 수 있다. 하나는 급진민주주의론은 마르크스의 자본주의에 대한 근본적 비판을 부정한 적이 없다는 '항변'일 것이고, 다른 하나는 마르크스의 자본주의에 대한 급진적 비판을 부정한 적은 없지만 혹시 급진민주주의론이라는 새로운 입장을 제출하면서 이러한 비판을 받을 여지를 만들지는 않았는지 성찰적으로 되돌아보는 것이다. 후자의 접근은 포스트마르크스주의와 마르크스주의를 종합하려 했으나 혹시 그것이 이론적 정합성이 떨어지는 '절충'은 아니었는지 반성적으로 검토하는 계기로 삼으려는 것이다. 필자는 두 번째 길을 선택하려 한다.

　이론적 절충의 경우 끌어들인 다양한 이론적 자원이 서로 내적으로 충돌하면서 화자가 의도하지 않은 방식으로 해석될 여지를 만들 수 있다. 마르크스주의의 자본주의 비판의 급진성을 포스트마르크스주의의 다차원적 전략과 종합하겠다는 의도와는 달리 포스트마르크스주의적 또는 포스트구조주의적 상대주의가 주장을 압도하는 것처럼 해석될 여지가 있다는 것이다. 하지만 여기서의 '자기비판'은 한 발자국 더 나가려 한다. 의도하지 않았던 포스트마르크스주의적 편향은 급진민주주의론이 충분히 포스트마르크스주의적이지도 충분히 마르크스주의적이지 않았기 때문에 생겨난 것이라고 주장하려 한다. 종합은 몇몇 개념을 가져다 구미에 맞게 짓는 구조물이 아니다. 알튀세르의 표현을 빌자면 각각의 개념은 이론적 문제틀(problematic) 안에 위치하며 문제틀에 대한 충분한 이해 없는 개념들의 조합은 종합이 아닌 절충일 수밖에 없는 것이다.[6] 그리고 각각의 문제틀은 특정한 이론적 정세와 정치적 조건의 산물일 수밖에 없다. 과연 급진민주주의론이 마르크스주의와 포스트마르크스주의의 문제틀을 충분히 검토하고 종합에 성공했다고 자신할 수 있는가? 이러한 회의적인 질문은 결코 급진민주주의론을 포기하려는 의도에서 나온 것이 아니라 어떻게 하면 절충적

---

6)　문제틀에 대한 논의는 알튀세르(Althusser, 1977/1965)를 보라.

인 상태를 넘어 종합으로 향할 수 있는가에 대한 이론적 도전으로 읽힐 수 있다.

앞의 주장을 다르게 표현하면 급진민주주의론은 충분히 상대주의적이지도 충분히 실재론적(realist)이지도 못했다고 할 수 있다. 이에 대해서 조금 더 자세히 논의해보겠다. 민주주의는 자본주의적 착취질서를 감싸는 외피로 등장한 것이며 그것이 절대적이라는 환상이 급진적 사회이론이 대결해야 할 대상이다. 청년 마르크스는 이 점을 이미 간파하고 있었다.[7] 그런데 급진민주주의론은 종종 '민주주의' 그 자체가 '이상'이라고 제시하는 오류를 범했을 수도 있다. 민주주주의 이상과 민주주의의 현실태 사이의 간극과 괴리가 급진민주주의론이 개입하는 지점인 것처럼 언급하기 때문이다(조희연, 2011b). 민주주의적 가치를 부차화하는 정통마르크스주의적 편향을 교정하고 민주주의가 가지는 정치적 의미를 강조하기 위한 '막대구부리기'로 해석할 수 있지만 오해의 소지도 부정할 수 없다.

우선 충분히 포스트마르크스주의적이지 못했던 점을 따져 보자. 라클라우가 제시한 포스트마르크스주의의 핵심은 바로 민주주의를 '비어 있는 기표(empty signifier)'로 설정하는 것이고 그것 자체에 고정된 의미를 부여하지 않는 것이다(Laclau, 1995). 비어 있기에 다양한 헤게모니적 실천의 결절점(nodal point)의 역할을 할 수 있는 것이다(Laclau & Mouffe, 2001/1985). 그런데 '이상'으로서의 민주주의는 자칫 이미 고정된 정박지로서의 민주주의를 상정하는 것으로 읽혀질 수 있다. 포스트마르크스주의의 미덕은 민주주의를 둘러싼 사회적 투쟁과 이데올로기적 투쟁의 역동성을 보여준 것이지 이상으로서의 민주주의와 현실민주주의 사이의 단선적 비교로부터 민주주의 투쟁의 동력을 얻으려 하지 않았다. 류석진·방인혁이 급진민주주의론이 마르크스주의와 포스트마르크스주의의 종합을 시도하고 있지만 무페류의 자유주의적 급진민주주의론으로 이끌리고 있다는 비판의 근거가 생겨나는 것이다.[8]

---

7) 마르크스(Marx, 1975)를 보라.

다음으로 충분히 마르크스주의적이지 못했던 점, 그리고 부분적으로 충분히 실재론적이지 못했던 점에 대해서 생각해보자. 마르크스주의의 핵심은 유물론적이고 변증법적 분석이다. 그것의 핵심은 첫째, 이념과 담론을 구체적인 역사적 조건아래서 파악하는 것이다. '민주주의'가 근대자본주의체제 아래서 어떤 역할을 하고 있는지, 그것이 가지는 이데올로기적 성격을 정확히 파악해야 한다는 것이다. 둘째, 변증법적 분석은 구체적인 사회적 총체 아래서 현실은폐적인 이데올로기가 어떻게 그것을 넘어서는 새로운 이념을 창출하는지에 대한 유물론적 분석을 가능하게 한다. 비판적인 시각에서 본다면 급진민주주의론은 현실정치의 이념지형에 대한 시급한 개입의 과제에만 주목한 결과 이러한 유물론적 분석과 변증법적 분석으로부터 (의도치 않게) 멀어졌을 수도 있다.9)

이러한 위험은 비판사회이론이 당면한 당위와 현실사이의 혼란으로부터 온다. 비단 급진민주주의론만이 안고 있는 문제가 아니라는 것이다. 종종 자본주의적 현실에 대해 비판적이고 그 안에서 착취받고 억압받는 사람들을 대변하려 하지만 바로 그 사람들이 착취와 억압을 유지하는 체제 재생산의 주체들이라는 역설에 직면하게 된다. 이러한 역설은 현실분석과 현실을 극복한 자본주의 이후 사회의 '청사진' 사이의 커다란 간극으로 나타난다. 비판사회이론은 이 분리를 다시 연결하려 하면서 종종 이상주의적이거나 본질주의적인 유혹에 빠지게 된다. 해방의 근거로서 인간의 본성과 같은 초월적이고 초역사적인 준거점에 기대려 하게 되는 것이다. 소위 비판적 실재론(critical realism)의 입장에서 마르크스주의를 재해석하려 했던 로이 바스카(Roy Bhaskar)가 해방의 근거로서 인간 본성에 호소하는 관념론적 경향으로 치우치고 있는 것은 대표적인 사례라고 할 수 있다. 비판의 근거를 구체적 사회적 조건에서 변증법적으로 찾으려는 시도로부터 이미 고정된 초월적 근거에서 '해방'의 가능성을 찾으려는 시도로 이끌

---

8) 무페의 자유주의적 민주주의의 급진화전략에 대해서는 Mouffe(2005)를 보라.

9) 주체에 대한 변증법적이고 유물론적 분석에 대해서는 세이즈(Sayers, 1998)를 참조하라.

리는 것이다. 급진민주주의론은 혹시 해방의 근거를 고정된, 그리고 초역사적인 '민주주의'에서 찾으려 했던 것은 아닐까?[10]

이러한 자기비판으로부터 급진민주주의론은 유물론적이고 변증법적인 내재적 비판(immanent critique)으로 나가야 한다. 한편으로 자본주의의 외피를 둘러싼 이데올로기로서의 '민주주의'와 자본주의적 현실 자체의 괴리를 드러내고, 다른 한편으로 부르주아 민주주의론의 이론 내적인 모순을 드러내는 것이 중요하다. 이것은 민주주의를 이상과 현실로 나누고 이상에 기대어 현실을 비판하는 것과는 다른 것이다. 이 입장은 급진민주주의론의 출발점인 그람시로 다시 돌아가는 것이다. 그람시로 다시 돌아가는 것은 포스트마르크스주의의 다원주의를 흡수하면서도 그것을 유물론으로 재전유하는 것이어야 하며, 마르크스주의의 계급론을 수용하면서도 사회에 대한 계급론적 분석과 비환원론적인 정치전략을 구분하는 것이어야 한다. 다시 말하면 구조적 분석에 차원에서는 계급투쟁의 중요성을 부정하지 않지만 이행을 위한 정치적 전략의 구성에서는 투쟁의 다양한 수준과 경로를 포착해야 한다. 이 점은 분석의 차원과 정치전략 구성을 구분하는 것이다. 관념론으로 흐르기 전의 바스카의 용어를 빌자면 포스트마르크스주의적인 상대주의를 수용하지만 그것을 교정하는 방법이 초월적인 준거(민주주의)에 정박시키는 것이 아니라 구체적인 현실에 대한 실재론적 분석과 화해시키는 것이다(Bhaskar, 1998). 즉 상대주의는 구체적인 현실에 대한 서로 다른 해석일 뿐이며, 현실의 착취와 억압, 그리고 계급투쟁은 인식론적 상대주의에 존재론적 적대를 기입하는 것이다(Lawson, 1997).

유물론적이고 변증법적인 내재적 비판의 관점으로부터 헤게모니 개념의 엄

---

10) 여기서 논의된 '역설'을 사회철학자 벤튼은 "해방의 역설"이라고 표현했다. 이와 관련된 쟁점은 룩스(Lukes, 1974)에 이에 대한 반론인 벤턴(Benton, 1981)을 참고하라. 룩스는 1974년 논문을 포함해 최근의 논쟁을 정리한 단행본을 출간했다(Lukes, 2005). 관련된 논쟁의 요약은 서영표(2009a)를 보라.

밀한 사용이 가능해진다. 지금까지 급진민주주의론 연구모임이 출간한 글들에서 헤게모니 개념은 상당히 느슨하게 사용되어왔다. 자유주의 정권하에서의 '자유주의 헤게모니', 또는 '시민운동의 헤게모니'처럼 그람시의 헤게모니 개념과 일상적으로 사용되는 헤게모니 개념이 혼용되어왔다. 헤게모니는 물질적 양보를 동반한 지배계급의 지적·도덕적 지도력이다. 마르크스와 엥겔스가 "모든 계급사회에서 지배적 이데올로기는 지배계급의 이데올로기"(Marx & Engels, 1976)라고 주장했을 때의 이데올로기는 곧 착취와 억압을 당연하게 여기게끔 하는 민중의 의식세계를 지적하는 것이었다. 알튀세르의 이데올로기에 대한 분석은 이러한 헤게모니구성과정을 잘 보여준다(Althusser, 1971/1969). 하지만 그람시가 가지는 강점은 이러한 헤게모니에 저항하는 대항헤게모니를 초월적이고 초역사적인 근거에서 찾거나 이미 선험적으로 구성된 혁명적 계급의 관점으로부터 찾기보다는 헤게모니가 구성되는 동일한 장소로부터 찾으려 했다는 것이다. 레이몬드 윌리암스(Raymond Williams)와 에드워드 톰슨(E. P. Thompson)이 문화적 분석과 역사적 분석에서 복원해내려 했던 서발턴들의 맹아적이지만 강력한 저항헤게모니의 근거들은 그람시의 지배헤게모니의 이면을 잘 보여준다(Williams, 1977과 Thomspon, 1978; 1991/1963).[11] 한발 더 나아가 헤게모니개념은 경제적·물질적 조건, 담론적 구성체 안의 이데올로기적 지형, 정치적 정세 모두를 포괄하는 구조적 조건 아래서의 집합적 주체들의 전략적 행위의 폭과 깊이를 측정하는 엄밀한 개념으로 사용되어야 한다. 그러할 때에만 앞에서 제기한 유물론적이고 변증법적인 내재적 비판이 가능해지는 것이다(Joseph, 2002).

물론 이러한 재해석에 대해서 반비판이 제기될 수 있다. 우리는 여전히 '일반성에 대한 열망'에 사로잡혀 있으며, 상대주의와 다원주의적 수사에도 불구하고 여전히 거대이론을 추구하고 있다는 비판. 이러한 비판이 반드시 포스트마르크

---

11) 헤게모니에 관한 논쟁은 서영표(2008)를, 지배헤게모니 안의 대항헤게모니 구성의 근거를 찾는 작업은 서영표(2009a)를 참고하라.

스주의적, 또는 포스트구조주의적 상대주의의 극단으로부터 제기되는 것은 아니다. 김보현의 지적처럼 "생태주의 그룹, 여성주의 그룹 등 누구와도 소통·연대할 의지가 있다고 표명하면서 다가오라 크게 손짓하지만, 서로 만나 이야기조차 나누기도 전에 벌써 '신자유주의적 투쟁'을 중심축으로 삼고 '다양한 민주적 투쟁들'을 '접합'시키는 전략을, '사회경제적 진보주의를 기본가치로 하는 진보적·좌파적 운동'의 입장에서 '여성주의와 생태주의'를 '수용'한다는 방침을 확정해 놓은 것"으로 비판될 수 있기 때문이다(김보현, 2011: 317). 이에 대한 급진민주주의론의 대답은 일반성에 대한 열망이 위험스럽다고 해서 그것을 회피할 수는 없다는 것이다. 일반성을 포기하는 순간 비판적 사회이론은 상황에 대한 묘사에 머무를 수밖에 없기 때문이다.[12]

하지만 급진민주주의론이 한국사회에 대한 좌파적 비판에 기여하기 위해서는 이와 같은 추상적인 원칙의 확인에 머물러서는 안 된다. 다음 절에서 다루게 될 학문적 주체성과 실천성을 얻기 위해서는 이론적인 논쟁을 넘어설 필요가 있기 때문이다. 지금의 능력으로 이 어려운 과제에 답을 하는 것은 가능하지 않다. 다만 논의를 위한 방향을 제시하고자 한다.

필자는 이미 충족되지 않은 다양한 필요(needs)로부터 자본주의적 시장경제와 이와 선택적으로 조응하는 관료적 국가에 대한 근본적 비판의 근거를 찾을 수 있다고 주장했다. 그리고 다양한 집합적 주체의 시각으로부터 인식된 필요는 고정된 것으로 주체들 간의 소통이 불가능한 것이 아님을 강조했다. 노동자, 여성, 게이 - 레즈비언, 이주자 등 급진민주주의론이 외부자로 지칭했던 사람들의 관점으로부터 현재의 체제가 충족할 수 없는 필요들을 찾지만, 그것이 서로

---

12) 플래즌츠는 비트겐슈타인의 입장으로부터 비판사회이론(그의 논의 대상은 기든스, 바스카, 하버마스)이 사회이론의 재구성이 여전히 일반성에 대한 환상에 사로잡혀 있다고 비판한다(Pleasants, 1999). 비트겐슈타인과 마르크스의 관계에 대한 다양한 논의는 Kitching & Pleasants eds.(2002)에 수록된 논문들을 참고하라. 관련된 논쟁의 요약은 Benton(2011)을 참고하라.

간에 제한된 자원을 둘러싼 경쟁이 아닌 저항전략으로 구축되기 위한, 풀뿌리 사회운동과 정치정당 간의 '긴장 속의 연대'에 대해 논의했다(서영표, 2010: 2부). 서로 간의 차이를 인정하지만 이러한 차이를 극복하는 연대는 민주주의라는 추상적 개념으로부터도, 초월적인 인간들 사이의 연대성으로부터도 나올 수 없다. 이 체제 안에서 당하는 고통과 불만의 감정(emotion)과 느낌(feeling)으로부터 출발해야 한다. 그리고 이러한 감정과 느낌 안에 잠재된 저항의 계기를 구조적 조건에 대한 비판으로 발전시키기 위한 공통의 경험이 중요하다. 사회운동과 풀뿌리 운동의 공유된 경험은 느낌과 정서로서의 고통과 불만이 곧 충족되지 않은 필요로부터 오는 것이며, 그것을 충족시킬 수 있는 수단과 가능성 자체를 차단당하는 것으로부터 오는 것이며, 따라서 이것을 지속시키는 자본주의적 시장체제와 관료적 국가를 공통의 '적'으로 인식하게 할 수 있는 것이다.

이런 관점으로부터 극단적인 상대주의에 빠지지 않으면서 다양성과 차이를 인정할 수 있다. 자본주의 극복의 공통 근거를 찾지만 그것이 특권적인 지위로부터 강요되는 것이 아닌 삶 속에서 경험되는 고통과 불만이기에 김보현이 우려하는 또 다른 독단론의 위험을 충분히 '경계'할 수 있다. 그리고 차단된 필요충족을 공론의 장으로 끌어들이고 차단당한 필요충족의 수단을 가능하게 할 현존체제를 넘어선 사회에 대해 '상상'할 수 있는 계기를 마련한다. 마지막으로 필요개념, 그것을 통한 사회비판, 그것에 대한 경험, 그리고 대안적 사회에 대한 상상은 일상의 느낌과 감성을 구체적 정책으로 실현하는 제도정치에의 개입을 생각할 수 있게 해준다. 이 점이 류석진·방인혁이 우려하는 이론의 추상성을 넘어 급진민주주의론을 실천전략으로 구체화시킬 수 있는 길을 열어줄 수 있다.

4. 학문적 주체성과 실천

류석진·방인혁은 학문적 주체성의 문제를 논의하면서 단순히 "협소한 토착성"문제를 제기하는 것은 아님을 명확히 하고 있다. 그들이 생각하는 학문적 주체성은 "주요한 이론적 자원을 얼마나 진지하게 검토했고, 또한 우리의 실천적 맥락에서 유용하게 창조적으로 적용된 것인지를 묻는" 것이다(류석진·방인혁, 2012: 232). 하지만 류석진·방인혁이 제기하는 핵심적인 논점은 '급진성'을 다루는 절의 그것과 크게 달라 보이지 않는다. 급진민주주의론이 마르크스주의를 너무 성급하게 본질주의로 낙인찍고 '계급 중심론'을 '계급환원론'과 혼동하고 있다는 것이다. 이러한 신중하지 못한 '단절'은 급진민주주의론을 통한 구조적 조건에 대한 분석을 어렵게 하고 결과적으로 '과학적 분석'이 아닌 '사회학적 서술주의'로 경도되고 있다고 비판한다. 결국 조희연의 '경계'에도 불구하고 급진민주의론은 라클라우와 무페의 "담화환원론적 경향"을 넘어서지 못하고 있다고 주장한다. 앞에서 제시된 학문적 주체성을 판별하는 기준에 따르면 급진민주주의론은 주요한 이론적 자원(마르크스주의와 포스트마르크스주의)에 대해 진지하게 검토하지 못했고 실천적 맥락에서 창조적으로 적용하지도 못한 것으로 드러나게 되는 것이다. 결론적으로 급진민주주의 한국사회의 분석과 변혁적 실천에 기여하기 어렵다고 평가된다(류석진·방인혁, 2012: 235~236).

현실분석력과 관련해 류석진·방인혁은 체제논쟁 과정에서 손호철이 조희연에 대해 제기한 '사회학적 서술주의'라는 비판에 동조한다(류석진·방인혁, 2012: 235). 이론은 추상적 분석에 기여해야 하며 그럴 때에만 구조적 조건에 대해 비판적일 수 있다고 생각하는 것 같다. 한편으로 급진민주주의론의 핵심은 이미 완결된 추상수준의 분석틀에 현실을 꿰어 맞추는 교조주의에 대한 '저항'이었다. 이러한 '저항'에 따르는 위험은 손호철과 류석진·방인혁의 주장처럼 총체적 구조에 대한 분석에서 약점을 드러낼 수 있다. 하지만 급진민주주의론이 안고 있는 문제는 '사회학적 서술주의'가 아니라 여전히 벗어나지 못하고 있는 이론의 '추상성'이었다고 반론하고 싶다. 손호철의 비판대상이 되고 있는 사회학적 서술주의는 체제논쟁과 관련해 구조적 차원에 대한 분석 없이 정치적 국면의 변화에 따라 체제의 변화를 주장하는 입장을 가리키는 것이다. 당시의 논쟁에서 쟁점이 되었던 것은 이명박 정부의 성격이었고 저항전선의 범위의 문제였다. 조희연(과 서영표)은 손호철의 반신자유주의전선론이 가지고 있는 경제환원론적 '위험'을 지적하고 구체적 정세 속에서의 정치적 역동성을 분석하기 위해 반신자유주의와는 구별되는 정치전선을 구획하려 했다(조희연·서영표, 2009). 여기에 동반되는 사회학적 서술주의의 위험을 알고 있었지만 반대의 편향을 교정하기 위한 일종의 정세적 개입이었다고 할 수 있다.

체제논쟁에서 제출된 조희연의 입장과는 별개의 급진민주주의론과 류석진·방인혁이 '생각하는' 마르크스주의가 공히 가지고 있는 한계는 추상적 분석의 차원에 머물고 있다는 것이다. 이론이 구체화(주체적으로 재해석)되고 실천과 결합하기 위해서는 이론적 분석이 사회 속에 살고 있는 사람들의 경험, 상식, 정서를 포괄해야 한다. 결국 갈등과 모순 속에서도 구조를 재생산하는 것은 '사람'이기 때문이다. 류석진·방인혁이 강조하는 계급분석이 필요한 이유도 구조적 모순을 그것을 경험하고 해석하고 투쟁하는 주체의 문제와 결부시키기 위한 것이 아닌가? 불행히도 급진민주주의론이나 그것을 비판하는 류석진·방인혁, 또는 '그들이 옹호하는' 마르크스주의 모두 이러한 '구체'에서 한참 멀리 떨어져 있다. 추상적 이론 속에서 가공된 현실을 그려내고 있는 것일 수도 있다. 류석진·방인혁의 주장처럼 구조적 분석에서 추상은 불가피할 수 있다. 추상과정이 없는 '분석'은 분석이 아니라 '묘사'에 지나지 않기 때문이다(Sayer, 1992). 하지만 우리에게 문제는 추상이 구체로 되돌아가는 길이 보이지 않는다는 것이다. 물론 구체적 사건들을 언급하기는 한다. 문제는 구체적 사건들에 대해 언급할 때 추상적 수준에서의 구조적 분석의 원칙이 지켜지지 않는다는 것이다.

급진민주주의론이 의미 있는 기여를 하기 위해서는 두 가지 문제와 대결해야 한다. 그것은 '사회학적 서술주의'와 '이론의 추상성' 모두이다. 구체적 현실이 없는 구조적 분석은 공허하고(이론의 추상성) 구조적 분석이 없는 구체적 현실의 '묘사'는 맹목적일 수밖에 없다(사회학적 서술주의). 지금까지의 논의에 따르면 급진민주주의론이 지향해야 할 방향은 추상적 주장을 넘어 구체적 분석으로 나가되 그것을 구조적 분석과 분리하지 않는 것이다. 그렇게 하기 위해서는 앞 절에서 논의된 변증법적이고 유물론적인 길을 선택할 수밖에 없다. 변증법이 결여된 유물론적 접근은 구조적 비판을 급진성의 증표로 생각하는 류석진·방인혁의 길이다. 유물론적 분석을 뒷받침하는 계급중심론은 살아 숨 쉬는 평범한 사람들을 계급이라는 죽어 있는 범주로 괄호를 쳐버린다. 계급분석을 부정하는 것이 아니다. 계급을 중심으로 구조적 조건을 분석할 때, 거기에서 그치는 것이 아니라 실천으로의 전진을 설명해낼 수 있는 이론적 자원이 필요하다는 것이다.

급진민주주의론은 이론과 실천의 연결고리를 찾으려는 시도였다. 물론 앞 절의 자기비판에서 잘 드러났듯이 성공적이지 못 했다. 유물론적이고 변증법적인 분석으로부터 저항의 근거를 찾기보다는 민주주의의 외부, 기존체제에 포섭되지 못한 외부라는 모호하고 추상적인 장소로부터 급진성을 찾으려 했던 것이다. 계급분석이 중요하듯이 체제 외부의 시각으로부터 체제를 비판하는 것은 매우 중요하다. 그러나 종종 마르크스주의적 분석에서 계급이 죽어 있는 '범주'이듯이 급진민주주의론의 '외부' 또한 죽어 있는 추상적 범주였던 것이다. 이러한 추상적 범주가 가지는 급진적 비판의 힘을 잃지 않기 위해서는 모순으로 점철된 현실로부터 급진성의 씨앗을 발견해내고 발전시켜야만 한다. 이것은 유물론적이고 변증법적인 내재적 비판이며, 체제에 의해 충족되지 못한 필요를 매개로 한 체제에 대한 급진적 비판, 그리고 그것을 매개하는 느낌과 감성을 통한 실천전략을 만들어내는 것이다. 이것이 급진민주주의론의 입장에서 류석진·방인혁이 제기하는 실천의 문제에 답하는 길이기도 하다. 급진성의 판별기준은 현실비판의 급진성만 아니라 실천의 급진성이어야 하는 것이다.

여기서 근본적인 질문 하나가 제기될 수 있다. 지금까지 자기비판을 통해서라도 방어하려는 입장을 왜 굳이 '급진민주주의'라고 불러야 하는가? 유물론적이고 변증법적 분석에 굳이 급진민주주의라는 이름을 붙이는 이유는 무엇인가? 우리의 대답은 이렇다. 급진성의 판별기준이 '실천'에 있다면, 따라서 이론의 급진성은 '실천'에 얼마나 기여하는 것인가에 있다면 급진민주주의론은 자본주의적 시장체제와 관료적 국가에 의해 소외된 인민들의 필요충족 능력을 복원하는 것, 즉 자원, 정보, 지식의 급진적 재분배를 통해 인민의 힘을 고양시키는 것에 맞추어져 있다. 이러한 전략은 절차와 과정에 치중하는 기존의 민주주의를 넘어서는 것이며 다양한 차원과 공간에서 자기통치와 자율적 생산과 소비 영역을 급진적으로 확장하는 것이다. 이것이 바로 민주주의의 '급진화'인 것이다. 차단된 필요충족의 통로와 수단을 복원하는 것, 사람들의 능력을 복원하는 것, 그것에 맞는 제도적 모형을 제시하고 실험하는 것이 급진민주주의의 전략인 것이다. 따라서 급진민주주의가 주장하는 '외부를 내부화하는' 전략은 김보현이 우려하는 체제내화가 아니라 소외 되었던 '목소리'를 체제 안으로 끌어들임으로써, 그 목소리와 체제의 '공존불가능성(incompatibility)'을 드러내는 것이다.

이제 류석진·방인혁이 제기한 학문적 주체성과 실천성에 대해 답할 수 있다. 자기비판을 통해 재구성된 급진민주주의론은 류석진·방인혁이 주장하는 총체적 분석, 계급갈등과 착취에 대한 분석을 포기하지 않는다. 다만 이러한 분석을 계급환원론적이고 경제결정론적 편향으로부터 구해내려는 것이다. 당연히 총체성 안에서 상대적으로 자율적인 다양한 모순의 중요성을 강조한다. 하지만 이러한 분석이 실천전략으로 나가기 위해서는 모순과 착취가 직접 경험되는 감성, 정서, 규범의 세계에 대한 통찰이 필요하다. '과학'의 이름 아래 절단되고 분리되는 현실은 사람들의 감정과 정서, 규범의 세계 속에서는 쉽게 분리되지 않는다. 사회에 대한 비판적 분석은 과학을 포기할 수는 없지만 '과학'을 핑계로 실재를 왜곡하는 위험을 최소화할 수 있는 길을 찾아야 한다.[13] 사람들의 의식의 세계에서 체제의 안과 밖은 존재하지 않는다. 이 또한 분석적인 구분일 뿐이다. 사람들은 자신이 살고 있는 세계에서 즐거움과 고통을 경험하고, 그것에 의미를 부여하고 해석하며 살아간다. 그리고 이 의식의 세계는 지배적인 이데올로기에 의해 지배되는 만큼 저항의 가능성을 항상적으로 내포하고 있다. 이러

---

13) Sayer(2005; 2011)를 참고하라.

한 생각에 근거해 급진민주주의론은 '내재적 비판'과 '체제 안에서 체제에 저항하는' 전략을 이끌어낸다. 의식의 세계에 존재하는 저항과 순응이 공존하는 모순에서 저항의 계기를 발전시키기 위해서는 제도정치에 개입할 수 있는 전략이 요청된다. 사람들이 살아가는 곳이 바로 국가와 시장이라는 제도 내부이기 때문이다. '안'으로부터의 저항, 하지만 동시에 '안'의 모순을 드러내는 전략이 필요한 것이다.

 '안'으로부터 체제를 변혁하는 전략은 말처럼 쉬운 일이 아니다. 자본과 권력의 힘은 일상의 규율권력으로 이미 우리 몸에 붙어 있기 때문이다. 의식의 수준에서 자본에 저항하지만 우리의 몸은 지극히 자본주의적으로 움직인다. 마르크스주의 유물론으로 되돌아가 생각해보면 의식만으로 행동을 바꿀 수 있다는 주장은 지극히 관념론적이다. 따라서 급진민주주의론은 저항이 확장된 참여와 연대를 통해 경험될 수 있는 작은 실험들에 주목한다. 실제로 경험하고 느끼고 공감하지 않는 이상, 우리 몸과 무의식에 달라붙어 있는 자본의 논리를 벗어날 수 없기 때문이다. 깁슨-그래함이 주장한 것처럼 자본주의는 생각처럼 전일적인 구조가 아니다. 그래서 그 내부에 언제나 반자본주의적이고 비자본주의적 요소들을 포함할 수밖에 없다(Gibson-Graham, 1996, 2006). 급진민주주의전략은 이러한 요소들, 공간들, 사회적 관계들을 통해 '다른 삶'이 가능함을 느끼고 공유하게 하는 것이다. 이로부터 자본주의이후 미래사회의 윤곽이 드러날 수 있다.[14]

 마지막으로 강조하고 싶은 것은 급진민주주의론은 스스로를 비판이론의 새로운 패러다임으로 제시하지 않는다는 것이다. 과거 좌파 학술 진영을 괴롭혔던 흑백논리와 교조적 '권위주의'의 구습으로 회귀하지 않는다는 것이다. 따라서 급진민주주의론은 다양한 비판이론의 주장들 가운데 하나일 뿐이다. 급진민주주의론이 기여하는 바는 다양한 입장들 사이의 토론과 소통이 가능하기 위해

---

14) 데이비드 하비가 주장하는 희망의 공간도 이와 크게 다르지 않은 인식이다(Harvey, 2001).

서는 앞에서 제기한 이론과 실천 사이의 관계를 복원해내야 한다는 점을 일깨운 것이라고 할 수 있다. 추상적인 분석만으로는 하나의 입장이 가지는 현실설명 능력과 실천력을 검증할 수 없다. 이론은 실천 속에서 검증받고 그 가운데 생산적인 토론과 자기수정, 그리고 종합의 길로 나갈 수 있는 것이다. 따라서 급진민주주의론은 하나의 이론적 입장, 그리고 정치적 입장을 강하게 주장하기보다는 한국사회에서의 탈자본주의 전망이 토론될 수 있는 계기를 마련하는 것을 자신의 목표로 한다.

5. 새로운 논쟁을 위하여

급진민주주의론은 '민주적' 좌파를 지향한다. 마르크스주의적 좌파의 입장을 방어하지만 그 방어의 근거는 보다 넓고 깊은 참여와 민주주의로부터 나온다는 것이다. 조희연의 글에서도 이 점이 강조되고 있는데, 그는 '민주주의' 좌파라는 개념을 사용하고 있다. 두 표현은 모두 드바인 등(Devine, et al, 2009)이 사용하는 democratic left를 번역하여 사용한 것인데, 미묘한 의미 차이가 있다. 조희연의 민주주의 좌파는 democratic left보다는 left in democracy의 의미가 강해 보인다. 오해의 소지가 생길 수 있다. 민주적 좌파의 의미는 앞에서 밝힌 것처럼 마르크스주의적 사회주의를 방어하는 주요한 전략으로서의 '민주주의'에 대한 강조인 데 반해, 민주주의 좌파는 체제 안에 허용된 민주주의의 틀 내에서의 좌파로 읽힐 수 있기 때문이다. 이러한 오해는 민주주의를 이상적으로 고정된 것으로 보는 자기비판 이전의 급진민주주의론이 가지는 편향으로부터 생겨나는 것 같다. 민주대 반민주의 정치적 스펙트럼에서 왼쪽의 위치를 말하는 정치주의적 입장과 기존의 사회주의전략의 재구성하는 데에서 급진적 참여와 민주주의를 고려해야 한다는 것은 완전히 다른 입장임을 밝혀둔다.

새로운 논쟁의 장을 열기를 제안하면서 굳이 사소해 보이는 표현을 문제 삼는 것은 지금까지 밝힌 급진민주주의 기획을 이 하나의 표현으로 요약할 수 있기 때문이다. 급진민주주의론은 '민주적' 좌파를 지향한다. '민주적'이라는 수식어가 다양한 방식으로 해석될 여지를 가지는 만큼 민주적 '좌파'는 하나의 입장을 제시하지만 열린 토론과 소통을 차단하지 않는다. 라클라우는 민주주의를 '비어 있는'기표로 제시했다. 따라서 민주주의는 다양한 수식어와 결합될 수 있다. 그에게 수식어와 민주주의가 결합되는 과정이 바로 헤게모니투쟁인 것이다. 우리에게는 비어 있는 기표로서의 민주주의가 수식어가 된다. 그리고 수식어로서의 민주주의는 다양한 해석에 열려 있다. 수식을 받는 개념은 '좌파'이고 이 또한 하나로 규정할 수 없는 넓은 개념이다. '민주적'이라는 수식어와 '좌파'라는 개념을 어떻게 결합할 것인가를 둘러싼 실천전략을 찾는 것이 스스로를 좌파라고 생각하는 집단들의 과제라고 할 수 있다. 그 과정에서 각각은 현실설명능력과 실천개입능력을 쟁점으로 상호비판하고 대화하는 상승의 길로 나갈 수 있을 것이다. 이것을 거부하는 좌파는 이념 속의 원리에 '자족'하거나 좌파임을 포기하는 길을 선택할 수밖에 없다.

드바인과 그의 동료들이 제기한 기획(project)과 정책(policy)의 결합이 중요한 이유가 여기에 있다. 이들의 생각을 확장시키면 민주적 좌파가 지향하는 것은 '이론적 분석 → 기획 → 정책 → 실천 → 이론적 분석 → 기획 → 정책'의 지속적 순환의 과정이다. 대항헤게모니 기획을 제출하지 못하는 이론은 무능하다. 그러나 기획은 구체적인 조건 속에서 사람들의 정서, 느낌과 결합된 정책으로 번역되지 못한다면 의미가 없다. 좌파 서클 내의, '그들만의 리그'를 벗어나지 못하기 때문이다. 더 나가 정책은 정부와 정치 엘리트들에 의해서 시혜되는 것이 아니어야 한다. 민주적 좌파가 생각하는 정책은 평범한 사람들로 하여금 스스로의 능력(capabilities)을 고양하고 그 과정에서 연대를 실현하고 자치를 실현할 수 있는 것이어야 한다.15) 포르투 알레그레의 참여예산제가, 그 이전에는

---

15) 능력의 제고를 민주주의의 확장과 인권의 신장으로 보는 입장에 대해서는 누스바움

사회주의적 광역런던시의회가 하려고 했던 급진민주주의 전략이 그랬던 것처럼.16)

급진민주주의 연구모임은 우리가 제시하는 '민주적 좌파'에 공감하는 모든 사람들이 대안전략과 기획, 정책, 실천전략을 고민하고 발전시키는 공개적인 논쟁에 참여하기를 바란다. 이 논쟁은 대략 다음과 같은 주제들을 발전시키고 정교화하는 것이어야 한다.

첫째, 포스트구조주의와 포스트마르크스주의의 한국적 수용과정과 포스트주의가 가졌던 공과를 정확히 평가해야 한다. 포스트구조주의와 포스트마르크스주의는 비판해야 할 기존의 지배적 패러다임을 무너뜨리는 것에서는 효과적이었고, 모순의 다차원성을 인식하게 해줌으로써 구체적 운동과정에서의 정치적 동맹을 구축하는 기예에 대한 논쟁의 장을 열어주었지만 정치적 동맹의 목적 자체를 포기하게 하는 상대주의적 담론의 '과잉'을 불러왔을 수도 있다.17)

둘째, 마르크스주의를 방어해야 한다고 당위적으로 주장하는 것이 아니라 왜 21세기에도 여전히 마르크스주의적 비판사회이론의 적실성을 가지는가에 대해 논의해야 한다. 마르크스주의 저작의 구절들의 문헌학적 타당성을 검토하는 것이 아니라 지금의 현실을 설명하는데서 마르크스주의가 표방한 유물론적이고 변증법적 사회분석이 다양한 사회적 모순을 설명하고 그것을 극복하는 과정에서 가지는 이론적 적실성에 대해 논의해야 하는 것이다. 이 과정에서 마르크스주의는 새로운 얼굴로 재구성될 수 있다. 현실설명능력을 높이는 과정에서

(Nussbaum, 2011)과 센(Sen, 2009)을 보라.

16) 포루투 알레그레의 참여예산제를 포함한 다양한 실험에 대해서는 웨인라이트 (Wainwright, 2003)를 참고하라. 포루투 알레그레에 대한 심층적 분석은 Abers(2000)를 보라. 런던의 급진적 실험은 서영표(2009b)를 참고하라.

17) Joseph & Roberts eds.(2007)에 실린 글들을 참고하라. Benton & Craib(2011)의 8~10장 도 참고하라. 페미니즘 진영으로부터 문제제기는 Soper(1995)와 Lovibond(1989)가 유용하다.

비마르크스주의적 이론을 수용할 수 있기 때문이다. 이제 마르크스주의는 경직되고 교조적인 마르크스에 대한 '해석'이 아니라 현실과의 대화과정에 열려 있는 이론적 패러다임일 뿐이다.[18]

셋째, 포스트마르크스주의와 포스트구조주의에 의해 자극받은 재구성된 마르크스주의는 자본주의적 사회관계 안에 존재하지만 그것을 넘어설 수 있는 힘을 내포하는 다양한 사회적 실험들에 주목해야 한다. 본문에서 밝혔듯이 자본주의 이후 사회로의 이행의 힘은 선험적으로 구성된 노동계급의 혁명성이나 초역사적으로 구성된 호혜적이고 자율적인 인간본성으로부터 나오는 것이 아니다. 오직 역사적으로 구성된 사회적 조건 아래서 지배적 사회적 관계와 이데올로기 안에 잠재된 보다 평등하고, 보다 자유롭고, 보다 민주적인 사회를 향한 열망만이 사회의 변화를 가져올 수 있다. 그리고 그 변혁의 힘은 이미 곳곳에서, 비록 분산되어 있지만, 실천되고 있다.

넷째, 탈자본주의적 대항헤게모니 기획을 구체적인 정책으로 개발할 수 있는 능력이 있어야 한다. 여기서의 정책은 위에서 언급한 자본주의사회 안에서 출현하고 있는 다양한 비자본주의적 또는 반자본주의적 사회적 실천을 발전시키고 서로 연대할 수 있는 제도적 틀거리를 제공하는 방향으로 나가야 한다. 그리고 이러한 정책은 지방자치정부의 운영을 탈자본주의적 실험들과 결합할 수 있는 능력에 다름 아니다. 지방자치정부 수준의 '사회주의적' 실험은 자본주의를 넘어선 사회가 유토피아 아님을 보여줄 수 있는 '예시적(prefigurative)' 정치의 역할도 할 수 있을 것이다.[19]

다섯째, 기획과 정책을 발전시키기 위해 한국의 민주적 좌파가 주목해야 하는 또 하나의 영역은 비판사회이론의 사각지대로 남아 있는 경제학 분야로 연구와 토론을 확장시키는 것이다. 이미 생태주의적 좌파와 페미니스트 경제학자들

---

18) 이런 주장의 하나로 Devine(2008)을 참고할 수 있다.

19) 서영표(2009b)는 이러한 노력의 일환으로 읽힐 수 있다.

은 기존의 지배적 경제학 패러다임이 추상적으로 구성된 개념적 가공물이며, 수학적 함수관계에 의해 만들어진 허구적 이론임을 비판해왔다. 당연히 현실설명능력이 떨어질 수밖에 없다. 이제 한국에서도 이러한 논쟁이 본격화될 때인 것이다. 이러한 논쟁은 과학적 분석의 힘을 포기하지 않지만 도구적·분석적 이성에 기댄 근대적 과학관과 지식론을 넘어서는 과정이기도 하다. 경제의 핵심은 교환과 이윤에 있는 것이 아니라 필요와 욕구의 충족을 가능하게 함으로써 사회공동체를 유지하는 생산에 있는 것이어야 한다는 주장은 소위 경제적 합리성은 인식하지 못하는 돌봄과 사랑의 노동이 가지는 가치, 자연적 대상이 우리 삶의 풍요에 기여하는 가치를 인식할 수 있게 하고, 과학적 합리성의 이름으로 집중화된 생산과 교환을 분권화하고 다양화할 수 있는 가능성을 보여줄 수 있을 것이다.[20]

여섯째, 전통적인 사회과학적 패러다임이 사로잡혀 있었던 인간예외주의, 또는 사회학주의로부터 벗어나야 한다. 고전사회학자들은 다른 학문영역과 구별되는 연구대상으로 '사회적인 것'을 규정하려 했다. 인간이 자연 안에 살고 있고 자연과 교호하는 '자연적 존재(natural being)'라는 사실이 무시되었다. 이러한 경향을 조장하는 것은 기술과 자연과학의 발전을 맹신하는 계몽주의의 득세, 끝없는 성장을 추구하는 생산력주의와 성장주의였다. 이러한 경향에서 좌파도 예외는 아니었다. 이제 과학주의, 생산력주의, 성장주의에 대해 되돌아 보아야 할 때가 되었다. 기후변화와 생태적 위기를 경험하고 있는 인류에게 이제 낡은 패러다임은 나아갈 길을 보여줄 수 없다. 민주적 좌파가 직면해야 하는 도전과제는 이러한 자연주의적 인식을 수용하면서 이것이 사회적인 모순과 투쟁을 무시하는 과도한 생태중심주의로 흐르는 것을 경계하는 것이다. 민주적 좌파가 자연적 존재로서의 인간을 이론화하고 자연적 한계를 인정할지라도 이것은 맬

---

20) 주류경제학 패러다임에 대한 페미니스트적 비판은 Harding(1995), Lawson(1999; 2003) 과 Harding(1999; 2003)의 논쟁을 보고 생태주의적 비판은 O'Neill(1998; 2006)을 보라.

더스가 아닌 마르크스의 입장에서 인식된 것이기 때문이다.[21]

  일곱째, 한국의 민주적 좌파는 국민국가의 틀을 넘어설 필요가 있다. 이미 생산, 유통, 소비가 지구화되었다. 경제적으로뿐만 아니라 문화적으로도 지구화의 경향은 멈출 수 없는 경향이 되었다. 그러나 우리가 잘 알고 있듯이 지배적인 경향은 '신자유주의적' 지구화이며, 그 결과는 대다수 인민들의 고통스러운 삶이다. 이러한 경향의 이면은 운동과 저항도 지구화되고 있다는 것이다. 민주적 좌파가 추구하는 급진민주주의는 국민국가를 넘어서는 '시민사회'와 국제적 연대를 모색해야 한다. 이미 국내에서도 지구화된 금융자본과 반세계화운동에 대한 소개와 분석이 상당히 축적되어 있다.[22] 급진민주주의론이 제기하는 새로운 과제는 이러한 성과가 대항헤게모니기획과 정책, 그리고 실천과 결합될 수 있는 있어야 한다는 것이다.

  민주적 좌파에게 마르크스주의는 여전 이론적 준거점이다. 그러나 마르크스주의가 독단으로 빠지는 것을 경계하는 장치가 필요하다. 다양한 운동의 연대를 인식하게 하는 일깨움으로서의 포스트마르크스주의와 포스트구조주의의 비판을 수용하는 것이다. 하지만 반대의 방향에서 포스트마르크스주의와 포스트구조주의가 가지는 상대주의가 '극단'으로 치우치는 것을 막아줄 장치로서의 마르크스주의가 필요하다. 이 후자의 마르크스주의는 이미 교조적으로 해석된 마르크스주의가 아니라 21세기 현실 속에서 새롭게 해석된 마르크스주의일 것이다. 그리고 이것이 민주적 좌파/급진민주주의론이 추구하는 것이다.

---

21) Benton ed.(1996)에 실려 있는 논문들을 참고할 수 있다.

22) 윤소영(2003), 경상대 사회과학연구원 엮음(2010, 2011)을 보라.

참고문헌

경상대 사회과학연구원. 2010.『대안세계화운동의 조직과 전략』. 한울아카데미.

______. 2011.『대안세계화의 운동, 정치, 그리고 연대』. 한울아카데미.

고병권. 2011.『민주주의란 무엇인가』. 그린비.

김보현. 2011.「연구모임 데모스의 기획, '민주주의와 맞서는 민주주의'」. ≪진보평론≫, 49: 301~319.

류석진·방인혁. 2012.「'한국적 급진민주주의론'의 급진성과 주체성 연구」. ≪경제와사회≫, 93: 219~243.

박상훈. 2011.『정치의 발견』. 폴리테이아.

서영표. 2008.「영국 신좌파 논쟁에 대한 재해석 ─ 헤게모니 개념에 대한 상이한 해석」, ≪경제와 사회≫. 80: 248~274.

______. 2009a.「소비주의 비판과 대안적 쾌락주의 ─ 비자본주의적 주체성 구성을 위해」. ≪공간과사회≫. 32: 5~41.

______. 2009b.『런던코뮌: 지방사회주의의 실험과 좌파 정치의 재구성』. 이매진.

______. 2010.『사회주의, 녹색을 만나다』. 한울아카데미.

______. 2011a.「우리에게 급진민주주의란 무엇인가」. 급진민주주의연구모임 데모스 엮음.『민주주의의 급진화』. 데모스.

______. 2011b.「비판적 실재론과 비판적 사회이론 ─ 사회주의, 여성주의, 생태주의의 분열을 넘어서」. 급진민주주의연구모임 데모스 엮음.『민주주의의 급진화』. 데모스.

손호철. 2009.「'사회학적 서술주의'와 추상성의 혼돈을 넘어서 ─ 조희연·서영표의 체제론에 대한 반론」. ≪마르크스주의연구≫. 6(4): 252~289

윤소영. 2003.『마르크스주의 경제학 비판과 대안세계화운동』. 공감.

이진경 외. 2007.『코뮌주의선언』. 교양인.

이창언. 2011.「포스트민주화시대, 급진민주주의의 기획과 민주주의좌파의 과제」. ≪경제와 사회≫, 91. 356~364쪽.

장훈교. 2011.「시민에서 비시민으로 ─ 잉여성의 관리구조와 불안, 그리고 연대」. 급진민주주의연구모임 데모스 엮음.『데모스 1: 민주주의의 급진화』. 데모스 미디어.

조희연. 2011a.「한국적 '급진민주주의론'의 개념적·이론적 재구축을 위한 일 연구」. 급진민주주의연구모임 데모스 엮음.『데모스 1: 민주주의의 급진화』. 데모스 미디어.

______. 2011b.「지배, 정치, 헤게모니, 저항, 그리고 '급진적 정치주의'」. 급진민주주의연구모임 데모스 엮음.『데모스 1: 민주주의의 급진화』. 데모스 미디어.

조희연·서영표. 2009. 「체제논쟁과 헤게모니전략 ― 손호철의 97년 체제론에 대한 비판적 개입」. ≪마르크스주의연구≫, 6(3). 154~187쪽.

Abers, Rebecca Neaera. 2000. *Inventing Local Democracy: Grassroots Politics in Brazil*. Boulder ad London: Lynne Rienner Publishers.

______. 1971/1969. "Ideology and Ideological State Apparatuses." *Lenin and Philosophy*. New York: Monthly Review.

Althusser, Louis. 1977/1965. *For Marx*. London: NLB.

Benton, Ted. 1981 "'Objective Interest' and the Sociology of Power." *Sociology*. 15(2): 161~184.

______. 2011. "Critical engagements with recent developments." Ted Benton and Ian Craib, *Philosophy of Social Science*. 2nd edition. London: Palgrave.

______. ed. 1996. *The Greening of Marxism*. London: Guilford Press.

Benton, Ted and Ian Craib. 2011. *Philosophy of Social Science*. 2nd edition. London: Palgrave.

Bhaskar, Roy. 1998/1979. *The Possibility of Naturalism*. London: Verso.

Devine, Pat. 2008. "The Continuing Relevance of Marxism." Rob Stones and Sandra Moog eds. *Nature, Social Relations and Human Needs: In Honour of Ted Benton*. London: Palgrave.

Devine, Pat et al. 2009. *Feelbad Britain: How to Make It Better*. London: Lawrence and Wishart.

Gibson-Graham, J. K. 1996. *The End of Capitalism (As We Knew It)*. Oxford: Blackwell.

______. 2006. *Postcapitalist Politics*. Minneapolis: University of Minnesota Press.

Harding, Sandra. 1995. "Can Feminist Thought Make Economics More Objective?" *Feminist Economics*. 1(1): 7~32.

______. 1999. "The Case For Strategic Realism: A Response To Lawson." *Feminist Economics*. 5(3): 127~133.

______. 2003. "Representing Reality: The Critical Realism Project." *Feminist Economics*. 9(1): 151~159.

Harvey, David. 2001. *Spaces of Hope*. Edinburgh: Edinburgh University Press.

Joseph, Jonathan. 2002. *Hegemony: A Realist View*. London: Routledge.

Joseph, Jonathan and John Michael Roberts. 2007. *Realism Discourse and Deconstruction*. London: Routledge.

Kitching, Gavin and Nigel Pleasants. 2002. *Marx and Wittgenstein: Knowledge, Morality and Politics*. London: Routledge.

Lawson, Tony. 1997. *Economics and Reality*. London: Routledge.

________. 1999. "Feminism, Realism and Universalism." *Feminist Economics*. 5(2): 25~59.

________. 2003. "Ontology and Feminist Theorising." *Feminist Economics*. 9(1): 161~169.

Laclau, Ernesto. 1995. *Emancipation(s)*. London: Verso.

Laclau, Ernersto and Chantal Mouffe. 2001/1985. *Hegemony and Socialist Strategy*. London: Verso.

Lovibond, Sabina. 1989. "Feminism and Postmodernism," *New Left Review* 178: 5~28.

Lukes, Steven. 1974. *Power: A Radical View*. London: Macmillan.

________. 2005. *Power: A Radical View*. 2nd edition. London: Palgrave.

Marx, Karl. 1975. "Jewish Question." *Early Writings*. Harmondsworth: Penguin.

Marx, Karl and Friedrich Engels. 1976. *The German Ideology*. Moscow: Progress Publishers.

Mouffe, Chantal. 2005. *The Return of the Political*. Radical Thinkers Series. London: Verso.

Nussbaum, Martha. 2011. *Creating Capabilities: The Human Development Approach*. Cambridge, Massachusetts: Harvard University Press.

O'Neill, John. 1998. *The Market: Ethics, Knowledge and Politics*. London: Routledge.

________. 2006. *Markets, Deliberation and Environment*. London: Routledge.

Pleasants, Nigel. 1999. *Wittgenstein and the Idea of Critical Social Theory: A Critique of Giddens, Habermas and Bhaskar*. London: Routledge.

Sayer, Andrew. 1992. *Method in Social Science: A Realist Approach*. London: Routledge.

________. 2005. *The Moral Significance of Class*. Cambridge: Cambridge University Press.

________. 2011. *Why Things Matter to People: Social Science, Values and Ethical Life*. Cambridge: Cambridge University Press.

Sayers, Sean. 1998. *Marxism and Human Nature*. London: Routledge.

Sen, Amartya. 2009. *The Idea of Justice*. London: Penguin.

Soper, Kate. 1995. *What is Nature?* Oxford: Blackwell.

Thompson, E. P. 1978. *The Poverty of Theory & Other Essays*. London: Merlin Press.

________. 1991/1963. *The Making of the English Working Class*. London: Penguin.

Wainwright, Hilary. 2003. *Reclaim the State*. London: Verso.

Williams, Raymond. 1977. *Marxism and Literature*. Oxford: Oxford University Press.

제2부

데모스 프로젝트

보완과 변형

위험평가에 대한 현장노동자의 인식 연구*   5
가스안전 규제완화를 중심으로

서 영 표

제주대 사회학과

1. 문제제기

2011년 후쿠시마원전 사고는 '안전'과 '위험'에 대한 우리의 안일함에 일격을 가하는 사건이었다. 원자력발전에 따른 위험은 이미 잘 알려진 사실이었다. 하지만 첨단기술과 완벽에 가까운 위험방지체제가 원자력발전에 동반되는 재앙을 막아줄 것이라는 굳은 믿음이 있었다. 서방세계는 1984년 체르노빌의 재앙은 소련의 경직된 관료사회와 후진적 기술의 문제였을 뿐이라고 선전했으며 우리는 그렇게 믿어왔다. 그런데 안전에 대해 가장 철저하다는 '선진국' 일본에서

---

* 이 글은 전국공공운수사회서비스노동조합, 전국도시가스노동조합협의회, 한국가스기술공사지부의 의뢰로 공공운수정책연구원 사회공공연구소에서 수행한 '가스 산업 안전관리 규제완화의 문제점과 공공성 구축 방안' 연구의 일부분을 학술 논문의 형태로 발전시킨 것으로서 ≪생명연구≫ 29집에 게제된 바 있다. 논문의 작성과정에서 연구원들과의 공동작업 과정과 결과가 큰 도움이 되었음을 밝혀둔다. 특히 설문조사 결과를 정리한 한인임 연구원, 가스 산업 현황에 대해 정보를 제공해 준 송유나 연구원의 도움이 컸다. 2절의 내용은 송유나 연구원의 글에 의존하고 있음을 밝혀둔다.

핵사고가 난 것이다(박진희 외, 2011 참고). 사고 당사자인 도쿄전력은 재난을 겪고 난 후에도 여전히 근본적인 문제는 없다고 주장한다. 일본정부도 탈핵(탈원자력)으로의 방향전환을 고려하고 있지 않은 것 같다. 하지만 후쿠시마의 교훈은 일본사회 전체에 원자력발전의 위험에 대한 인식을 확산시켰다(마쓰오카 슌지, 2013 참고).

수많은 사람의 인명과 재산을 앗아가는 대형 사고는 대개 안전에 대한 과도한 '믿음'과 그에 따른 위험의 과소평가에서 기인한다. 공공의 안전을 다루고 있는 부문에서조차 '이윤'과 '효율성', 그리고 이러한 원리의 직접적 표현인 '비용절감'은 증가하는 위험을 첨단기술로 은폐하기도 한다. 흔히 이것은 합리화(rationalization)라는 어울리지 않는 명칭으로 불린다. 안전에 대한 확신에도 불구하고 사고가 발생하면 책임자를 처벌하고 몇 개의 보고서가 작성되지만 사고는 운영상의 잘못이지 시스템 그 자체의 문제는 아니라는 결론이 나곤 한다. 후쿠시마는 바로 이러한 믿음에 경종을 울리는 사건이었다. 시스템에 대한 믿음, 첨단기술에 대한 믿음은 위험을 줄이기보다 위험의 정도와 잠재적 사고의 규모를 더욱 크게 만든다는 사실을 일깨워 준 것이다. '일어날 수 있는' 사고의 피해는 사고 이전의 회계장부의 대차대조표로 표시될 수 없는 것이기 때문에 사적 시장이 아닌 공공부문에 맡겨둔 것임에도 불구하고 도리어 공공부문에 시장의 원리를 적용하려는 말도 되지 않는 억지가 상식이 되어버린 세태를 돌아볼 계기를 마련해준 것이다.

가스안전과 관련해 우리는 이미 이러한 기회를 여러 번 겪었다. 1994년 아현동 밸브기지 폭발사고, 1995년 대구 상현동 도시가스 폭발사고, 1996년 대한 도시가스 정압기 연쇄분출사고 등의 대형 사고를 경험했다. 사고의 충격은 '도시가스 사업법'의 안전규정을 대폭 강화하게 했다. 하지만 2000년대 들어서 강화된 안전관리와 규제를 완화하려는 흐름이 등장하기 시작한다. 본문에서 살펴볼 것처럼 위험은 사라진 것이 아니라 관료적 관리체계와 효율성만을 추구하는 수량적 평가 뒤에 숨겨져 있을 뿐이다. 그럼에도 단기적인 이윤논리가 현장의 노동자와 지역주민을 위험에 내몰고 있는 것이다(한인임, 2009b).

독일의 사회학자 울리히 벡(Ulrich Beck)이 말한 것처럼 우리는 위험사회에 살고 있다. 위험사회는 산업문명과 첨단기술의 발전이 오히려 재난의 가능성을 증가시키는 사회이다. 앞에서 말한 것처럼 과학과 기술로 이러한 재난을 관리하고 통제할 수 있다고 생각하지만 사실은 그렇지 않을 가능성이 높아지는 사회이기도 하다. 더 정확하게 말하면 우리가 겪고 있는 재난(예를 들어 기후변화, 테러, 핵사고, 빈곤 등)은 현대문명의 직접적 산물인 것이다(문강형준, 2012: 22). 따라서 벡이 위험사회론을 통해 다루고자 하는 것은 제도적 문제이며 정치적 문제이다. 고도로 발전한 산업사회에서 생겨나는 위험은 경제적 차원에서 심각하게 고려되지 않는다. 자본주의의 시장원리는 위험을 외부적인 것으로 취급하고 회계장부에 표시하지 않기 때문이다. 그렇다면 정부가 공적인 이해를 위해 개입할 수밖에 없다. 하지만 우리가 직면하고 있는 위험은 개개인이 책임져야 하는 개별적 문제로 취급되고 이러한 위험에 대한 과소평가는 정치적으로 정당화된다. 현실 세계에서 경험되고 있는 위험과 재난은 과학자들의 계산공식에서는 수치와 기호에 지나지 않으며 사소한 문제로 전락한다. 이 모든 것이 우리가 살고 있는 사회의 시스템의 문제이며 제도의 문제인 것이다(김학성, 1995: 122~123).

이 글은 다음과 같은 경험적 사실과 이론적 통찰에 기초한다. 첫째, 위험은 항상적으로 존재할 수밖에 없다. 위험이 사고를 통해 재난으로 전화하는 것을 예방하기 위해서라도 위험이 정상적(normal) 상태에서 항상 존재할 수밖에 없다는 것을 인정해야 하는 것이다. 둘째, 이러한 위험의 항상적 존재는 펀토위츠(Funtowicz)와 라베츠(Ravetz)의 탈정상과학(post-normal science)론에 근거한다. 그들은 자연계와 사회 모두 지금까지 우리가 알고 있었던 과학적 분석으로 완전하게 설명될 수 없는 복잡한 구조를 가진다고 주장한다(Ravetz & Funtowicz, 1999: 641). 하나의 기준과 수학적 명료함에 기초해 대상을 설명할 수 있다는 생각은 위험을 예방하기보다는 그 정도를 키우는 것에 다름 아니라는 것이다

(Funtowicz & Ravetz, 2003). 셋째, 탈정상과학론에 대한 호소가 곧 과학적 분석과 설명을 포기하는 것은 아니다. 다만 과학적 엄밀성이 전문가의 권위로부터 위험의 인식과 예방을 위한 신뢰구축에 기여할 수 있는 민주적 대화와 합의의 토대로 변화되어야 한다고 주장할 뿐이다. 이러한 입장은 서로 다른 용어와 개념을 사용하지만 상당수의 사회과학자들과 사회철학자들이 공유하고 있는 것이다. 페미니스트 철학자 해러웨이(Haraway)의 "상황적 지식(situated knowledge)"에 대한 논의나, 하딩(Harding)의 "강한 객관성(strong objectivity)"은 모두 중립성을 가장한 추상적 객관성이 아니라 구체적 경험에 근거한 실천적 지식과 민주적 소통을 강조한다(Haraway, 1991: 190~191; Harding, 2004:. 136~137 참고). 과학은 일상의 실천적 지식에 의해 보완될 때 그 역할을 제대로 수행할 수 있다는 것이다. 따라서 이 글은 과학의 불완전성을 주장하는 정상사고론(탈정상과학론)과 현장의 실천적 지식과 신뢰구축을 강조하는 고신뢰조직론의 종합을 추구한다(Ravetz & Funtowicz, 1999: 642; Cooke & Rohleder, 2006 참고).[1] 본문의 논의는 노동자들의 경험과 정보가 가스안전 규제완화 조치의 근거와 얼마나 다른지에 대한 설문조사를 바탕으로 진행될 것이다. 가스 산업의 안전성 및 공공성 강화를 위한 적합한 규제, 적절한 인력, 합리적인 소유 및 운영체계가 확립에 관해 사측과 현장 노동자들의 인식차이의 원인을 규명하려는 것이다.

2. 가스안전규제 완화의 논리

1983년 가스공사가 설립되면서 한국사회에 천연가스가 최초로 도입되었다. 이후 전국에 도시가스 회사가 생기면서 1990년대부터 민생연료인 천연가스 시

---

1) 정상사고론(normal accidents theory)와 고신뢰조직론(high reliability organizations theory)에 대해서는 뒤에서 자세하게 다루어질 것이다.

대가 열렸다. 그러나 1994년 서울의 아현동 정압기지에서 폭발사고가 발생했고, 1995년에는 대구지하철공사장에서 가스사고가 났다. 위험이 상존할 수밖에 없는 고압천연가스 산업 전반에 대한 안전관리 체계가 갖추어지지 않은 채 공급에만 급급했기 때문에 발생한 사고였다. 특히 당시 사고는 가스공사의 민영화를 검토하는 과정에서 추진한 '효율화=인원감축'의 결과였다. 인원감축을 위해 시도한 무인화 현장2)에서 발생한 사고였기 때문이다. 사고가 나고서야 한국사회 가스 산업 전반의 안전관련 체계가 비로소 확립되었다. 1994년 32억 원에 지나지 않던 안전관리투자비가 2002년 852억으로 증가하였다. 안전관리 강화를 위해 1995~1997년 사이 가스공사, 가스안전공사, 도시가스 회사들의 인원이 대폭 충원되었다. 사고 직후 배관관리는 24시간 4조 3교대로 운영되는 등 안전관리 체계가 강화되었다. 비용절감의 이유로 24시간 관리 체계는 1년 이상 유지되지 못했지만 배관 순찰은 1일 2회로 늘어났다. 배관 순찰 거리에 있어 15Km 당 1인의 안전점검원이 선임되었다. 굴착공사 등 타 공사에 대한 사전적 관리와 입회 및 사후적 관리체계 등이 도입되어 현재의 가스안전관리체계가 만들어졌다.

그러나 2005년 이후 수도권 5개 도시가스회사와 SK 계열사 등은 '도시가스안전관리 규제합리화 로드맵 연구'를 추진했다. 2007년 6월 발표된 이 로드맵은 총 4개 분야 45개 과제를 제시하고 있다. 로드맵은 안전점검원 업무확대를 통해 31억 원, 배관매설 심도 완화로 6억 원, 일반도시가스사의 고압배관 허용에 30억 원 정도 절감할 수 있을 것이라 했다. 이 절감 내역은 전국적 망을 대상으로 한 것이 아니라 부분적 효과 분석이었다. 로드맵대로 전국적 망을 상대로 규제합리화를 추진하였다면 도시가스 회사 전반에 상당한 수익을 안겨줄 수 있는 내

---

2) 최근 가스공사 등은 고압배관 관리에 있어 CCTV 설치 등 무인화를 재추진하고 있다. 전국의 배관망 중 덜 위험한 지역이 어디인지 판단 여부가 불분명하며, CCTV 설치와 운영에 따른 비용 역시 만만치 않다. 효과적인 인력배치를 통한 사전적 예방, 사고의 방지가 그 어떤 비용절감 노력보다 더 큰 사회적 효용성을 갖는다.

용이었다. 인원감축과 공사비 절감, 도시가스 회사의 사업다각화 등은 민간 도시가스 회사에게 큰 수익을 안겨주겠지만, 국민의 안녕 그리고 안전할 권리는 대폭 후퇴될 수밖에 없다. 소매 도시가스 회사는 '도시가스 안전관리체계를 대폭 강화한 이후 가스사고가 획기적으로 감소하였고 각 도시가스사업자의 경영시스템이 효율성 제고의 방향으로 수준이 향상됨에 따라 도시가스 안전관리체계 개선의 필요성이 증대하였다'고 주장하고 있다. 정부가 규제완화 요구에 적극적이지 않다는 점도 강하게 비판한다. 이들 소매 민간회사들이 주도한 로드맵에 따라 2007년 이후 가스 산업 전반에 규제완화가 추진되고 있어 가스산업의 위험성이 점점 높아지는 상황이다.

이들의 주장을 뒷받침하는 근거는 1995년 안전점검원 제도 도입 이후 가스사고가 현격하게 줄어들었다는 것이다. 타 공사 사고통계에 따르면 배관 1,000km 당 타 공사 사고건수는 안전점검원 제도 도입 후 1999년까지 3년간 급격히 줄어든 후, 1999년부터 2005년까지 사고건수에 큰 변화가 없이 안정적인데, 이를 기초로 분석하여 안전점검원의 길이가 11.44km에서 16.21km로 증가해도 타 공사 사고건수에는 큰 영향을 미치지 않는다는 결론을 도출하고 있는 것이다. 이러한 생각에 근거한 2008년 '도시가스 시행령' 개정안은 주어진 사고 발생 데이터를 근거로 '도시가스시설 현대화'와 '안전성 제고를 위한 과학화'를 제안하고 있다.

최근에는 공기업인 한국가스공사조차 규제완화의 흐름에 편승하고 있다. 2012년 5월 가스공사는 '고압가스 배관의 합리적 관로관리원 순찰 및 관리방안 수립'이라는 연구용역을 대한안전경영과학회에 발주하였다. 또한 가스안전공사와 명지대를 통해 규제완화 등과 관련한 연구를 발주하여 진행 중이다. 대한안전경영과학회의 연구는 2013년 1월 발표되었다. 그 결과는 지난 5년간 사고가 나지 않았다는 이유로 위험성이 낮다고 판단한 구간(지역)에 대해 현재의 1일 2회 순회를 1회로 축소하고 요점(굴착공사, 취약지역 등) 1인 순찰 및 CCTV 등의 도입을 제안하고 있다. 결국 한국가스공사가 자회사인 한국가스기술공사에 위탁 관리하고 있는 관로 인원을 축소하여, 용역비용을 절감하기 위한 목표라고 해석할 수 있다. 관로 순찰의 노선·거리·주기 등을 조정하고, 배관밀도에 따라 지역별 차등 관리를 하게 되면 가스기술공사에 위탁하는 용역비용은 줄어들 것이다. 한국가스공사의 관로담당 업무 역시 점진적으로 축소될 것이다. 특히 관로전문회사 설립 등을 검토하고 있는 것으로 보인다. 이는 공기업인 한국가스기술공사의 구조조정만이 아니라 전국적 소매도시가스 회사의 관로부문 통폐합 및 인원 조정으로 이어질 것이다. 한국가스공사와 한국가스안전공사 등은 이번 검토가 고압가스관망에 국한된 것이라고 주장한다. 그러나 고압부문의 재편은 상대적으로 위험도가 낮다는 논리로 중압부문의 더 큰 재편으로 이어질 가능성이 크다. 즉 고압부문 규제완화는 중·저압을 담당하는 소매도시가스의 규제완화로 연결되어 안전점검 지역 ─ 회사의 지역 업무 구간을 넘어서는 ─ 의 통·폐합[3])으로 이어지기 쉽다. 이렇듯 가스공사의 비용절감 시도는 연쇄적으로 도·소매 가스안전규제체제 전반에 변화를 가져올 수밖에 없다. 인원을 축소하고 비용을 절감하여 단기적 효율성에 치중하는 체제로 가스 산업 전반의 안전성 악화 도미노 현상이 시작될 가능성이 높다.

3. 이론적 논의

이론적으로 대형 사고를 설명하는 입장은 크게 두 가지로 나뉜다. 하나는 고신뢰조직론(high reliability organizations theory, HRT)이고 다른 하나는 정상사고

---

3) 한국가스공사와 소매도시가스회사 등은 안전관리 전문회사 설립을 고민하고 있는 것으로 보인다. 안전관리 전문회사 설립을 통해 한국가스기술공사에 용역을 주고 있는 업무 범위를 더 낮은 비용으로 아웃소싱하기 위한 것으로 보인다. 안전관리 전문회사 설립은 소매도시가스 회사들 간 지역 구간 통·폐합 형식으로 직결되기 쉽다. 민간기업 입장에서 관리비용 즉 인건비 절감을 위한 좋은 기획이기 때문이다.

론(normal accidents theory, NAT)이다. HRT는 안전과 신뢰성을 우선과제로 하고 실패를 대비하는 중첩되는 안전망의 구축과 함께 책임성 높은 조직문화를 만들어 낸다면 재난을 예방할 수 있다고 주장한다.[4] 이에 반해 NAT는 아무리 철저하게 대비한다고 해도 피할 수 없는 불확실성을 강조한다. 사실자체가 불확실하고 이에 대해 경쟁적인 해석들이 존재할 수밖에 없다는 것이다. 따라서 사고와 재난은 언제나 있을 수밖에 없다는 생각이 오히려 그것을 예방할 수 있게 한다고 주장한다. 우리가 살고 있는 세계의 사회적·자연적·기술적 환경은 모두 매우 복합적인 관계들의 망으로 구성되어 있다. 이에 대해 완벽하게 통제한다는 것은 불가능하다. 이러한 복합적 관계의 일부분인 기술적 관계를 맹신하면서 위험 관리 시스템을 '팽팽하게' 만드는 것은 위험을 방지하기보다는 위험이 재난이 될 가능성을 높이는 방향으로 작동할 수 있다. 아주 작은 시스템의 오작동이나 오류가 "팽팽한 연결의 연쇄반응을 통해" 걷잡을 수 없는 재난으로 발전할 수 있는 것이다(강윤재, 2012: 16~17). 이러한 시스템의 오작동이 과도한 업무량에 지친 현장노동자의 실수로 걷잡을 수 없게 커질 수도 있다. 문제는 현장노동자의 실수는 개인의 잘못이 아니라 과중한 업무량과 스트레스와 더불어 위계적이고 경직된 기업문화에 있다는 것이다. 즉 경직된 조직체계가 과잉되게 복잡화된 위험통제 체제와 겹쳐지고, 현장 노동자의 건강상태를 고려하지 않은 '낡은' 노무관리체계가 더해지면 대형 안전사고의 가능성이 급격하게 높아지게 되는 것이다.

NAT의 주 관심은 원자력발전소에서의 사고발생가능성이다. 원자력발전소의 사고를 예방하기 위해 기술적으로 중첩된 사고방지 시스템이 구축된다. HRT는 이러한 중첩된 시스템은 안전도를 높일 수 있다고 주장하지만 NAT는 이에 대해 회의적이다. 후쿠시마 원전 사고는 NAT의 설명이 조금 더 진실에 가깝

---

4) S. Sagan, *The Limits of Safety: Organizations, Accidents and Nuclear Weapons*(Princeton: Princeton University Press, 1993) p. 27. 강윤재(2012: 17)에서 재인용.

다고 느끼게 만들었다. 일단 국지적인 시스템의 문제로 사고가 발생하면 불확실성이 급격히 증가하고 이에 따라 사고의 규모도 확대될 수밖에 없는 것이다. "심층방어시스템의 완벽함을 추구하는 것이 역설적으로 원전시스템의 복잡성을 증가시키고, 하부단위들 간의 연결고리를 팽팽하게 만들어서 시스템 불안전성을 높인 결과"(강윤재, 2012: 24)인 것이다.

이렇듯 팽팽하게 연결된, 그래서 과잉되게 연결된 사회에서 사람들은 기술의 힘을 믿고 안심하지만 정상적인 상태에서 있을 수밖에 없는 사고는 거대한 재난으로 우리에게 다가올 수 있다. 완벽해 보이지만, 그래서 방심하지만 바로 그 완벽함의 이면에 도사리고 있는 재난의 가능성은 더욱 커지게 되는 것이다(이광석, 2012: 160). 2011년 4월에 발생한 농협전산망 마비사태를 생각해 보라. 인간이 아닌 기계에 의존하게 되고, 그 기계의 완벽함을 전제로 모든 사회의 조직을 팽팽하게 만들어 놓았을 때 시스템의 오작동은 사회를 재난상태로 몰아갈 수 있는 것이다(이광석, 2012: 163). 전산망 마비사태는 한번으로 끝나지 않았다. 지난 3월 20일 KBS와 MBC, 농협과 신한은행의 전산망이 마비되는 초유의 사태가 벌어진 것이다. 우리 사회가 전자화된 하부구조에 의존하고 있다는 것을 고려할 때 전산망의 마미는 중추신경이 마비되는 것과 같다. 두 번에 걸친 마비 사태는 사회의 중추신경 마비가 아주 가까이에 가능성으로 존재한다는 것을 말해주는 것이다.

사태를 더욱 위험스럽게 하는 것은 기술적으로 고도화된 위험 예방 시스템에 대한 과도한 신뢰가 수량적 통계에 대한 '맹신'과 결합되어 있다는 것이다. 위험은 항상적이지만 수량적 통계는 위험이 존재하지 않는다고 말할 때 잠재된 위험의 깊이는 커질 수밖에 없다. 객관적 지식에 대한 집착이 상황에 대한 이해를 방해하게 되는 것이다(Funtowicz, Martinez-Allier, Munda and Ravetz, 1999: 5). 거기에 소통이 부재한 관료적 체제가 덧붙여진다면, 그리고 결과적으로 위험을 예방할 최후의 보루인 사람을 마치 기계처럼 다루고 안전교육도 제대로 시키지 않는 소모품으로 생각한다면 그 결과는 최악의 재난으로 드러날 것이다. 한국사회는 바로 이러한 재난 사회에 근접하고 있는 것이다.

지금까지의 논의에 기초해 볼 때 대형사고와 일상의 경험은 HRT보다는 NAT 의 주장에 끌리게 한다. 사고의 위험은 언제나 존재하며 복잡하고 중첩된 기술적 시스템은 과잉된 복잡성으로 위험을 줄이기보다는 증폭시키고 있는 현실은 일상에서 경험적으로 증명되고 있기 때문이다. 그렇다면 항상적으로 존재하는 재난의 위험은 그대로 방치할 수밖에 없는 것인가? 위험은 항상적이니까 그냥 우리는 위험과 공존할 수밖에 없다고 체념해야 하는가? NAT의 주장도 이러한 체념을 이야기하고 있지는 않다. 정상적인 상태에 존재할 수밖에 없는 위험을 전제하고 이에 대비해야 한다고 주장하는 것이기 때문이다.

중요한 과제는 이러한 대비를 어떻게 준비하고 체계화시키는가에 달려 있다. 여기서 우리는 NAT의 통찰위에서 HRT의 주장을 수용할 수 있다(Cooke & Rohleder, 2006: 215). HRT 주장의 핵심은 위험 관리를 위한 중첩된 망을 만들고 위험관리 시스템 내 구성원들 사이의 신뢰 정도를 높임으로써 위험을 예방할 수 있다는 것이다. 이점을 다르게 표현한다면 위험을 체험하고 느끼는 당사자들, 즉 시민과 노동자 모두의 경험적 지식이 위험 관리체계의 핵심이라는 것이다. 경험적 지식의 소통과 토의는 항상적으로 경험할 수밖에 없는 작은 사고들을 매개로 이루어질 수밖에 없다. 그러나 경미한 사고와 아차사고들(near-miss incidents)5)은 자칫하면 큰 재난으로 전화할 수도 있는 체계의 문제가 드러나는 경로이며 이에 대해 축적된 현장의 경험과 지식이 체계 안에 형성된 공론의 장에서 이야기되고 소통될 때 중대한 사고가 발생할 가능성을 결정적으로 감소시킬 수 있다는 것이다. 실수와 사고는 있을 수밖에 없으며, 오류가 없는 것보다 오류를 통해 학습기회를 갖는 것이 재난예방 가능성을 높인다는 것이다 (Reason, 2004: ii31). 불가능한 '객관성'과 '완벽한 기술적 통제'라는 환상에 사로 잡혀 다양한 현장 노동자들의 경험을 주관적이고 비과학적이라고 폄하하기보

---

5) 실제 사고로 이어지지는 않았지만 사고로 이어질 뻔한 경우를 말한다.

다는 그들의 실천적 지식을 민주적 방식으로 모아내는 것이 현대적 위험을 줄일 수 있는 토대라고 인정하는 것이 중요한 과제로 제기되는 것이다(김학성, 1995: 128). 이것이 NAT를 기본으로 하면서도 HRT가 제기하는 위험방지를 위한 고신뢰조직의 창출에 대해서도 적극적으로 사고하는 길이다. 이러한 이론적 통찰은 가스 산업 안전관리 현장 노동자 '의식 - 실태 조사'에서 잘 드러난다. 다음 장에서는 이 조사 내용에 대해서 논의하도록 하겠다.

4. 분석자료와 분석결과

1) 설문 조사 대상

논의의 기초가 되는 조사는 5개 사업장(가스기술, 경동도시가스, 예스코, 서울도시가스, 대륜E&S)에서 실시되었고 응답 참여자는 총 1,114명이었다. 가스기술과 서울도시가스에서 약 30%씩 참여하여 전체 응답자의 약 60%를 구성하고 있다.

응답참여자의 주요 업무는 배관이나 시설 안전점검을 수행하는 집단이 약 40%였고 시설유지보수분야 종사자가 약 30%, 그리고 행정 및 지원업무 분야가 약 30%로 나타났다. 연령대는 40대가 65%로 가장 많았고 그다음으로 30대가 약 30%로 거의 대다수가 30~40대로 이루어져 있다. 평균 근속년수는 14.5년으로 대다수가 현재 사업장이 첫 직장임을 시사하고 있다. 그뿐만 아니라 평균 근속년수가 15년가량 된다는 의미는 아무리 어려운 업무라 할지라도 상당한 현장경험과 숙련이 형성될 수 있는 기간이라 이해

〈표 5-1〉 설문 참여자 분포

사업장	응답자(명)
가스기술	378
경동도시가스	142
예스코	136
서울도시가스	337
대륜E&S	121
합계	1,114

〈표 5-2〉 응답자 사업장과 근무지 교차분석

		가스기술	경동 도시가스	예스코	서울 도시가스	대륜E&S	전체
도시	응답자(명)	222	139	132	318	120	931
	응답률(%)	23.8%	14.9%	14.2%	34.2%	12.9%	100.0%
농어촌	응답자(명)	127	2	1	4	0	134
	응답률(%)	94.8%	1.5%	0.7%	3.0%	0.0%	100.0%
기타	응답자(명)	21	0	1	2	1	25
	응답률(%)	84.0%	0.0%	4.0%	8.0%	4.0%	100.0%
계	응답자(명)	370	141	134	324	121	1090
	응답률(%)	33.9%	12.9%	12.3%	29.7%	11.1%	100.0%

* $p < 0.05$

수 있다. 또한 안전점검원의 경우 해당분야의 일정한 자격증을 보유해야 하기 때문에 이들의 기능 수준은 신뢰할 수 있을 것으로 추정된다.

응답자의 근무지는 대다수가 도시지역이었는데 이는 도시가스가 도시지역에 주로 존재하고 있기 때문인 것과 관련성이 높을 것으로 보인다. 다만 농어촌 지역에 있는 응답자는 대다수가 도매부문 관로와 설비를 관리하고 있는 가스기술공사 소속 노동자로 나타난다.

2) 분석 결과 1 ― 소통과 민주주의 부재가 키우는 재난 가능성

이번 현장 노동자를 대상으로 한 설문조사는 전문가들이 말하는 '과학적' 분석이 얼마나 많은 허점을 가지고 있는지 잘 보여준다. 안전점검원의 약 70%는 '현장 안전점검 순회시 협의되지 않은 굴착공사를 목격'한 적이 있고 '현장 안전점검 순회시 배관노출을 본 적'이 있으며 '안전점검 순회시 굴착공사로 인하여 시설물 훼손(배관코팅 손상 등)의 상황을 목격'한 적이 있다고 응답했다.

<표 5-3> 안전점검원 현장 순회시 불안전 상태 확인 경험

	연평균 경험횟수(회)
(1) 귀하는 현장 안전점검 순회시 협의되지 않은 굴착공사를 목격한 경우가 있습니까?	22.3
(2) 귀하는 현장 안전점검 순회시 배관노출을 본 적이 있습니까?	38.0
(3) 귀하는 안전점검 순회시 굴착공사로 인하여 시설물 훼손(배관코팅 손상 등)의 상황을 목격하는 경우가 있습니까?	8.7

조사 결과에 따르면 응답자들은 위험한 경우를 연평균 20~40회 경험하는 것으로 나타난다. 한 달에 2~4회꼴로 경험하는 것이다. 굴착공사로 시설물이 훼손되는 것도 월 1회 가량 경험하는 것으로 나타난다. 자칫 대형사고로 연결될 수도 있는 경우가 많은 것이다. 이번 조사의 응답자 중 안전점검원이 약 420명이었고 이들 중 70%가 협의되지 않은 굴착공사나 배관노출을 경험한 적이 있고, 이것을 단순히 연 40건으로 계산하면 연간 1만 건을 넘어가는 아차사고가 발생하고 있다는 것이다. 그러나 우리나라 통계생산과정에서는 이런 유형의 아차사고는 통계로 잡지 않는다. 정부, 경영진, 그리고 전문가들이 그토록 맹신하고 있는 '객관적' 데이터는 사태를 객관적으로 드러내기보다는 왜곡하고 있는 것이다. 다시 말하면 이미 가치가 개입되고 정치적인 조건에 영향 받은 데이터를 객관적이라고 믿음으로써 현실에서 발생하는 사건과 사고를 무시하는 것을 정당화할 수 있는 것이다.

당연한 말이지만 책임소재가 없는 과학과 기술의 지배는 '인적 재난'을 초래할 수 있다. 인적 재난은 "기술적 결함 외에 사회적 소통체계의 심각한 왜곡이 재난의 원인"이었을 때를 가리킨다. 분화되었지만 경직된 하위 체계들 간의 소통과 조정이 재대로 이루어지지 않으면 항상 잠재되어 있는 재난을 인지하는 데 실패하게 된다. 바로 눈앞에 보이는 국지적인 책임만을 지려고 그 마저도 사적 이익이나 효율성의 원리에 의해서 판단하게 되면 전체 사회가 직면하게 되는 위험은 그만큼 더 커지게 되는 것이다. 이러한 사회에서는 "환경적 조건과 안전규칙을 무시하고 사고 발생에 대해 저평가하는 가치"가 만연하게 된다. 따라서 "안전에 드는 비용은 평가절하되고 재산과 인명의 가치는 우선순위에서 밀려나고," "안전관련 비용의 지불유예가 만성화됨에 따라 구성원 모두는 위험을 무릅쓰는 생활로 내몰리게" 되는 것이다(김성일, 2012: 86).

인적 재난과 쌍을 이루는 것은 위험 통제 시스템의 "과잉 복잡성"이다. 과학과 기술에 대한 맹신은 사회유지와 위험관리를 인간이 아닌 기술적 시스템 그 자체에 맡기는 경향을 띠게 되는데, 이것은 필연적으로 시스템 그 자체를 과도하게 복잡하게 만든다. 위험은 인간이 인지할 수밖에 없고, 위험을 관리하고 방지할 수 있는 것도 인간의 집합적 능력이지만 이를 무시한 채 인간의 통제능력을 훨씬 넘어서는 기술적 시스템을 구축하게 된 것이다(김성일, 2012: 82). 가스관, 상하수도, 전력공급라인, 철도 등 현대문명의 모든 이기를 따라 위험은 구조화되어 있다. 전근대적인 재난이 국지적인 것에 머물렀다면 현대적 재난은 "대형화재, 가스폭발, 붕괴, 오염사고 같은 인적 재난"으로 우리 곁에 머물고 있는 것이다. 이러한 체계의 복잡성은 아주 작은 실수가 돌이킬 수 없는 재난을 초래할 수 있음을 의미한다. 모든 것이 복합적으로 연결되어 있고 거기에는 위험이 구조화되어 있다면('도시의 집중화, 교통·통신망의 고도화, 대형 건물의 밀집화'를 생각해보라) 조그만 시스템의 오류나 인간의 실수가 가져올 재앙의 크기를 예상할 수 있다(김성일, 2012: 85~86). 하지만 우리의 현실은(가스안전관리 완화를 보라) 이러한 복합적 상호연관을 전혀 고려하지 않은 채 비용과 수익 모델에 근거한 경영합리화의 기준만을 내세우고 있는 것이다. 위험은 언제나 재난으로 발전할 채비를 갖춘 채 우리 주위를 맴돌고 있는 것이다.

과잉복잡성에 대한 통찰은 지난 40년 동안 사회과학과 자연과학 모두에서 지속적으로 제기되어왔다. 학술적 담론으로 논의되었지만 그 근원은 현실에서의 '근대적' 과학관(기계적 세계관, 얄팍한 경험주의적 접근, 추상적인 수학적 모델, 단순화된 인과관계 모델 등)이 현실 설명에서 직면할 수밖에 없었던 한계였다

(Gallopin, Funtowicz, O'Connor & Ravetz, 1999 참고).[6] 기후변화를 예로 들어 보자. 기후변화에 영향을 미치는 변수는 무수히 많다. 자연과학적 대상인 기후 그 자체가 예측이 어려운 다중 메커니즘으로 구성된다. 단순한 인과관계를 찾기 위해 무수히 많은 변수들 중 특정한 변수를 실험적으로 작동중지 시킬 수 있는 방법이 우리에게는 없다. 하지만 기후변화 현상은 단순히 자연적인 현상이 아니다. 자본주의적 생산방식에 따른 항시적인 경쟁, 경기순환과 주기적 위기, 산업화된 국가들과 그렇지 않은 국가들 사이의 정치적 대립, 소비주의적 문화 등이 복합적으로 작용하고 있다. 공기 중의 온실가스 농도를 측정하고 그것을 감축시킬 수 있는 신기술 개발로 단순화시킬 수 있는 문제가 아니라는 것이다(De Marchi & Ravetz, 2001; Funtowicz, Martinez-Allier, Munda & Ravetz, 1999 참고). 과학에 대한 논의가 심화되고 발전함에 따라 이러한 복잡성(complexity)과 불확실성(uncertainty)을 배제하는 것이 아니라 수용하는 것이 과학의 설명력을 높이는 데 기여한다는 합의가 확산된다.

사고(incident 또는 accident)는 항상적일 수밖에 없다는 NAT의 주장이 일상의 경험과 부합되는 것이지만 그러한 사고는 재난(disaster)을 예방할 수 있는 학습 기회라고 생각할 수 있다. 그리고 이러한 기회를 통해 학습해야 하는 것은 조직 내의 신뢰를 높이고 위험 요소에 대한 중복되는 다층적 감시와 이들 사이의 항시적인 소통과 토론을 가능하게 하는 새로운 조직문화를 창출하는 것이다. 리즌(Reason)이 "오류 지혜(error wisdom)"라고 부른 것이 바로 경미한 사고를 통한 학습기회를 가리킨다. 같은 맥락에서 펀토위츠와 라베츠는 이러한 '민주적' 조직문화를 "확대된 동료공동체(extended peer community)"의 창출로 특징짓는다

---

6) 복잡성에 대한 사회과학적 통찰은 로이 바스카 등이 주창한 비판적 실재론(critical realism)으로부터도 찾을 수 있다. 대상의 복합성과 과학적 지식의 다원성을 인정하지만 대상에 대한 과학적 분석을 포기하지 않는 길을 찾으려 시도하고 있다. Bhaskar(1975/1997); Benton(2011), 서영표(2011) 참고.

(Ravetz & Funtowicz, 1999: 643; 김환석, 2010 참고). 확대된 동료공동체 안에서의 대화와 토론은 최종적 해결책을 찾는 것이 아니다. 오류를 통해 지혜를 얻는 과정은 지속적인 창의적 갱신의 과정이기 때문이다(De Marchi & Ravetz, 2001: 11). 따라서 지식은 검증되는 것으로 그치는 것이 아니라 창조되는 것이다 (Funtowicz, Martinez-Allier, Munda &. Ravetz, 1999: 10; Gallopin, Funtowicz, O'Connor & Ravetz, 2001: 226). 이것은 개인이 아닌 조직의 역량(organizational capabilities) 이라고 할 수 있다(Cooke. & Rohleder, 2006: 214).

이러한 조직적 역량의 부족이 사고 위험을 키울 수 있다는 것은 이번 조사결 과에서도 잘 드러난다. 앞에서 살펴보았듯이 이번 조사 결과에 따르면 응답자 들은 연평균 20회~40회의 위험한 경우를 경험하고 있는 것으로 나타난다. 한 달에 2회~4회 꼴로 경험하고 있는 것이다. 굴착공사로 시설물이 훼손되는 것도 월 1회 가량 경험하는 것으로 나타난다. 자칫 대형사고로 연결될 수도 있는 경 우가 많은 것이다. 그러나 우리나라 통계생산과정에서는 이런 유형의 아차사고 는 통계로 잡지 않는다. 왜 위험은 보고되지 않고 논의되지 않는 것일까?

정보의 왜곡은 앞에서 강조되었던 조직의 경직성과 수량적 평가, 이에 따른 처벌과 책임추궁의 문화 때문에 생겨난다. 이러한 조건이 자료를 수집하고 통 계를 내는 행위 자체를 왜곡시키게 되는 것이다. 한편으로 단위사업장의 '성과' 를 위해 조직적으로 정보가 왜곡된다. 예를 들어 한국의 원전에서 보고된 사고 는 등급이 낮은 0등급이 지나치게 높다. 통계적으로 "0등급의 발생 평균비율은 37.5%인 데 반해, 한국의 경우 무려 91.6%에 달한다"는 것이다(강윤재, 2012: 24~26). 이것은 한국의 안전관리 수준이 대단히 높지 않다면 의도적인 자료의 왜곡이 있었다는 것을 의미한다. 이러한 왜곡은 의도된 것이며 이미 관행으로 굳어져 제도화된 것이다. 사고를 가능한 은폐해야 실적을 인정받는 경직된 행 정과 조직문화의 필연적인 결과인 것이다. 문제는 이러한 은폐가 재난의 가능 성을 키운다는 것이다. 위험에 대해서 가장 잘 알고 있어야 하는 관리주체가 위 험을 축소함으로써 대중이 가져야 할 위험의 인지를 가로막게 된다. 작은 실수나 오류, 위험이 지속적으로 인지되고 이에 대한 대응방안이 논의되었을 때 재난이 예방될 수 있지만 우리의 위험관리 시스템은 이러한 가능성을 원천봉쇄하고 있는 것이다.[7]

왜곡된 정보는 조직에 의해 의도된 은폐에 의해서만 생겨나지 않는다. 위험에 무관심한 경직된 조직문화가 개별 현장 노동자의 행위패턴에 영향을 줌으로써 생겨나는 정보의 왜곡도 있을 수 있다. 조사결과에 드러난 보고되지 않은 사고 또는 아차사고가 통계에 잡히지 않는 이유가 바로 이것이다. 굴착공사로 인한 시설물 훼손을 목격한 경우에도 이를 신고하는 경우는 6.2%밖에 되지 않는다. 93.7%는 신고하지 않는다는 것이다. 노동자 개인당 불안전 상황을 보고한 횟수는 연평균 2.6회에 지나지 않는다. 앞에서 이미 언급되었듯이 조사결과 불안전상황인 신고되지 않은 굴착공사를 목격한 경우는 연평균 22.3회, 안전점검시 배관노출을 확인한 경우는 연평균 38.0회, 굴착공사로 인한 시설물 훼손의 목격은 8.7회로 나타났다.

불안전생태를 목격하고도 신고하지 않는 이유를 밝혀내는 것이 중요하다. NAT의 대전제 위에 HRT가 제기하는 조직의 높은 신뢰를 만들어 내기 위해서는 위험에 대한 정보가 소통되고 토론되지 못하는 원인이 밝혀져야 하기 때문이다. 지금까지 출간된 고신뢰조직에 대한 연구결과들이 공통적으로 지적하는 것은 처벌 위주의 조직관리 문화였다. 우리의 조사결과는 이러한 일반적인 결론을 확인해준다.

관로 안전관리 노동자 중 43.8%의 응답자가 사고를 보고했을 때 본인에게 돌아올 불이익을 걱정하고 있다. 얼핏 보면 개인의 이익을 위해 위험을 의도적으

---

7) 과학의 불완전성을 인정하는 것이 과학의 역할을 부정하는 것이 아닌 것과 마찬가지로 수량적 통계의 가치관련성을 지적하는 것이 곧 통계가 무의미하다고 주장하는 것은 아니다. 다만 통계와 수치는 해석이 필요한 자료중 하나일 뿐이라는 것이다. Funtowicz, et al (1999: 7)을 보라.

〈표 5-4〉 불안전상태 발견시 신고 회피 이유

	응답자(명)	응답률(%)
사고 집계로 잡혀 본인에게 불이익이 돌아올까 봐	127	43.8
회사에 피해가 갈까 봐	119	41.0
기타	44	15.2
합계	290	100

로 무시하는 이기적 행위로 보일 수도 있다. 하지만 JR서일본과 코레일에서 확인된 바와 같이 일방적이고 위계적인 처벌위주의 조직관리 관행은 현장 노동자들을 위축시킬 수밖에 없다. 사소한 실수와 오류조차 처벌받고 인사고과에서 마이너스 요인으로 작용하는 조직문화에서 경미한 사고와 아차사고를 보고하고 이것을 학습의 기회로 삼는다는 것은 애초부터 불가능한 것이다. 관행과 조직문화가 조직적인 역량(collective capabilities)을 저해하고 있다고 할 수 있다 (Cooke & Rohleder, 2006: 224).

다음으로 41.1%의 현장 노동자들이 회사에 돌아올 피해를 걱정하고 있다. 이 점은 앞서 살펴보았던 원자력 발전소에서의 사고발생 정보 왜곡과 같은 맥락에서 이해할 수 있다. 처벌 위주의 조직문화가 개인을 위축시키고 사고의 위험을 알아서 처리하게 함으로써 위험관리 능력을 제고할 수 있는 학습기회를 줄이고 있다면 수량적 성과와 경쟁 위주의 사회적 조건은 각 개별조직이 잠재된 위험을 은폐하도록 한다. 이러한 조사 결과는 빈발하고 있는 유독물질 유출사고 과정에서 극명하게 드러나고 있는 현실과 부합되는 것이다. 위험을 최소한으로 줄이고 재난을 방지하기 위해서는 사고를 통해 드러나는 위험방지 시스템의 약점을 확인하고, 그것이 정확하게 보고될 수 있도록 해야 한다. 여기서 중요한 변수가 경영진이 현장노동자들에게 신뢰를 주어야 한다는 점이다. 그리고 단순히 보고로 끝나는 것이 아니라 정확한 조사가 이루어지고 근본적인 원인을 찾으려는 노력이 동반되어야 한다. 하지만 여기가 끝은 아니다. 드러난 사고의 원인을 적극적으로 교정하려는 개입이 있어야 하기 때문이다(Cooke & Rohleder, 2006: 218~219). 결론적으로 말해 가능하지 않은 '무사고'라는 목표에 연연하는 보상과 처벌은 부정적 결과를 초래할 수밖에 없다. 비난게임(blame game)은 조직적 역량의 토대인 '신뢰'를 깎아먹게 되는 것이다. 따라서 보상체계는 사고를 보고하고 학습하는 방향으로 전환되어야 한다(Cooke & Rohleder, 2006: 231~232; Parker, Axtell & Turner, 2001: 224). 이는 경영진과 현장 노동자 사이의 관계가 협조적이지 않으면 불가능한 과제이다(Hofmann, Jacobs & Landy, 1995: 135).

가스 산업의 특성상 처벌과 규제 중심의 노무관리는 제대로 된 위험의 확인과 보고를 어렵게 한다. 앞에서 살펴보았듯이 이렇게 왜곡된 정보를 토대로 경영진은 완전관리 규제완화를 추진한다. 잘못된 조직문화에 의해 왜곡된 정보가 위험의 정도를 높이는 방향으로 작용하게 되는 것이다. 게다가 위험관리 규제완화는 곧 현장노동자의 노동강도 강화를 동반하게 되는데 이 또한 재난 가능성을 높이게 된다(Cooke & Rohleder, 2006: 222). 다음과 같은 인과관계를 유추할 수 있다.

처벌·규제 위주의 사업장 문화 → 정보의 왜곡(사고의 은폐) → 규제완화 →

노동강도 강화 → 대형사고(재난)

마지막 네 번째 고리는 쉽게 현실화되지 않는다. 우리가 오류를 통한 학습의 중요성에서 확인했듯이 확인되지 않는 위험(드러나지 않는 것은 아니다)은 재난을 통해 순간적으로 표출될 에너지를 축적하고 있을 뿐이다. 판과 판의 마찰에 너지가 분산되지 못하고 오랫동안 축적됨으로써 생겨난 동일본 대지진처럼 위험은 조용히 재난을 위한 힘을 축적하고 있는 것이다.[8] 위험이 현실화되지 않

는 것은 위험의 부재하다는 것을 증명하지 않는다(Gallopin, Funtowicz, O'Connor & Ravetz, 2001: 227).

3) 분석결과 2: 노동강도 강화와 사고 위험

사회시스템 전체의 문제에서 사업장으로 시선을 옮겨보자. 노동자들이 일하고 있는 사업장은 위험이 항상적으로 존재하는 곳이고 노동자들이 겪고 있는 위험이 과도한 업무와 스트레스와 결합될 경우, 작업장의 사고가 전체 사회의 재난으로 전화하는 것은 시간문제일 뿐이다. 이제 산업재해는 노동자의 고통을 넘어서는 사회적 재난이 될 수도 있는 것이다. 따라서 산업재해와 관련해 한국 사회가 얼마나 위험과 재난에 무감각한지에 대해서 생각해 볼 필요가 있다.

위험과 재난에 대한 무감각은 시장원리와 관료적 통제의 결과라고 할 수 있다. 앞에서 지적한 대로 비용절감의 원리는 많은 노동자들을 비정규직으로 전락시키고 모든 노동자들에게 경쟁압박을 가한다. 그만큼 노동시간과 노동강도는 강화될 수밖에 없다. 철도노동자들의 경우 5만에 가깝던 철도공사 정규직 노동자는 도급화에 의해 그 숫자가 급격히 감소한다. 2011년 12월 9일 인천공항철도에서 선로유지보수 업무를 수행하던 비정규직 노동자 5명이 열차에 치여 즉사했던 대형참사가 이러한 비정규직화와 무관한 것일까? 도급화 이후 인원축소는 위험한 작업에 배치되어야 할 인력을 둘 수 없게 했고, 열차시간에 대한 정보도 제대로 제공할 수 없게 했던 것이다(이승우, 2012: 2).

철도, 가스, 위험물 관리, 원자력 등의 부문에서 노동강도의 강화와 작업장 안전은 노동자들의 피해만으로 끝나지 않는다. 복잡하게 얽혀 있는 고도로 기술집약적인 관리망에서 사소한 실수는 곧 대형 재난으로 발생할 수 있다. 노동자의 피로와 건강악화는 이러한 사소한 실수가 발생할 가능성을 높일 수밖에 없

험에 둔감해지는 것을 막고 대비할 수 있는 조건을 창출할 수 있어야 한다.

다. JR 서일본의 대형사고의 예를 들어보자.

　2005년 4월 25일 발생한 JR 서일본 후쿠치야마선 참사는 징계위주의 관리 때문에 발생한 것이었다. 징계 위주의 관리, 인격적 모욕, 지위에 대한 불안감 등은 20대 초반 젊은 기관사에게 엄청난 심적 부담으로 작용했다. 사고의 직접적인 원인은 제한속도가 시속 70km인 곡선 구간을 116km로 달린 기관사의 잘못이었다. 하지만 타노선과 경쟁하기 위해 초 단위까지 통제하는 관리방식이 기관사를 과속으로 몰고 간 원인으로 밝혀졌다. 겨우 몇십 초의 차이 때문에 불안해진 기관사는 오버런과 같은 실수를 하게 된다. 불안감은 더 커지고 조급한 마음에 지체된 시간을 만회하기 위해 과속운전을 하게 된다. 107명의 사망자와 562명의 부상자라는 참혹한 결과가 기다리고 있었다(이승우, 2012: 15~18).[9]

　이번 설문조사에서는 가스 산업에서도 이런 사고가 날 가능성이 존재한다는 사실을 보여준다. 이미 언급했듯이 정부와 경영진은 사고건수가 줄어들고 있다는 수량적 데이터와 현대화와 과학화에 근거해 배관관리 노동자에게 배관관리 업무뿐만 아니라 배관관리 지원원무까지 담당하게 함으로써 안전점검원의 인력운용 효율성 제고를 추진하고 있다. 다음 '도시가스 시행령'은 효율성 제고라는 이름 아래 진행되는 노동강도의 강화를 보여준다.

---

9) 이런 현실에서 영국이 2008년 도입한 기업살인법(the Corporate Manslaughter and Corporate Homicide Act)을 생각해 본다. 작업현장에서 발생하는 사고에 대해 기업주에게 엄격한 책임을 묻는 것이 이 법안의 골자다. 호주와 캐나다에도 같은 내용이 법률이 존재한다. 이 법의 적용대상은 개인이 아니라 조직이라는 특징을 가진다. 신자유주의적인 경쟁과 효율의 원리가 강화되고 있는 것에서는 크게 다르지 않지만 이들 나라에서는 최소한 인간의 가치와 존엄성 자체를 파괴하는 극단적 시장논리에 대해서는 제재를 가하고 있는 것이다(http://www.legislation.gov.uk/ukpga/2007/19/pdfs/ukpga_20070019_en.pdf).

〈도시가스 시행령〉 2010.7.26

제16조 (안전관리자의 업무)

①안전관리자는 다음 각 호의 업무를 수행한다.[개정 2010.7.26]

1. 가스공급시설 또는 특정가스사용시설의 안전유지

2. 법 제17조에 따른 정기검사 또는 수시검사 결과 부적합 판정을 받은 시설의 개선

3. 법 제19조의3에 따른 안전점검의무의 이행확인

4. 법 제26조제4항에 따른 안전관리규정 실시기록의 작성·보존

5. 종업원에 대한 안전관리를 위하여 필요한 사항의 지휘·감독

6. 정압기·도시가스배관 및 그 부속설비의 순회점검, 구조물의 관리, 원격감시 시스템의 관리, 검사업무 및 안전에 대한 비상계획의 수립·관리

7. 본관·공급관의 누출검사 및 전기방식시설의 관리

8. 사용자 공급관의 관리

9. 공급시설 및 사용시설의 굴착공사의 관리

10. 배관의 구멍 뚫기 작업

11. 그 밖의 위해 방지 조치

②삭제 [2010.7.26]

③안전관리 책임자, 안전관리원 및 안전점검원은 이 영에 특별한 규정이 있는 경우를 제외하고는 제1항 각 호의 직무 외의 다른 일을 맡아서는 아니 된다. [개정 2010. 7.26]

이러한 제도변화를 현장노동자들이 어떻게 느끼고 경험하고 있는지 살펴볼 필요가 있다. 이번 설문조사 결과 가스 산업 노동자들의 평균 노동시간은 8.8시간인 것으로 나타난다. 8시간을 일하는 노동자 46.9%이고 9시간의 경우는 28.0%, 그리고 10시간을 일하는 노동자 19.9%나 된다.

퇴근 후 재출근은 노동자의 휴식을 방해하기 때문에 직무수트레스와 피로도를 높이는 요인이다. 응답자 중 44.3%가 퇴근 후 재출근을 경험한 것으로 나타

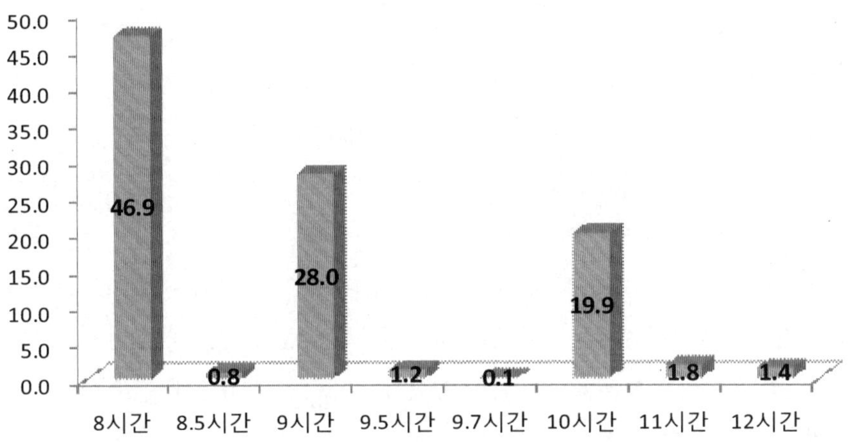

났다. 월평균 1.4회인 것으로 나타난다. 휴일(토/일/국경일 등)에 근무하는 날이 월평균 1.6일로 나타났다. 그렇다고 휴가를 충분히 사용하는 것도 아니다. 지난 1년 동안 본인에게 주어진 휴가(연차, 여름휴가, 보건휴가 등)의 77.2%를 사용하지 못한 것으로 드러났다. 설문조사의 결과는 수당을 더 받으려는 의도에서나 눈치가 보여서라는 이유보다는 인력부족과 갑작스러운 상황발생이 더 큰 원인임을 보여준다. 노동자의 입장에서는 현재도 과도한 업무에 시달리고 있는 것이다. 이러한 인력부족은 몸이 아파도 일을 할 수밖에 없게 한다. 지난 1년 동안 몸이 아파 쉬고 싶었으나 출근해야 했던 날은 연평균 6.1일로 나타났다. 동료에게 문제가 생겨 대신 근무한 대근일 수도 연평균 3.5이나 되는 것으로 나타났다.

이러한 근로조건에서 잦은 산업재해가 발생하는 것은 불가피한 일이다. 법률상 산업재해를 의미하는 4일 이상의 치료를 받은 경우가 31.7%에 달했다. 한사람이 취업 후 평균 3.9회의 재해를 당한 것으로 드러났다. 하지만 현장 인터뷰에서 드러난 사실은 1년에 산업재해 인정을 받는 경우가 채 1명이 되지 않는다는 것이다. 누누이 강조하지만 가스 산업과 같이 조그만 실수가 대형재난으로 발생할 수 있는 부문에서 실수의 원인이 될 수 있는 노동자의 건강에 대해서는

무관심하다는 것은 위험을 키우는 것에 다름 아니다.[10]

지금까지 논의된 성과위주의 관행이 위험의 정도를 높이고 있는 경향은 사회적 공공성보다는 비용과 효율성을 우선시하는 시장자본주의적 논리에 의해 뒷받침되고 있다. 성장과 도구적 합리성만을 우선하는 '근대적' 가치가 근본적으로 의심되기 시작한지 수십 년이 지났지만 한국사회는 여전히 성장을 향한 돌진하고 있으며 그러한 돌진의 힘은 수단과 방법을 가리지 않고 목적을 성취하는 도구적 합리성인 것이다. 과정은 중요하지 않다. 인간의 가치, 자연의 가치, 사회의 가치는 중요하지 않다. 오직 목적과 결과만이 중요할 뿐이다. 한편으로는 소비사회의 탈근대적 다양성 담론이 풍미하고 있는 한국사회에서 지극히 근대적인 목적합리성이 여전히 지배적인 것이다. 역설적이지만 한국사회는 근대성의 부족, 비합리적인 혈연주의와 지역주의, 권위주의에 고통 받고 있기도 하다(김성일, 2012: 92).

사회적 공공성보다 효율성을 우선시한다는 것은 무엇보다도 중요한 인간의 가치가 존중받지 못하고 도구로 전락한다는 것을 의미한다. 사람의 필요와 욕구 충족이 우선이 아니라 끝없는 확대성장을 위한 이윤확보가 사회의 목적이 되어 버린 것이다. 조금 더 구체적으로 말하면 노동자의 생존, 건강, 안전, 그리고 시민들의 안전보다는 기업과 시장 경제 그 자체가 더 중요한 것이 되어버린 것이다. 경제는 인간이 지속가능한 방식으로 스스로의 욕구와 필요를 충족하는 제도와 절차의 총체이다. 하지만 이제는 본말이 전도되어 인간의 욕구와 필요는 경제를 위해 무시된다. 인간은 경제체제를 유지하는데 투입되는 상품일 뿐이고 이 상품을 구입하는데 쓰이는 비용은 가능한 한 축소되어야 한다.

우리가 흔히 신자유주의라고 부르는 원리는 이러한 인간의 수단화가 보다 깊

---

10) 위험관리에서 중요한 요소는 잉여성(redundancy)의 원리이다. 잉여성은 "여유인력과 예비설비 등 백업(back-up) 시스템"을 가리킨다. 이에 대해서는 이승우(2013: 11)와 Clarke(2005)를 참고.

게 사회를 침식하게 한다. 사회 전반의 상품화라고 할 수 있다. 우리 사회는 이제 상품화를 넘어 금융화하고 있다. 공적 책임의식은 손익계산과 비용 - 편익 분석으로는 대체된다. 사회가 모두 비용과 편익을 계산하는 분리된 체계들로 나누어진다. 각각은 하위 체계들은 오로지 비용 - 편익의 계산만을 생각하기 때문에 더 높은 체계에서 스스로의 행위가 어떤 부정적 효과를 가져 올 지 고려하지 않아도 된다. 학교는 비용을 줄이고 성적으로 표현되는 편익만을 극대화하면 된다. 하지만 이러한 학교교육이 사회전체에 미치는 영향은 공공성의 훼손이다. 상호소통과 협력의 원리는 사라지고 극단적인 사적 이윤추구가 학교교육을 통해 내재화되기 때문이다. 따라서 손익계산과 비용 - 편익 분석은 부문 간 소통(예를 들어 에너지, 교통, 건설)과 전략적 계획(부문과 기업의 이윤극대화가 아닌 사회전반의 공공이익 극대화를 위한 계획)을 어렵게 할 수밖에 없는 것이다.

이러 시장원리는 '과학적 합리성'과 '전문가주의'에 의해 강화된다. 앞에서도 지적했듯이 과학은 객관성의 외피를 쓰고 있지만 객관성은 고도로 추상적인, 그래서 내용이 텅 비어 있는 지식(숫자와 기호로 구성된 공허한 지식)을 생산해낼 뿐이다. 과학의 대상은 구체적 삶에서 유리된 추상적 대상일 뿐인 것이다. 소위 전문가들은 구체적 삶으로 내려가는 것을 과학성과 객관성의 훼손이라고 생각한다. 그래서 그들의 지식과 그것에 기초한 정책에는 '인간'이 빠져있다. 신체를 통해, 의식으로, 그리고 집합적 주체로 사회를 경험하고 있는 인간이 빠진 지식은 곧 세분화된 하위체계 안에 갇힌 지식을 만들 뿐이다. 그래서 전문가들은 스스로가 '전공하는' 영역을 넘어서는 것에 대해서는 관심이 없다. 여기에 객관적 과학이 아닌 사적 이해관계를 전문가적 지식으로 포장하는 지식시장이 형성된다면 사태는 걷잡을 수 없이 악화된다. 전문가의 지식은 상품이고 과학성과 객관성은 그 상품의 가치를 높이는 포장지일 뿐인 것이다. 원자력 발전소에서 끊이지 않는 사고에 대한 대응은 '타락한' 전문가주의의 모습을 적나라하게 보여준다. 핵사고와 관련해 정부가 발표하는 전문가들의 조사결과는 대부분 '문제없음'이다. 사람들은 구체적 삶에서 위험을 경험하고 있지만 소위 전문가들은 안전하다고 말한다. 그리고 안전하다는 결론을 지지해줄 수 있는 증거는 제시되지 않는다. 전문가들은 그 증거를 제시해봤자 비전문가들은 이해할 수 없다는 엘리트주의로 무장했을 수도 있다.[11] 하지만 이들의 전문적 지식조차 이해관계에 의해 좌우되고 있는 수많은 증거가 존재한다(Sanbonmatsu, 2005 참고).

여기서 우리는 민주주의의 실종을 본다. 소수의 전문가들이 다수의 생존이 걸린 문제를 독단적으로 판단하고 결정한다. 탈정상과학론자들의 주장처럼 전문적 지식 자체가 불완전하며 불확실하다는 것을 인정하지 않음으로써 전문가들의 '독단'은 위험을 증폭시킬 수 있는 것이다.[12] 이것은 사회전체로서는 시민을, 작업현장에서는 노동자가 가지는 실천적 지식을 철저하게 무시하여 다수를 배제하는 "독단적 집행행태와 거버넌스의 부재"인 것이다(김성일, 2012: 92). 단기적인 이익만을 추구하는, 그리고 그 단기적 이익 추구는 주식거래인의 전문적 지식에 의존하는 주식시장의 논리가 사회 전체로 확대되고 있는 것이다.

앞에서 지속적으로 언급했듯이 첨단기술에만 의존하는 위험관리는 위험관리 시스템의 긴장도를 높이고 시스템의 부분이 잘못되었을 때 발생할 수 있는 재난의 정도를 키우는 경향이 있다. 그리고 이러한 위험관리 시스템은 소수 전문가들의 지식에 의해 지탱된다. 위험을 직접 경험하고 관리하는 시민과 현장 노동자들의 풍부한 실천적 지식은 팽팽해진 위험 관리 시스템 밖으로 밀려나게

---

11) 화폐라는 단일한 기준으로 환원해서 사회정책을 결정하는 것은 너무 일면적이다. 한편으로 실재에서 경제성, 효율성, 안전성, 노동자의 건강 등은 모두 복잡하게 연관되어 있다. 다른 한편으로 이러한 범주들을 단일한 기준으로 비교하는 것은 불가능하다. 동일한 기준으로 비교될 수 없는 서로 다른 질을 가지기 때문이다. 우리는 이것을 "통약불가능성"(incommensurability, 같은 수로 나누어질 수 없음)이라는 개념으로 표현할 수 있을 것이다. 우리가 할 수 있는 것은 기껏해야 "약한 비교"(weak comparability)일 뿐이다. 이 글에서 계속 강조하고 있듯이 '약한 비교'는 곧 확대된 참여와 토론을 통해 가능하다. Martinez-Alier, Munda & O'Neill(1998); Özkaynak, Devine & Rigby(2004) 참조. 이에 대해서는 Funtowicz, Martinez-Allier, Munda, Ravetz(1999: 16~17)에서 언급되고 있다.
12) 이에 대한 자세한 내용은 이영희(2010)를 보라. 강윤재(2012: 20)에서 언급되고 있다.

되는 것이다. 팽팽해진 시스템의 오작동의 정도를 줄이고 그것의 유연성을 높이는 것은 위험 관리 시스템 안으로 이러한 실천적 지식이 더 많이 투입될 수 있는 제도적 모형을 구축하는 것이다. 시스템의 문제점을 보완하고 수정할 수 있는 유연성은 사람으로부터 나올 수밖에 없기 때문이다.[13]

4. 결론: 지속가능하고 안전한 위험관리 시스템

지금까지 '변종' 위험사회인 한국사회가 안고 있는 문제들에게 대해서 살펴보았다. 이러한 논의로부터 몇 가지 열쇠말을 도출할 수 있다. ① 안전, ② 공공성, ③ 지속가능성, ④ 사람의 필요와 욕구, ⑤ 민주주의.

'안전'은 위험에 대한 관리를 의미한다. 위험사회와 정상사고론(NAT)이 암시하고 있듯이 현대사회는 기술발전에 따른 다양한 위험에 노출되어 있다. 위험은 피할 수 없다. 하지만 관리되고 통제될 수 있다. 위험이 전사회적 재난으로

---

13) 과학 비판이 과학의 포기가 아니고, 수량적 통계에 대한 비판이 통계자료의 의미 없음을 뜻하지 않는 것과 마찬가지로 '전문가주의'에 대한 비판이 전문가의 역할 자체를 부정하는 것으로 받아들여져서는 안 된다(Funtowicz, Martinez-Allier, Munda & Ravetz, 1999: 11). 확대된 민주적 참여가 하나의 대상(우리의 경우는 위험)에 대해 다양한 입장으로부터의 다층적 정보를 제공하고 대화와 토론을 통해 신뢰의 정도를 높일 수 있다고 하더라도 이 과정에서 생겨나는 갈등을 완전히 해소할 수는 없다. 이런 맥락에서 전문가의 역할은 갈등을 조정하고 각각의 입장으로부터 제공되는 정보가 창의적으로 종합될 수 있도록 이끄는 것이 되어야 한다. 하버마스가 지식의 해방적 차원을 논의할 때 제시한 정신분석을 예로 들 수 있을 것이다. 분석의 시작에서 분석자와 분석대상자는 지식에 있어 불균등하지만 분석의 결과는 이들을 동등한 조건에서 소통할 수 있게 해준다는 것이다. 여기서 분석자(전문가)는 일방적으로 자신의 '전문적' 지식에 근거한 처방을 강요하는 것이 아니라 분석대상자의 무의식 속에 숨겨져 있는 외상을 드러내고 스스로 치유할 수 있게 도와주는 역할을 하는 것이다. Habermas(1972); Keat(1981)를 보라. 펀토위츠 등의 주장도 이러한 입장에 부합한다(Funtowicz, Martinez-Allier, Munda & Ravetz, 1999: 7).

치닫는 것을 막을 수 있다는 것이다. 이러한 예방에서 가장 중요한 것이 '공공성'이다. 1년에 수천 명의 목숨을 앗아가는 자동차는 우리 일상에 항상적으로 존재하는 위험이다. 자동차라는 철제 갑옷 속에 스스로를 감춘 개인들이 사적인 이익(예를 들어 신속함)만을 추구한다면 위험의 정도는 매우 커질 수밖에 없다. 하지만 만약 어린이들의 안전과 놀이공간, 자동차에 의한 소음공해와 수면방해, 분진과 호흡기 질병 등이 공론장에서 논의된다면 사고를 완전히 막을 수는 없겠지만 위험의 정도는 줄일 수 있을 것이다. 따라서 공공성은 사적 이해관계를 넘어서는 '사회적 유용성(social usefulness)'을 전면에 내세운다. '지속가능성(sustainability)'은 다양하게 해석될 수 있다. 유엔 환경위원회가 제시한 '지속가능한 발전(sustainable development)'은 미래세대의 필요충족을 고려한 발전전략 수립을 요청한다. 이 글에서 지속가능성이 의미하는 바는 노동과정과 경제운영의 원리가 인간의 자연적 환경, 사회적 환경, 내적 본성을 고려해야 한다는 것이다. 하나의 사회가, 그리고 인류가 생존하기 위해서는 경제활동의 토대가 되는 자연환경의 지속가능성에 대해 신중하게 생각해야 한다. 그리고 현대사회가 처한 생태적 위기와 기술적 위험에 효과적으로 대응하기 위해 필요한 사회적 유대와 연대를 지속시키고 발전시킬 수 있는 발전전략이 요청된다. 경쟁하는 원자로 분화된 사회는 위기와 위험에 효과적으로 대응할 수 없다. 마지막으로 사회는 인간의 육체적, 정신적 한계(인간본성)를 고려해야 한다. 이것을 고려하는 데 실패한 사회는 자살과 잔혹범죄로 얼룩질 수밖에 없다.

공공성과 지속가능성은 사람의 '필요와 욕구' 충족을 우선시 한다. '필요와 욕구' 충족이 사회적 유용성을 판정하는 기준이 되는 것이다. 공공부문이 사람들의 필요와 욕구 충족을 위해 효과적으로 운영되기 위해서는 다양한 사람들의 필요와 욕구가 공개적으로 논의되고 정책결정과정과 공기업 운영에 반영될 수 있는 통로가 마련되어 한다. 공기업의 입장에서 보면 이것은 투명성을 높이는 것이다. 시민의 입장에서 투명성은 경영에 대한 정보와 민주적 참여를 위한 자원배분의 정도가 높아지는 것을 의미한다. 해당기업의 노동자들은 공기업 경영의 투명성을 주장하고 그것을 위해 시민들과의 연대를 강화해야 하는 것이다. 이것이 '민주주의' 원리를 보다 철저하게 관철시키는 것이다.

이제 사회와 시민의 안전을 지키는 공적인 행위를 방어하는 노동자들의 주장은 단순한 '일자리 지키기'가 아니게 된다. 노동자들은 공공의 안전을 지키는 것을 목적으로 하기 때문이다. 즉 민영화와 구조조정에 대한 반대는 수세적인 방어가 아니라 시민을 정치적 주체로 동원하는, 위험사회로부터 벗어나기 위한 민주주의의 확대·심화 전략의 일부가 되어야 하는 것이다.

위험은 회피될 수 있는 것이 아니라 자각되어야 하는 것이다. 그리고 그 자각의 주체는 노동자와 시민이어야 한다. 위험과 공공의 안전에 대한 실천적 지식을 가지고 이는 노동자들은 위험을 실존적으로 느끼고 있는 시민들과 소통하고 그 과정을 통해 상호이해의 정도를 높여야 한다. 이러한 소통과 상호이해의 관계를 통해 형성되는 신뢰와 연대의 관계는 팽팽한 기술적 시스템이 해내지 못하는 위험의 관리와 예방을 가능하게 할 수 있을 것이다. 이미 시민들은 전문가들만의 과학과 지식에 대해 저항하고 있다. 2008년 촛불시위가 이러한 불신을 잘 보여주고 있다. 소위 전문가들의 진단과 시민들의 실존적 경험, 그리고 그것으로부터 얻어지는 위험에 대한 지식 사이의 불일치의 정도가 점차 커지고 있는 것이다(박희제, 2004 참고). 이제 구체적, 경험적, 실존적 지식이 과학적 지식의 추상성을 보완하는 지식의 새로운 패러다임으로 나가야 한다. 이것만이 위험사회를 벗어나서, 안전, 공공성, 지속가능성, 필요와 욕구충족, 민주주의의 다섯 가지 원리를 통해 사회를 재구성하는 전환을 가능하게 할 것이다.

참고문헌

강윤재. 2008. 「위험 인식론과 STS적 관점: 우리는 더 안전해졌는가?」. ≪과학기술학연구≫, vol. 8, no. 2.

______. 2010. 「국가 종합위험관리시스템 구축과 위험관리 패러다임 전환」. ≪과학기술학연

구≫, vol. 10, no. 1.

______. 2012. 「원전사고와 민주적 위험 거버넌스의 필요성」. ≪경제와 사회≫, 91호.

글린, 앤드류. 2008. 『고삐풀린 자본주의: 1980년 이후』. 서울: 필맥.

김성일. 2012. 「고위험사회가 초래한 한국형 재난의 발생과 기원」. ≪문화과학≫, 72호.

김학성. 1995. 「산업사회와 위험사회」. ≪황해문화≫, vo. 3, no. 2, 통권 7호.

김환석. 2010. 「과학기술 민주화의 이론과 실천 ― 시민참여를 중심으로」. ≪경제와사회≫, 85호.

마쓰오카 슌지. 2013. 『일본 원자력 정책의 실패』. 동일본 대지진과 핵재난: 와세다 리포트 11. 서울: 고려대학교 출판부.

문강형준. 2012. 「왜 재난인가?」. ≪문화과학≫, 72호.

박진희 외. 2011. 『탈핵: 포스트후쿠시마와 에너지 전환시대의 논리』. 서울: 이매진.

박희제. 2004. 「위험인식의 다면성과 위험갈등 ― 위험인식에 대한 사회과학적 이해가 위험 정보소통체계에 주는 함의」. ≪ECO≫, 6호.

서영표. 2011. 「비판적 실재론과 비판적 사회이론」 『급진민주주의리뷰 데모스』 1호. 서울: 데모스.

오건호. 2000. 「현단계 외국 철도산업 구조조정의 내용과 쟁점 ― '유망산업의 시장화'에 대한 비판적 검토」. ≪경제와 사회≫, 47호.

이광석. 2012. 「'정보재난'과 빅데이터 위험 정보사회」. ≪문화과학≫, 72호.

이성형. 2009. 『대홍수: 라틴아메리카, 신자유주의 20년의 경험』. 서울: 그린비. 2009.

이승우. 2012. 「궤도산업에서의 안전패러다임 전환: '징계 중심'에서 '원인 규명 위주'로」. 서울: 공공운수정책연구원 사회공공연구소 워킹페이퍼.

이영희. 2010. 「참여적 위험거버넌스의 논리와 실천」. ≪동향과 전망≫, 79호.

장경섭. 1998. 「압축적 근대성과 복합위험사회 ι. ≪비교사회≫, 제2호.

정종남. 2008. 「이명박 민영화 정책의 전망, 노동자 투쟁 그리고 좌파적 대안」. ≪마르크스주의연구≫, 5(4).

크노플라허, 헤르만. 2010. 『자동차 바이러스』. 서울: 지식의 날개.

한국가스안전공사 가스안전연구원. 2007. 『도시가스 안전관리 규제합리화 로드맵 연구』.

한인임. 2009a. 「천연가스 소매시장 구조재편이 가져올 독과점 형성의 문제점」. 송주명 외. 『소매도시가스산업의 공공성 및 노동조합의 발전전략 수립』. 사회공공연구소 연구 보고서.

______. 2009b. 「천연가스산업 구조개편에 따른 도시가스사업 안전관리 규제완화의 문제점」. 송주명 외. 『소매도시가스산업의 공공성 및 노동조합의 발전전략 수립』. 사회공공연 구소 연구보고서. 2009.

황선웅. 2009. 「도시가스 소매부문의 경영성과와 공공성 분석」 송주명 외. 『소매도시가스산업의 공공성 및 노동조합의 발전전략 수립』. 사회공공연구소 연구보고서. 2009.

Benton, Ted, "Commentary on the Recent Developments." Benton, Ted & Ian Craib. *Philosophy of Social Science*. 2nd edition. London: Palgrave. 2011.

Bhaskar, Roy. A Realist Theory of Science. London: Verso. 1975/1997.

Bhaskar, Roy. *The Possibility of Naturalism*. London: Routledge. 1979/1998.

Bond, Patrick & Jackie Dugard. "Water, human rights and social conflict: South African experiences." La*w, Social Justice and Global Development*. vol. 10 no. 1. 2008.

Clarke, David M. "Human Redundancy in Complex, Hazardous Systems: A Theoretical Framework." *Safety Science*. vol. 43 no. 9. 2005.

Cooke, David. L. & Thomas R. Rohleder. "Learning from Incidents: From Normal Accidents to High Reliability". *System Dynamics Review* vol. 22 no. 3. 2006.

De Marchi, Brunda & Jerome R. Ravetz. *Participatory Approaches to Environmental Policy*. Cambridge: Cambridge Research for the Environment. 2001.

Funtowicz, Silvio O. Joan Martinez-Allier, Giuseppe Munda, Jerome R. Ravetz. *Information Tools for Environmental Policy under Conditions of Complexity*. Copenhagen: European Environment Agency. 1999

Funtowicz, Silvio & Jerome Ravetz. "Post-Normal Science." Internet Encyclopedia of Ecological Economics(http://leopold.asu.edu/sustainability/sites/default/files/Norton,%20Post%20Normal%20Science,%20Funtowicz_1.pdf). 2003.

Gallopin, Gilberto C., Silvio Funtowicz, Martin O'Connor, & Jerry Ravetz. "Science for the Twenty-First Century: From Social Contract to the Scientific Core." *International Social Science Journal*. vol. 168. 2001.

Habermas, Jürgen. *Knowledge and Human Interest*. London: Heiemann Educational Books. 1972.

Haraway, Donna J. "Situated Knowledge: The Science Question in Feminism and he Privilege of Partial Perspective." S*imians, Cyborg, and Women: The Reinvestment of Nature*. New York: Routledge. 1991.

Harding, Sandra. "Rethinking Standpoint Epistemology: What Is Strong Objectivity?", Sandra Harding ed., *The Feminist Standpoint Theory Reader*. New York and London: Routledge. 2004.

Hofmann, David A., Rick Jacobs, & Frank Landy. "High Reliability Process Industries:

Individual, Micro, and Macro Organizational Influences on Safety Performance." *Journal of Safety Research*. vol. 26. no. 3. 1995.

Jeffcott, Shell, Nick Pidgeon, Andrew Weyman, & John Walls. "Risk, Trust, and Safety Culture in U.K. Train Operating Companies." *Risk Analysis*. vol. 26, no. 5. 2006.

Keat, Russell. *The Politics of Social Theory*. Chicago: Chicago University Press. 1981.

Martinez-Alier, Joan, Giuseppe Munda & John O'Neill. "Weak Comparability of Values as a Foundation for Ecological Economics." *Ecological Economics*. vol. 26 no. 3. 1998.

Mellor, Mary. *The Future of Money*. London: Pluto Press. 2010.

Özkaynak, Begüm, Pat Devine & Dan Rigby. "Operationalising Strong Sustainability: Definitions, Methodologies and Outcomes." *Environmental Values*. vol. 13. 2004.

Parker, Sharon K., Carolyn M. Axtell & Nick Turner. "Designing a Safer Workplace: Importance of Job Autonomy, Communication Quality, and Supportive Supervisors." *Journal of Occupational Health Psychology*. vol. 6, no. 3. 2001.

Ravetz, Jerome & Silvio Funtowicz. "Post-Normal Science-An Insight Now Maturing." *Futures*. vol. 31. 1999.

Reason, James. "Beyond the Organizational Accident: The Need for 'Error Wisdom in the Frontline'." *Quality and Safety in Health Care*. vol. 13. 2004.

Sanbonmatsu, John. "Postmodernism and the Corruption of the Academic Intelligentsia." *Socialist Register 2006*. London: Merlin. 2005.

진보정치와 '정치적인 것'의 재해석* 6
칼 슈미트의 그람시적 확장을 위하여

손 우 정

급진민주주의 연구조합 데모스

1. 들어가며

과연 한국 진보세력은 현실 정치에서 성공할 수 있을까? 2000년 민주노동당의 창당과 2008년 분당, 그리고 2011년 통합진보당의 창당과 뒤이은 2012년 '통합진보당' 사태를 경과하며 치열한 내부갈등을 반복해온 한국 진보정당의 궤적은 여전히 '소수로서의 진보'라는 한계를 벗어나지 못하고 있다. 제도정치 영역으로의 진출을 야심차게 결정한 한국 진보세력들이 10년이 넘는 기간에도 여전히 소수세력의 한계를 벗어나지 못하고 내부 정치투쟁에 매몰되어 있는 이유는 무엇보다 자신을 둘러싼 정치지형에 부합하지 않는 정치전략 상의 문제라고 할 수 있다. 이 글은 진보정치세력을 둘러싼 정치지형이 어떤 메커니즘으로 어떤 변화를 거쳐왔는지를 살펴봄으로써, 진보정치전략 구성을 위한 시사점을 찾아보고자 한다.

---

* 이 글은 2012년 초에 작성되었기 때문에 진보정치에 중요한 영향을 미쳤던 통합진보당 사태와 대선, 박근혜 정부 등장 이후의 정치지형 변화는 포함되지 않았다.

이를 위해 이 글이 주요하게 검토하고 있는 것은 칼 슈미트와 안토니오 그람시의 이론이다. '파시즘의 정치이론가', '보수혁명이론가', '권위주의적 자유주의자', '결단주의의 철학자', '반자유주의적 사상가' 등 다양한 이름으로 불리는 칼 슈미트(Carl Schmitt, 1888.6.11~1985.4.7)의 정치사상은 현대민주주의로부터 자유주의를 분리시키고 그 빈자리를 '독재'로 채운 것으로 유명하다. 민주주의를 위해서는 무능하며, 때로는 위험하기까지 한 의회주의를 버리고 흔히 민주주의와 정반대의 개념으로 생각하고 있는 독재를 민주주의를 현실화할 수 있는 수단으로 본 슈미트의 사상은 그 자체로 역설처럼 보인다.

그러나 슈미트의 이런 논리구조는 마르크스 - 레닌주의 전통을 공유한 진보세력에게서도 발견된다. 그뿐만 아니라 계몽주의적 전통을 비롯해 의회주의 노선에서도 슈미트의 흔적을 발견할 수 있다. 이것은 결단주의의 전제를 이루는 엘리트주의다. 본문에서 살펴보겠지만, 한국 진보정치세력이 점차 고립되고 있는 이유는 양자관계에 기반을 둔 슈미트식 전위주의적 경향이 다자간에 수많은 부침을 불러오는 다원주의시대에 적절하지 못한 방식이기 때문이다. 다원주의시대의 변화무쌍한 다자관계의 메커니즘을 이해하기 위해서는 슈미트식 사고방식을 그람시의 문제의식으로 확장할 필요가 있다.

여기서는 슈미트의 엘리트주의와 결단주의가 도전집단이 구사할 수 있는 것이라기보다 지배집단의 고유한 정치논리라는 점을 주목하여, 슈미트 정치전략의 그람시적 확장을 시도한다. 그리고 이를 통해 한국진보정치세력이 정치전략을 수립하는 데 도움을 줄 정치지형의 변화과정과 시사점을 파악해볼 것이다.

2. 칼 슈미트의 민주주의론

칼 슈미트를 통해 한국 진보정치세력의 문제를 파악해보기 위해서는 먼저 슈미트의 민주주의 이론과 그가 정치적인 것을 어떻게 인식하고 있었는지를 살펴볼 필요가 있다. 그의 정치사상과 민주주의론은 결과적으로 파시즘으로 귀결되었지만, 한국 진보정치세력의 정치적 태도와도 묘하게 공유하는 측면이 있다.

1) 동일성 민주주의와 의회주의에 대한 비판

슈미트의 민주주의는 '동일성(Gleichkeit) 민주주의'로 불린다(국순옥, 2002: 321). 동일성 민주주의는 민주주의에서 '동일성의 원칙'을 핵심에 두는 것이다. 슈미트는 이를 "치자와 피치자의 동일성, 지배자와 피지배자의 동일성, 국가 권위의 주체와 객체의 동일성, 국민과 의회 대표와의 동일성, 국가와 투표할 때 국민과의 동일성, 국가와 법률과의 동일성, 양적인 것(다수, 또는 만장일치)과 질적인 것(법률의 정당함)과의 동일성"(슈미트, 1987: 57~58)으로 보고 있다.

동일성의 전제가 되는 것은 인민의 동질성(Homogenität)이다. 슈미트 특유의 결단주의적 논리는 홉스(Hobbes)로부터 크게 영향 받고 있지만, 민주주의의 정치공동체에 대해서는 루소에 크게 의존하고 있다. 슈미트는 루소가 구성한 일반의사의 실제상이 동질성이며, 여기에서 발생하는 것이 치자와 피치자와의 민주주의적 동질성으로 보고 있다(슈미트, 1987: 35~36). 그렇다면 이 동질성은 어떻게 구현되는가? 먼저 루소의 논의를 따라가 보자. 루소는 일반의지의 형성을 위해서는 '편파적인 이익'을 위한 담합이 없어야 하며, 따라서 국가 내부의 어떤 결사체의 존재도 타부(taboo)시 한다. 루소는 다음과 같이 말한다.

인민이 충분한 지식을 가지고 어떤 문제를 의결하려고 할 때, 일부 시민들이 사전에 어떤 편파적인 이익을 담합하지 않는다면, 그들 간에 생기는 작은 의견 차이의 총계에서는 항상 일반의지가 생겨나고 따라서 그 의결은 항상 올바른 것이 될 것이다. 그러나 당파가 생겨나고 이러한 부분적 집단이 정치체라는 큰 집단을 희생시켜 형성될 때, 각 부분적 집단들의 의지는 그 구성원에 대해서는 일반의지가 되지만 국가에 대해서는 특수의지가 된다(루소, 1994: 45).

루소는 일반의지, 즉 슈미트가 말하는 동질성을 표명하기 위해서는 국가 내부에 부분적 사회가 없어야 한다고 말한다(루소, 1994: 45). 슈미트가 보기에 이렇게 일반의지, 즉 동질성의 형성을 저해하는 국가 내부의 부분적 사회, 혹은 '당파'의 존재는 바로 자유위임적 원칙에 따라 활동하는 '의회'다. "모든 의원은 일당의 대표자가 아니고 전국민의 대표자이며, 어떤 지시에도 속박되지 않는다는 원칙", 즉 현대의회체계를 구성하는 자유위임원칙과 "토론의 '공개성', '언론자유 보장'과 같은 것"은 실제로는 각 당파의 이해관계를 근거로 한 '거래'에서 이루어지는 타협일 뿐이라고 본다.[1] 따라서 "의원의 독립과 회의의 공개성에 관한 규정은 불필요한 장식 같은 역할만 하고 무용할 뿐만 아니라 보기 싫기까지 하며, 그것은 마치 누군가가 훨훨 타오르는 불의 환상을 환기시키기 위해 붉은 불꽃을 근대적인 중앙집중식 온방의 방열기에 켜놓은 것과 같다"(슈미트,

---

[1] 슈미트는 여기에서 자유주의 의회원리의 핵심이라 할 수 있는 '자유위임원칙'을 비판하고 있다. 자유위임원칙은 "대표자는 국가정책을 결정함에 있어서 누구의 지시나 명령을 받지 않고 오직 자신의 양심 판단에 따라 국민전체의 이익을 위하여 독자적으로 결정해야 한다"는 것(권영설, 2004)으로, 선출된 대표는 자신을 선출한 유권자에 대해 책임을 지는 것이 아니라 전체국민에게 책임을 지기 때문에 유권자로부터 소환되지 않는다. 반면, 주로 사회주의 국가에서 수용하고 있는 명령위임원칙은 "대표자가 권력을 남용하지 않도록 하기 위해서 의원은 소속 선거구민의 수임자로서 선거구민의 지시에 복종해야 하고, 의회에서의 발언과 표결에 대하여 선거구민에게 책임을 지어야 하며, 선거구민의 지시를 위반하면 언제든지 파면될 수 있다"는 원칙(박경철, 2005)을 말한다. 우리의 1987년 헌법은 제46조 제2항에서 "국회의원은 국가이익을 우선하여 양심에 따라 직무를 행한다"라고 규정하여 자유위임원칙에 더 큰 무게를 두고 있다. 일각에서는 이 조항이 자유위임원칙이나 대의제에 관한 실체적 정의규정이라기보다는 그러한 국가의사의 결정과정에서 준수되어야 하는 일련의 헌법적 당위를 규율하고 있는 것일 뿐이라거나(한상희, 2003: 84) 의원 개개인의 지위와 특권 남용을 견제하기 위한 청렴 의무 조항의 구체화라는 견해(이경주, 2005)도 있으나, 헌법재판소의 판례는 국민의 의사를 국회의원이 그대로 대리하여 줄 것을 요구할 수 있는 권리까지 포함하는 것은 아니라고 해석하면서 국민과 국회의원이 자유위임관계에 있음을 명확히 밝히고 있다(박상철, 2006: 243~244).

1987: 19)고 냉소한다.

결국 동일성민주주의를 위한 슈미트의 결론은 현대민주주의에서 자유주의를 분리시켜 내쳐버리는 것이다. 물론 그 자유주의의 핵심에는 의회주의가 있다.

> 토론에 의한 정치인 의회주의에의 신념은 자유주의의 사상계에 속하는 것이며 민주주의의 사상계에 속하는 것은 아니다. 양자 즉 자유주의와 민주주의는 현대 대중민주주의를 형성하고 있는 이질적인 것으로 형성되는 형상을 인식하기 위하여 상호 분리되지 않으면 안된다(슈미트, 1987: 24).

2) 동질성의 형성과 '정치적인 것'

그렇다면, 의회주의를 버리고 동질성을 확보할 수 있는 길은 무엇일까? 정치적 동질성을 확보기 위해 필수적으로 전제되는 것은 편파적인 판단을 내리지 않도록 '평등'이 보장되어야 한다. 그러나 슈미트는 의회주의체제 내에서는 민주주의가 전제로 하는 평등은 불가능하다고 주장한다. 흔히 우리가 민주주의를 위한 전제적 평등 요건으로 삼는 '정치적·경제적' 평등이 이루어진다 하더라도, 그것은 또 다른 특정 영역의 불평등을 만들 수 있기 때문이다. 즉, "평등을 정치적 평등·경제적 평등 등으로 요약하면 특정 영역에 있어서의 평등으로서 갖는 독특한 의미가 평등으로부터 박탈"되는데, "모든 영역은 그 영역에 특유한 평등과 불평등을 갖고 있"(슈미트, 1987: 30)기 때문이다.[2] 결국 슈미트가 보기에, 단

---

2) 무폐(Mouffe)는 슈미트가 『헌법론』에서 "동질성을 평등의 통념과 관련시키며 민주주의의 고유한 정치적 형식이 실체적 평등 개념과 연결되어야 한다"는 주장을 '정치적 평등'으로 이해해야 한다고 주장한다. 즉, "이 평등은 인격체들 간의 구별이 결여되었다는 사실에 근거할 수 없으며, 일정한 정치공동체에 소속되었다는 사실 속에서 정초되어야 한다"(무폐, 2007: 205)는 것이다. 그러나 일정한 정치공동체에 대한 소속감이 그 자체로 평등을 의미하지는 않는다는 점에서, 사실상 슈미트는 정치적이건 경제적이건 특정 영

지 평등을 보장하는 방식으로 민주주의의 문제를 해결할 방법은 없다. 그럼에도 정치적 동질성이 가능한 것은 바로 '정치적인 것'을 통한 동일화와 동일시로 인한 것이다.

슈미트는 "국가 개념 자체가 정치적인 것의 개념을 전제"하는데, 정치적인 것의 개념은 '적과 동지의 구별'로부터 출발한다고 본다(슈미트, 1992). 이때 적과 동지 사이의 최종적 화해는 불가능하며 이것이 정치의 본질이다. 따라서 의회를 핵심적 정치제도로 삼은 자유주의는 토론과 협의를 신성시함으로써 정치 자체를 불가능하게 만들었고, 적과 동지 관계에 기초한 정치체의 주권적 성격을 부인했다고 비판한다(윤평중, 2009: 92~93). 즉, 슈미트에게 정치적 동질성을 확보할 수 있는 방법은 외부의 정당한 적과의 전쟁상태를 통해 인민의 동질성을 활성화하여 정치공동체 내적인 적대관계를 상대화시킬 수 있는 가능성에 기대를 거는 것이다(홍철기, 2005).

정치적인 영역에서 인간은 추상적인 인간으로 존립하는 것이 아니라 정치적 이해관계에 따라 정치적으로 결정된 인간인 시민, 치자와 피치자, 정치적 동맹자나 적대자로 존재하기 때문에 어떤 범주에 속하건 서로 대립하고 있다. 정치적인 제 영역에서 정치적인 것을 도외시하고 일반적인 인류의 평등이라는 개념을 남기는 것은 불가능하다(슈미트, 1987: 30). 따라서 민주주의에 속해 있는 것이 가장 먼저 동질성이라면, 다른 하나는 (필요하다면) "이질인 것의 배제 또는 섬멸"(슈미트, 1987: 24~25)이다. 그러나 슈미트의 논리는 엄밀히 말해 이질적인 것의 배제와 섬멸이 민주주의에 속해 있는 것이라고 보기보다, 이질성의 배제와 섬멸을 통해 동질성을 기반으로 한 민주주의가 가능하다고 해석한 것으로 이해하는 것이 타당할 것이다.

역의 평등이 정치공동체의 모든 평등의 문제를 해결할 수 없고, 따라서 모든 영역에는 저마다의 '정치적인 것'이 존재한다고 말한 것으로 이해하는 것이 더욱 적절할 것이다. 다만, 정치적인 것을 통해 확보할 수 있는 평등(동질성)은 적에 대한 동일성이다.

결국 민주주의가 정치적으로 어떤 힘을 발휘하는가는 그것이 이방인이나 평등하지 않은 자, 즉 동질성을 위협하는 자를 배제하거나 격리할 수 있다는 것(슈미트, 1987: 25), 다시 말해, 무페가 '구성적 외부'라고 불렀던 과정에 달려 있다. 따라서 정치, 또는 '정치적인 것'은 정치공동체 내부에서 발생하는 무언가에 관한 것이 아니라 "정치공동체의 구성에 관한 것"(무페, 2007: 114)이다.

3) 대중의 갈채와 독재의 승인

적과 동지의 구별을 통해서만, 이질적인 것의 배제를 통해서만 정치공동체가 구성될 수 있다면, 이제 그렇게 형성된 정치적 공동체가 동질성을 어떻게 확보해나가는지 살펴보아야 한다. 이것은 결국 '동지'관계가 주된 관계로 이루어진 공동체 내부에서 어떻게 동의, 즉 국민의사를 확보해나갈 것이냐의 문제다.

슈미트에게 국민의사는 단순히 개개인의 선호를 집락해내는 투표행위를 통해서만 이루어질 수 있는 것이 아니다. 비밀투표는 단지 사적인 것과 무책임한 영역에서 벗어나지 않은 상태에서 의견을 제시하는 것일 뿐이다. 투표만이 국민의지를 표명할 수 있다는 것은 비민주주의적인 19세기에 자유주의의 원칙과 민주주의의 원칙들이 혼합해서 성립된 관념일 뿐으로, 설령 일억 인의 개인이 일치된 의견을 가진다고 해도 그것은 국민의 의지도 아니며, 여론도 아니다. 이것은 다만 '동일화'일 뿐이다. 동일성(Gleichkeit)과 동일화(Idintifikationen)의 결과와의 사이에는 항상 어떤 거리가 존재한다. 가령 수백만의 사람들이 투표함에 던진 투표용지의 찬부(贊否)에 의해서 결정되든지 단 한 사람의 인간이 투표에 의하지 않고 국민의 의사를 구현하거나 국민이 어떤 방법으로 '환호에 의해서 찬성을 표명'하거나 그렇게 해서 '표명된 국민의 의사'는 물론 국민의 의사와 항상 동일시된다(슈미트, 1987: 58~59).

슈미트는 여기에서 일반의지 형성과 투표에 대한 루소의 주장을 언급한다. 루소는 자기의 의견에 반대되는 의견이 우세를 차지했을 때, 그것은 자기가 잘

못 생각했다는 것, 즉 자기가 일반의지라고 생각하고 있었던 것이 실은 일반의지가 아니었다는 것을 입증한 데 지나지 않는다고 주장한다(루소, 1994: 139). 따라서 설령 표결에서 패한 소수자의 의지도 실제로는 다수자의 의지와 일치되고 있다는 것이다. 민주주의에서 시민은 자신의 의지에 반하는 법률에도 찬성을 표하는데, 법률 자체가 자유로운 시민의 일반의사로 인식하기 때문이다. 즉 시민은 본래 구체적인 내용에 찬성을 표하기보다 투표에서 생기는 일반의사에 추장적인 형태(in abstractor)로 찬성을 표한다. 이런 논리에 따르면, 법률과 국민의사의 동일성이 유지되지만, 어떤 경우에도 모든 시민의 절대적으로 일치된 의사일 수 없다면, 다수자의 의지와 소수자의 의지 중 어느 쪽이 국민의 의사와 동일한 것이냐는 추상적인 논리의 세계에서는 전혀 구별할 수 없다(슈미트, 1987: 56~57).

비록 소수자라 할지라도 국민의 진정한 의사를 구현할 수 있다는 슈미트의 논리에서 독재에 대한 합리화가 가능해진다. 자기를 절대적으로 확신하는 직접적인 합리주의에 근거한 독재였던 계몽주의의 교육독재, 철학적 자코뱅주의, 오성의 전제적 지배, 합리주의적·고전주의적 정신에서 파생된 형식적 통일, '철학과 총검과의 동맹'(슈미트, 1987: 108)이 바로 이 지점에서 출현한다. 실제적이고 기술적인 이유로서 국민 대신에 국민이 신뢰하는 사람들이 결정한다면(의회체계), 신뢰를 받은 단 한 사람이 같은 국민의 이름으로 결정(독재)할 수도 있는 것이다(슈미트, 1987: 71).

이런 주장은 민주주의를 고수하면서도 반의회주의적인 시저주의, 즉 정치적 엘리트주의를 정당화하게 된다. 다음과 같은 유명한 언급은 너무나도 민주적인 독재가 가능할 뿐만 아니라 심지어 정당하기까지 하다는 슈미트 민주주의론의 핵심을 보여준다.

민주주의는 현대의회주의라는 것이 없어도 존재할 수 있고 의회주의도 민주주의가 없어도 존재할 수 있다. 그리고 독재는 민주주의에 결정적으로 대립하는 것이 아니고 민주주의도 독재에 결정적으로 대립하는 것이 아니다(슈미트, 1987: 68).

그렇다면 이런 정치엘리트는 어떻게 '승인'되는가? 그것은 투표라는 방식(슈미트의 표현에 의하면 통계장치)보다는 '자명하고 부인되지 않는 표현형식'인 '갈채(acclamatio)'다. 국민의 갈채에 의해 지지되고 민주주의적인 실질과 강력한 힘의 직접적인 표현이 될 수 있는 '시저적 방법'이 독재인 것이다(슈미트, 1987: 40).

4) 엘리트주의와 독재의 딜레마

법이 국민의 일반의지를 표현한 것이라면, 그 일반의지를 수호하기 위한 것이 독재의 내용적 정당화를 이루고, 법에 명시되어 있는 위임과 수권조항이 독재의 형식적 타당근거를 제공한다. 일반의지를 대표한다고 자임하지만, 실제로는 특수의지만을 반영하는 의회는 정치적 위기상황에서 그 어떤 (민주적) 결단을 내릴 수 없다. 아니, 오히려 슈미트의 입장에서는 의회가 그런 위기상황을 만드는 데 한 몫 한다. 따라서 그가 국민의 일반의지의 표현이라 할 수 있는 헌법을 수호할 역할을 의회나 국사재판소 등 다원적 권력기관이 아니라 결단을 내릴 수 있는 연방대통령에게 부여하고(슈미트, 1996), 위임적 독재에서 주권적 독재로 옹호하는 쪽으로 발전되면서(홍철기, 2005: 25) 전체주의가 싹을 여지를 남겨 놓았다.

결단을 위한 '독재'가 필요한 것은 민주주의라는 것이 원래부터 특정한 형식과 내용이 자동적으로 결정되어 있는 것이 아니기 때문이다. 민주주의는 "민주주의인 그대로 군국주의적일 수도 있다면 평화주의적일 수도 있고 절대주의적일 수도 있고 자유주의적일 수도 있고 중앙집권적일 수도 지방분권적일 수도 진보적일 수도 반동적일 수도 있으며 모든 이런 것들은 여러 시대에 여러 가지 형식으로 나타나는 것"이다. 따라서 "내려질 결단은 모두 결단한 자에게만 유효하다는 것이 민주주의의 본질"(슈미트, 1987: 55)이다. 직접민주주의 제도가 민주주의인 것은 분명하지만, 이것을 통해서는 어떤 때에도 결코 동일성에 이르지 못하기 때문에 결국 홉스적 결단이 필요해지는 것이다.[3]

이런 '결단'을 내리는 독재의 필요성을 강조한 슈미트에게만 정치적 엘리트주의의 화신이라는 혐의를 씌우는 것은 부당할 수 있다. 역사속의 급진적인 민주주의자들 역시, 슈미트의 주장과 유사하게 활동해왔기 때문이다. 헤겔이 말한 '세계정신'도 의식성의 여러 가지 발전단계에서 우선 언제나 소수자의 두뇌에서만 파악된다. 설령 지도적인 국민이나 지도집단이 있다 하더라도, 그 구성원 모두에게서 나타나는 특성도 아니다. 오직 소수의 선각자만이 "우리의 통찰에 잘못이 없다는 것을 세계 전체에 증명할 각오"를 가진다. 이것이 테세우스나 시저, 나폴레옹에게 독재에의 권리를 부여한 것이다(슈미트, 1987: 119~120).

그러나 여기에는 모순과 역설, 딜레마가 존재한다. 급진적인 민주주의자가 자기의 민주주의적 급진주의를 유일한 선택기준으로 보고 그 결과 자기를 국민 의사의 진정한 옹호자로서 다른 입장의 사람들과 엄격히 구별했다는 점에서 이들에게 매우 비민주적인 배타성이 생겨나기 때문이다. 진정한 민주주의의 옹호자에게만 정치적 권리가 인정되므로, 동시에 새로운 귀족제가 성립되는 모순이 발생한다. 이런 현상은 모든 혁명에서 되풀이 되는데, 급진민주주의자에게는 "민주주의란 그 자체가 고유의 가치를 가지고 있는 것이며 민주주의의 도움을 받아서 만들어지는 정치내용에 대해서는 돌아볼 필요가 없는 것"(슈미트, 1987: 59~60)이 되어버린다. 따라서 급진민주주의자에게는 민주주의의 내용을 선택할 결단이 아니라, 이미 존재하는 내용을 실행시킬 결단과 독재가 필요할 뿐이다.

급진민주주의자가 민주주의의 원칙에서 여성 참정권을 옹호하지만, 막상 그 여성의 다수가 민주주의에 반하는 형태로 투표하게 된다면 이런 모순은 더욱 심화된다. 이럴 때 제기되는 것은 '교육'인데, 교육받는 사람이 바라는 내용이 교

---

3) 슈미트는 의회주의와 함께 직접민주주의적 제도에 대해서도 부정적이다. 슈미트는 국민 투표를 예로 들면서 "국민이 적극적으로 자신의 의견을 주장할 수 있는 것이 아니라 정치 엘리트들에 의해 주어진 의제에 대해 수동적으로 가부만을 표현할 수 있기 때문에 정치적 결정에 대해서는 무능력하다"고 본다(홍철기, 2005: 51).

육하는 사람에 의해 규정될뿐더러 교육자는 자기의 의지를 국민의 의지와 동일시하게 된다. 이것은 곧 "독재, 즉 아직 존재하지 않는, 만들어져야 할 진정한 민주주의의 이름으로 현재의 민주주의를 정지"(슈미트, 1987: 62)시켜야 하는 상황을 만든다. 민주주의를 이용하여 민주주의를 파괴할 수 있는 가능성에 대항하여 민주주의를 보호하고, 또한 진정한 민주주의를 실현하기 위해서는 민주주의 자체를 중단시켜야 한다는 역설(홍철기, 2005: 53)인 '독재의 딜레마'가 형성되는 것이다.

결국 이 딜레마의 해결책 역시 "민주주의에 결정적으로 대립하지 않는" '결단'일 수밖에 없다. 따라서 슈미트(1987: 116)에게 "독재의 본질은 결단"이다.

3. 슈미트 이론의 그람시적 확장: 지배의 이론에서 저항의 이론으로

지금까지 살펴본 것처럼, 슈미트의 민주주의론은 치자와 피치자의 동일성을 핵심에 두면서도 의회주의와는 양립할 수 없지만 권위주의적 통치형식과는 양립할 수 있는 것으로 보고 있다. 이런 그의 주장은 나치즘을 이론화하는데 크게 기여했고, 한국 유신헌법의 이론적 근거를 제공하기도 했다(최형익, 2008).[4]

슈미트의 저작에서 드러난 사고와 논리들이 전체주의적 국가를 지지하기 위한 것이었는지에 대해서는 확신할 수 없다. 오히려 그의 주장은 세간의 비판과는 달리 마르크스주의적 독재론이나 좌파혁명세력의 전위주의 노선과 부합하는 측면이 더 크다. 또한 동질성을 강조하는 그의 사고는 국가주의에 대한 거부

---

4) 무페는 1933년 슈미트가 전향해 히틀러 운동을 지지하기 이전부터 그가 나치즘에 고취되어 있었다는 평가를 거부한다. 그러나 대신 무페는 "자유주의에 대한 그의 깊은 적개심 때문에 나치에 결합할 수 있었거나 결합을 막지 못했다는 것은 확실하다"고 논평한다(무페, 2007: 192).

를 핵심으로 하는 공동체주의와도 결합될 수 있고 슈미트에 대한 비판을 공동체주의에 대한 비판으로 적용할 수도 있다. 오히려 슈미트의 시대에 경제결정론적 속류 마르크스주의가 혁명세력의 주체적 역할에 대한 의미부여를 소홀히 했다면, 레닌과 그람시처럼 슈미트가 '결단'을 통해 "자기를 스스로 만들어내는 역사적 현상"(슈미트, 1987: 114)을 보았다는 점에서, 정치와 행위주체적 관점으로 혁명적 실천을 풍부화시킬 가능성도 존재한다.

이런 의미에서 슈미트는 독재라는 강제적 수단을 통한 민주주의론을 설파하지만, 어쩌면 이와 반대 입장에 선 것으로 보이는 그람시와도 통하는 부분이 있다. 그람시의 헤게모니론을 담론이론과 결부시켜 해석하여 새로운 체제 변형의 이론(라클라우·무페, 1990)을 만들어낸 무페가 슈미트의 사상을 그토록 중요하게 다루고 있는 것도 슈미트에게서 그람시의 여백을, 그람시에게서 슈미트의 여백을 발견할 수 있기 때문일 것이다.

이제 슈미트의 민주주의론을 재해석해, 그람시적 확장을 시도해보자.

1) 슈미트와 그람시: 동일화의 정치전략과 내부의 적대

슈미트의 정치공동체에서 근본적 동질성은 사실상 형성 불가능한 것이다. 앞에서 살펴보았듯이 공동체의 동질성의 전제가 되는 정치적 평등은 고사하고, 설령 정치적인 평등이 보장되더라도 삶의 다양한 영역에서의 평등을 모두 보장하는 것은 불가능하기 때문이다.

그럼에도 정치적 동질성이 가능한 것은 사실상 '동일화'로 인한 것이다. 슈미트는 의회주의가 투표를 통해 억지 동일화만을 만들어낼 뿐 실질적인 동일성과는 거리가 멀다고 비판했지만, 사실 이것은 독재를 통해서도 마찬가지다. 슈미트에게 있어 정치적 동질성을 만들어내는 방법은 이질적인 것의 배제와 섬멸을 통해서만이 아니라 '은폐'를 통해서도 이루어진다. 정치적인 것을 이루는 우적 관계나, 최고의 정치행위라고 할 수 있는 전쟁을 통해 형성되는 친구 관계 내부의 정치적 동질성은, 그 적이 없다면 동일화될 수 없었을 이질적 경향을 적에 대한 증오로 은폐하고 억압한다.

이러한 내부적 이질성의 은폐와 억압은 전쟁이나 내란과 같은 '예외상황'에서만이 아니라 일상적으로도 이루어진다. 고도의 정치적 성격을 가진 '스포츠'는 일상적인 가상 적대를 형성해내는 중요한 메커니즘이다. 월드컵이 시작되면 가상의 적을 대상으로 한 동일화가 순식간에 이루어진다. 평상시라면 갈등관계에 있을 자본가와 노동자, 새누리당 지지자와 진보정당 지지자, 호남인과 영남인이 동일한 적(축구 경기의 상대편)과 동지(국가대표팀)의 관계에서 같은 편으로 동일화되며, 평상시라면 동지관계에 있을 상대편 나라의 활동가나 노동자와 적대관계를 이룬다. 스포츠를 통해 발생하는 새로운 정치적 균열은 그 순간의 국민적 정체성을 형성시키며 곳곳에 숨어 있는 이질성을 은폐한 채 단 하나의 상징(붉은 옷, 태극기, 애국가)을 매개로 한 몸으로 묶인다. 물론 스포츠를 제외하고도 매우 다양한 우적 관계가 정치공동체 내부에서 시도되며, 정치공동체의 정체성은 이런 적대관계를 통해서만이 형성·유지될 수 있다.[5]

이런 의미에서 슈미트의 '정치적인 것'을 통해 나타나는 것은 (그가 의회주의를 비판했던 것과 마찬가지로) 수많은 이질성들이 동일한 적대 관계를 형성함으로써 나타난 '적대관계의 동일성'이며, 이 관계의 무수한 등가적 연쇄다. 따라서 "적대는 차이들을 붕괴시킴으로써 차이의 체계 내에서 작용"하며, "차이들은 등가성의 연쇄를 창조함으로써 붕괴"(라클라우, 1990: 274)된다.

이렇게 본다면 슈미트의 '정치적인 것'을 통해 구현되는 동일성은 일종의 '헤

---

5) 한 개인이나 단체의 본질적인 특징이 아니라 사회적 상호작용의 성격과 결과인 정체성은 그들(them)로부터 당신(you)이나 우리(us)로부터의 나(me)를 구별하는 경계(a boundary), 경계 내의 일련의 관계, 경계 간(cross) 일련의 관계, 경계와 관계들에 관한 일련의 이야기들(stories)로 구성된다(Tilly, 2003). 즉, '우리'라는 정체성은 특정한 상황에서 다른 사람과 자신이 같음을 확인함으로써 형성되는 것이 아니라, 다른 사람과 자신을 구별함으로써 형성된다(설동훈·정태석, 2002: 32).

게모니적 실천'에 의한 것이다. "서로 다른 정체성과 주체성을 공동의 프로젝트로 접합시키는 헤게모니적 실천"(Howarth & Stavrakakis, 2000)은 슈미트에게서 '정치적인 것', 즉 적대를 형성하는 것이며, 이런 실천을 통해 포괄되지 않는 잔여적인 것들을 내부의 적으로 섬멸하거나 배제시킴으로써 정치적 동질성이 완성된다. 배제되지 않은 각 개인은 이른바 '유기적 집중주의'를 통해 지도자에 의해 대표되는 전체에 스스로를 동일시함으로써 동질적인 것으로 '보이는' 내부가 형성되는 것이다.

그렇다면 바이마르 대통령이 예외상황(정치적인 것이 극대화되는 상황)에서 독재권한을 강화시킬 필요성이 있었듯이, 급진민주주의세력들이 격렬한 계급갈등과 같은 혁명상황에서 전위적 지도력을 발휘하는 것도 최소한 혁명집단 내부에서는 외부에 대한 적대를 통한 동질성, 지도자로 대표되는 혁명집단에 대한 성원들의 동일시에 근거해 동일성 민주주의를 수행하는 것이 된다. 그람시의 용어로 풀이하면 헤게모니에 대한 대항헤게모니의 형성으로 우적 관계가 형성되면서 잔여적인 것은 기회주의세력, 회색분자, 변절자, 종파주의자 등의 낙인으로 대항헤게모니 블록 내부에서 섬멸·배제된다.

그러나 특정한 정치영역(국가)에서 그람시와 슈미트는 전혀 다른 모습으로 나타난다. 그 이유는 그 둘이 서 있는 정치적 위치가 다르기 때문이다. 그람시가 선진사회에서 혁명이 좌절된 이유를 모색하면서 지배세력의 헤게모니적 실천에 의한 기존의 적대관계에 개입해 새로운 변형을 위한 실천활동을 펼쳐 나갈 것을 강조했다면, 슈미트는 이미 헤게모니를 소유하고 있는 지배세력의 입장에 서 있었다. 따라서 헤게모니를 획득한 지배세력의 입장에서 독재는 최소한 '친구관계'에 있는 이들에게는 민주적일 수는 있어도, 도전자적 입장에 있는 이들(새로운 적대관계를 형성하고자 하는 이들)에게는 강제일 수밖에 없고 예외상황과 정치적인 것을 만들어내는 원인이 된다. 즉, 헤게모니가 미치는 동의의 영역(그리고 잠재적 동의의 대상)은 친구관계의 내부에 머무를 뿐, 은폐나 섬멸의 대상에까지는 절대 이르지 못한다. 이런 점에서 '내부의 적'이라는 존재는 슈미트의 주장과는 달리, 독재가 민주주의가 아닐 가능성을 제공한다. 슈미트의 말처럼 독재는 민주주의와 결정적으로 대립하지도 않고 민주주의도 독재에 결정적으로 대립하지 않는다고 주장할 수 있지만, 모든 독재가 민주주의와 대립하지 않는 것은 아니라는 사실 또한 자명하다.

그렇다면 지배적 헤게모니에 도전하는 집단이 지배세력의 독재를 민주주의로부터 분리시킬 수 있는 방법은 무엇인가? 즉, 그람시적 용어로 말하자면, 어떻게 헤게모니를 대항헤게모니로 대체할 수 있을 것인가? 이에 대한 해답에서 전통적 좌파혁명세력(슈미트의 급진민주주의자)과 그람시의 차이점이 나타난다. 전통적 혁명세력이 우적 관계에서의 극단적 대결로 문제를 해결하고자 했다면, 그람시는 기존의 우적 관계를 재구성할 수 있는 새로운 균열과 침투지점을 포착함으로써 친구관계를 확장하는 방법을 제안하고자 했다. 이런 사고가 가능했던 것은 그람시에게 '시민사회' 개념이 존재했기 때문이다.

2) 우적 관계 양상을 교란시킬 '수'

슈미트의 이론에서는 '시민사회'가 없다. 슈미트에게 민주주의는 "부르주아 공론장, 혹은 시민사회의 매개 없이 국가가 시민들을 직접적으로 동원하는데 성공하는 것"(홍철기, 2005: 52)을 의미하기 때문이다. 이런 점은 슈미트의 이론적 논의에서 크게 의존하고 있는 루소의 "일반의지가 충분히 표명되기 위해서는 국가 내부에 부분적 사회가 없어야 하고 각 시민이 오직 자신의 의지만을 따라야 한다"(루소, 1994: 45)는 주장과도 부합한다.

국가 내부의 부분적 사회, 즉 시민사회나 다양한 결사체의 존재를 부정적으로 보고 있는 슈미트의 사고는 당시 군중, 혹은 대중을 사고하는 지배적 관념과도 통하는 측면이 있다. 군중심리학을 개척한 르봉은 "똑똑한 사람도 군중이 되면 바보가 된다"고 주장하면서 군중에 대한 부정적 시각을 피력했다. "세상 모든 사람들의 지혜를 모두 합하면 볼테르의 지혜보다 낫다는 속설도 있지만, 세상 모든 사람을 군중으로 이해한다면 '세상 모든 사람의 지혜를 모두 합해도 볼테르의 지혜보다 못하다'고 말해야 훨씬 정확"(르 봉, 2010: 49~50)하다는 것이다. 이런 군중을 지도하는 사람은 '지배하기 때문에 군중의 복종을 받는 것'이 아니라 '복종을 받기 때문에 지배'한다. 군중이 의지할 수 있는 뛰어나고 위세 있는 한 인간을 찬미하고 싶은 욕구가 대중으로 하여금 지도자에게 복종하도록 한다는 것이다. 지도자가 그들을 지배하고 자기 명령에 복종하게 할 수 있는 것은 (강제에 대한 공포가 아니라) 그들의 동의를 얻기 때문이다(모스코비치, 1996: 292). 이렇게 본다면 대중의 동의라는 측면은 결단주의의 전제다. 군중은 독재를 거부하는 것이 아니라 오히려 찬미한다. "군중에게는 복종하고 찬미하고 싶어하는 욕구가 있다는 것을 인정하는 순간부터, 강하고 양보함이 없는 권력을 행사하는 개인만이 군중을 만족시킬 수"(모스코비치, 1996: 293) 있다.

그러나 군중의 실존적 의미가 무엇이든 보통선거권의 확대가 '군중의 시대'를 열었다면, 슈미트가 부정적으로 본 것과 달리 일반의지의 확인은 시민의 '전체의지'를 통해 이루어질 수밖에 없다. 내부의 다양한 적대가 서로 자신의 의지가 일반의지임을 주장한다면, 결국 그것을 선택할 수 있는 최종적 판단은 슈미트식의 정치신학, 즉 왕권신수설과 유사한 "모든 권력을 인민의 제헌권력에 귀속시키는"(슈미트, 2010: 72) 신학에 근거할 수밖에 없기 때문이다. 물론 슈미트가 간파한 것처럼 국민을 속일 수 있는 선전의 기술과 여론 조작이 오래전부터 시행되어온 것이 사실이고 전체의지가 일반의지는 아닐지라도, 거리에서 '갈채'를 보내는 군중에게서만 정당성을 끌어낼 수는 없다. 그것 역시 정치공동체 내부의 '특수이해'일 가능성을 무시할 수 없기 때문이다.

우리가 슈미트가 거부한 다원성과 내부의 차이가, 실제로는 정치적인 것을 통해 사라지는 것이 아니라 다만 은폐되어 있을 뿐이라는 점, 그리고 내부의 동질성은 헤게모니적 실천을 통해 '이질적인 것'들을 우연적으로 접합시킨 것이라는 해석을 수용한다면, 또 다른 대항헤게모니적 실천을 통해 '적과 동지의 관계'의 양상에 대한 변형을 시도할 수 있다. 이 과정에서 '수의 문제', 전체의지의 문제는 그 헤게모니적 실천의 성과를 확인할 수 있는 중요한 지표다.

이를 통찰해낸 것은 바로 그람시다. 그람시는 대의제 통치체계에서 모든 투표자들의 의견이 정확히 똑같은 비중을 지니지 않는다고 주장하면서 다음과 같이 언급한다.

> 그렇다면 수로 인해 측정되는 것은 무엇인가? 측정되는 것은 바로 소수의 개인, 적극적 소수, 엘리트, 전위 들의 의견이 얼마나 유효한가, 그 팽창력과 설득력은 어느 정도인가, 다시 말해 그들의 의견이 합리성과 역사적 타당성과 구체적인 가능성은 어느 정도인가 하는 점이다(그람시, 1999: 219).

즉, 도전자의 위치에 선 사람은 투표를 통해 혁명이라는 목표를 달성할 수 없을지는 몰라도, 이를 통해 자신의 대항헤게모니적 영향력을 확인할 수는 있다. 궁극적으로 "적대는 두 개의 대립하는 진영, 두 개의 대립적 등가의 병렬적 계기가 분리되어 있는 세계에서만 작동"(라클라우, 1990: 274)하는 것으로 나타나지만, 그 내부 동학에는 대립하는 진영 간 힘의 균형추를 움직일 수 있는 '가변적인 존재', '수를 움직이는 존재'가 숨어 있다. 바로 '능동적 중간자', '시민사회'의 영역이다.

3) 균형추를 움직이는 시민사회: 다원주의와 독재의 딜레마의 탈출구

클랜더먼스(Klandermans, 1992)는 특정한 연계가 성립될 수 있는 운동조직들의 전체를 의미하는 다조직 장(multiorganizational field)을 슈미트처럼 서로에 대한 지지가 성립되는 '동맹체계'와 서로 적대적인 '갈등체계'로 분류한 바 있다. 그러나 헌트·벤포드·스노(Hunt, Benford and Snow, 1994)는 동맹과 갈등체계 이외에 하나의 정체성 영역을 더 제시하는데, 바로 청중 정체성 영역이다. 운동은 대게 주창자 정체성 영역과 적대자 정체성 영역 간의 대립으로 이루어지지만, 각 영역의 운동에 반응하는 중립적이거나 비당파적인 관찰자들의 존재는 운동의 성패를 좌우하는 결정적 요소다. 청중 정체성 영역은 활동가들이 어떤 종류의 프레임에 동의할지, 어떤 종류의 근거들이 운동의 주장을 지지하는 데 중요할지, 청중의 어떤 문화적 상징이 운동의 발전에 사용될 수 있는지 등을 결정하는 활동이 이루어지는 영역이다(Hunt, Benford & Snow, 1994).

물론 청중 정체성 영역에 속한 이들은 적대가 극단적으로 확대된 예외상황에서 우적 관계 중 하나를 선택해야만 한다. 그럼에도 이들은 보통 '중립적' 위치를 유지하고자 하며, 때로는 언제든 입장을 변화시킬 가능성을 가진 존재들이다. 이들은 자신들의 '가변적인 특성' 때문에 힘을 가지며, 만일 이들의 권력이 유의미한 수준으로 확대된다면 우적 관계의 핵심에 위치한 세력들은 이들을 대상으로 한 정치전략을 모색하게 된다.[6)

따라서 적대관계가 심화되었을 때, 청중 정체성 영역에 놓인 이들이 강제의 대상으로 간주되는가, 동의의 대상으로 간주되는가는 우적 관계 재편에 결정적 영향을 미친다. 물론 정치관계를 적과 동지로 단순화했다는 비판을 받는 슈미트도 제3의 세력을 암시하고 있기는 하다. 그는 "정치적인 것의 핵심은 오로지 적대 관계 자체만은 아니고 적과 동지를 구별하는 것"이라고 주장한다. 즉, 모든 관계가 적과 동지로만 이루어지는 것은 아니고, 다만 이 둘의 관계를 '전제'로 하기 때문에(슈미트, 1998: 149) '사이에 있는 존재'를 상상할 수 있다. 슈미트가 제3자를 고려했을 때, 그것은 항상 중립적 위치에 남아 있는 것이 아니라 둘 중

---

6) 짐멜(Goerg Simmel) 역시 제3자의 중요성을 일찌감치 간파했다. 짐멜은 양자관계(dyadi)에서는 한 사람의 소멸이 곧 전체의 붕괴를 가져오지만, 삼자관계(triad)에서는 세 사람 이상으로 이루어진 모든 연합체에서와 마찬가지로 각 참여자가 다수에 의해 압도될 가능성에 직면하게 된다고 주장한다. 양자관계는 서로 간의 직접적인 상호작용에 입각해 있지만, 삼자관계에서는 두 사람의 연합을 통해 다른 한 성원에게 그 의지를 강요할 수 있기 때문이다. Simmel, Georg, *The Sociology of Georg Simmel*, New York, trans. by Kurt H. Wolff(the Free Press, 1950), pp.87~177. 코저(1985: 280~284)에서 재인용.

어느 편과도 관계를 맺을 수 있는 가변적 특성을 지닌 것이다. 제3자가 의미 있는 행위주체로 등장하는 순간에는 그 고유한 중립성을 상실할 뿐만 아니라 유의미한 존재로 인정되지 않는다. 가변적 존재가 힘을 발휘하는 것은 결정적인 국면에 적과 동지 중 어느 한쪽을 '선택'하기 때문이다.

결국 슈미트와 그람시의 강제(독재)가 주창자 정체성 영역에서 일어나는 것이 아니고 적대자 정체성 영역에 속한 이들에게 행사되는 개념이라면, 청중 정체성 영역에서는 강제와 동의, 설득이 모두 일어날 수 있는 영역이다. 간단히 말해 '정치적인 것'이 활발하게 작동하는 영역은 다름 아닌 가변적 특징을 가진 청중 정체성 영역에서다.[7]

만일 우리가, 대립하는 두 극점 사이에서 부유하는 제3의 존재에게 슈미트보다 더욱 능동적인 역할을 부여한다면, 슈미트이론이 가진 '독재의 딜레마'를 해결할 수 있는 실마리를 찾아낼 수 있다. 이를 위해서는 급진민주주의세력이 자기주장에 대한 신념과 확고부동한 정치적 견해를 버리지 않더라도, 정치적 다원주의와 시민사회의 능동적 주체성을 인정하는 전제가 필요하다. 이 점이 전제될 때만이 청중 정체성 영역에 속한 이들이 정치전략의 대상에 포함될 수 있기 때문이다. 이들의 존재와 능동적 주체성을 인정한다면 청중 정체성 영역을 준거로 자기주장의 타당성과 현실성, 최소한 자기주장의 핵심을 표명할 수 있

---

7) 이들의 권력은 특히 지배세력이 '두 개의 국민 전략'을 추진할 때 강화될 것이다. 제숩 (Jessop)은 '한 국민(one-nation)' 헤게모니 프로젝트와 '두 국민(two-nation)' 헤게모니 프로젝트를 구분한다. 한 국민 전략은(사회제국주의와 케인스주의적 복지국가 프로젝트 에서처럼) 물질적 양보와 상징적 보상을 통해 전체 인구의 지지를 동원하는 팽창적 헤게 모니를 목표로 하는 반면, 두 국민 전략은(파시즘과 대처리즘에서처럼) 좀 더 제한된 헤 게모니를 목표로 한다. 즉, 두 국민 전략은 전체 인구 중 전략적으로 중요한 부분의 지지 만을 동원하고 이 프로젝트의 비용을 여타 부분에 전가하는 것에 주안점을 둔다(제숩, 2000: 305~306). 국민 전체를 잠재적 지지대상으로 한 헤게모니적 전략인 '한 국민 전략' 에 비해 특정 세력의 이익을 중심으로 우적 관계를 강화하는 두 국민전략에서 청중의 존 재는, 힘의 균형추를 움직이는 데 결정적인 역할을 한다.

는 사회적 조건(물질적·이데올로기적 조건)이 성숙되었는지를 파악해볼 수 있다.

이미 권력을 획득한 지배계급의 입장에 선 슈미트에게는 의회주의로 나타나는 다원주의가 무능할뿐더러 정치적 혼란만 가중시키는 것으로 볼 수밖에 없는 반면, 헤게모니를 소유하지 못한 정치적 소수세력(도전세력)은 다원주의가 보장되지 않는다면 자신의 정치적 영향력을 확대할 '일상적' 방법은 없다. 이것은 지배세력의 정치적 성격과는 크게 상관없는 문제다. 자본주의사회에서건 사회주의사회에서건 정치적 소수세력이 자신의 정치적 영향력을 확대하기 위해서는 (예외상황이 아니라면) 자신의 새로운 가치가 경합공간의 장에서 정당하게 다뤄질 수 있는 다원주의가 전제되지 않으면 안 된다. 슈미트의 우적 관계가 적과 동지의 관계 속에서 이질적인 것들의 접합을 통해 동일화가 일어나고 이 층위 위에 (적에 대한 대립으로 형성된) 등가적 동질성이 형성되는 것이라면, 다원주의 역시 헤게모니 프로젝트와 이질적 가치의 우연적 접합을 통해 동일화된 여러 블록으로 존재할 수 있다. 따라서 다원주의는 "헤게모니를 위한 투쟁이 발생하는 모태"(제솝, 2000: 303)다. 만일 (지배집단이 다원주의를 허용하건 그렇지 않건 간에) 다양한 정치세력이 경합하는 공간이 존재하는데도 정치적 영향력이 확대되지 않는다면 그람시의 아래와 같은 언급을 떠올려 볼 수 있다.

> 만약 가치 있는 인간들이 되었다는 가설적인 집단이, 자신들이 소유하는 무한정한 물질적 힘이 있는데도 많은 사람들의 동의를 얻지 못한다면, 그것은 그들이 부적격자들이기 때문이거나 그들이 '국민적' 이익의 대표자가 아니기 때문인 것임에 틀림없다(그람시, 1999: 220).

오늘날 정치적 소수자로 존재하는 급진민주주의세력의 입장에서 '국민적 이익의 대표자'라는 자격이 지나치게 무리한 조건이라면, 최소한 우적 관계 중 동지관계의 영역에 속하지만, 여전히 내부의 '청중'으로 남아 있는 이들의 대표자라는 의미로 대체해도 좋을 것이다. 급진민주주의세력이 적대의 심화로 인해 양극화된 우적 관계에 개입하고 있다면, 친구관계에 속한 이질적 집단 내부에서 청중의 지위에 있는 이들의 동의부터 확보해야 한다. 특히 특정 급진민주주의세력이 친구관계 내부에서도 정치적 소수자라면, 무엇보다 강제나 고집스런 주장의 반복이 아니라, 친구관계 내부의 청중을 설득할 수 있는 정치력이 발휘되어야 한다. 가변적인 청중의 존재는 소수세력에게 권력을 부여할 수 있는 힘이 있기 때문이다. 하버마스의 말처럼 내부적 의사소통은 "무대의 배우는 청중석의 호응 덕분에 영향력을 갖는다는 법칙성"(하버마스, 2000)을 활성화한다.

지금까지 슈미트의 이론을 지배집단의 입장과 도전집단의 입장에서 검토해보았다. 명백히 지배의 이론가인 슈미트의 민주주의론을 도전자의 입장에서 재검토한 이유는 오늘 한국 진보세력이 슈미트의 이론에서 얻을 시사점을 확인하기 위한 것이다. 슈미트가 이미 헤게모니를 확보한 지배세력의 입장에서 적대세력에 대한 강제(독재)를 주장하고 있다면, 여전히 대항헤게모니 형성에 난항을 겪고 있는 한국의 도전세력들은 우적 관계에서의 힘의 대결에 주력하는 동시에 친구관계 내부의 세력관계 변형에도 관심을 기울여야 하는 이중과제를 안고 있다.

4. 한국정치와 '정치적인 것'

한국 정치지형에서 슈미트의 '정치적인 것'이 어떻게 형성되어 있는가에 따라, 각 정치세력의 활동결과는 크게 달라질 것이다. 여기서는 소위 '87년체제'의 성립 이후, 한국정치의 '정치적인 것'의 기본구조가 어떻게 구성되었고 변화되어 왔는지를 살펴보도록 한다.

1) 한국 진보정치의 '정치적인 것'의 시작과 균열

한국에서 '정치적인 것'의 균열이 형성된 기초는 1987년 6월항쟁에서 찾아볼 수 있다. 신군부가 1983년 유화국면 이후 증폭된 민중저항, 1985년 2월 12일 치러진 총선에서의 패배라는 상황에 직면하면서 설정한 정치적인 것의 균열은 재야세력과 긴밀한 관계를 맺고 있는 신민당을 '친구관계'로 끌어들이고, 민중운동진영은 '적의 관계'로 배제하는 '포섭과 배제 전략'이었다. 그러나 이런 전략은 1987년 1월 박종철 고문치사사건이 일어나면서 허물어지고, 시민사회에서는 전두환 군부에 대한 적대를 중심으로 새로운 친구관계가 형성되었다. 국민운동본부로 결집된 수많은 조직과 단체, 개인들은 저마다 현 정국에 대한 해법의 차이에도 불구하고 반(反)군부라는 정치적 동질성을 확보할 수 있었고, 상징적 구호로써 '호헌철폐'와 '독재타도'가 합의되었다. 시민사회의 이러한 '적과 동지의 구분'은 최대도전연합을 가능케 했던 원초적 균열이었으며, 중산층까지 포괄한 저항 목표의 동일화로 인해 6·29 선언을 강제해냈다.

그러나 6·29 선언의 발표로 항쟁의 목표가 부분적으로 해소되면서, '적'에 대한 규정은 모호해졌다. 이는 곧 '동지관계'의 급속한 해체를 유도했는데, 6월항쟁에 뒤이어 전개된 7·8·9 노동자대투쟁은 국민운동본부와의 긴밀한 협력 없이 고립된 채 진행될 수밖에 없었다. 동지관계의 균열은 이후 선거 국면에서 대선후보를 둘러싼 논쟁으로 이어지면서 또 다른 균열을 만들어냈다. 항쟁목표의 동일성 아래에 은폐되어 있었던 다양한 이질적 경향은 후보전술을 둘러싸고 표출되기 시작했으며, 내부의 '차이'는 '적대'로까지 전환되기 시작했다. 비판적지지, 후보단일화, 독자후보로 삼분된 당시의 담론적 대립구도는 다음 쪽 그림과 같이 나타난다.

이 중 후보단일화의 입장은 6월항쟁 이전의 우적 관계를 그대로 이어나가려는 의도가 강하게 내포된 담론이었고, 독자후보노선은 내부의 여러 차이에도 불구하고 기존의 적대관계와는 다른 새로운 균열을 제기하고자 하는 시도였다면, 비판적 지지는 양 입장을 절충한 가운데 나온 시도였다.

결국 13대 대선이 군부세력의 합법적 정권재창출과 민주적 정당성의 획득이라는 결과로 나타나면서, 한국사회의 우적 관계는 보다 다양화되었다. 재야운동진영의 다수파가 6월항쟁 이전의 우적 관계를 그대로 계승하려 한 반면에, 새

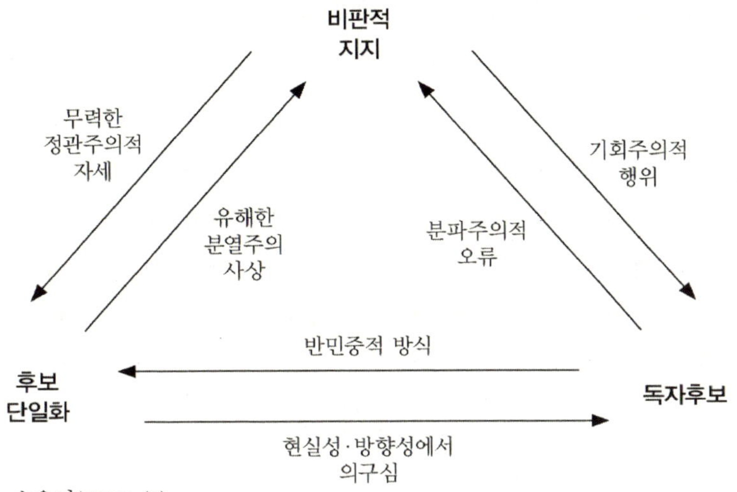

* 자료: 손우정(2005: 45).

로운 균열을 만들기 위한 시도는 전민련의 '진보적 대중정당 건설을 위한 준비모임', '민중의 정당 건설을 위한 민주연합추진위원회', '한국사회주의노동당 창당준비위원회' 등으로 이어졌고, 1990년에 민중당을 창당하기도 했다. 크게 보아 '민주대연합노선'과 '독자세력화노선'으로 상징되는 한국진보세력의 양대 연합전략은 6월항쟁 이후 '적'과 '동지'의 관계설정에서 이견을 나타내면서 촉발된 결과라 할 수 있다.

특히 1980년대 후반 가열된 전략·전술적 통일전선 논쟁, 두 개의 전선론 논쟁, 민족자본가 논쟁, 합법정당 논쟁 등의 핵심은 슈미트가 주장한 '정치적인 것'을 둘러싼 논쟁이었다. 이런 논쟁의 핵심은 결국 '김대중과 운동권과의 관계문제'(이종오, 1992)였다고 요약할 수 있는데, 민주대연합을 추진하던 진보세력의 입장에서는 김대중이 (잠재적)동지였다면, 독자세력화의 입장에서는 (잠재적)적으로 인식되었다. 이렇듯 6월항쟁 이후 1997년 대선에 이르기까지 한국 진보세력 사이에서 '정치적인 것'을 둘러싼 논쟁의 핵심에는 김대중이라는 역사적

인물이 자리하고 있었다고 해도 과언이 아니다.

그럼에도 1987년 이후 국가적 차원에서 지배적인 '정치적인 것'의 균열은 여전히 '민주 대 반민주'를 둘러싼 채 전개되었다. 특히 1990년 1월 22일의 3당합당으로 인한 민자당의 탄생은 점차 약화되어 가던 전통적 우적 관계를 부활·강화시켰는데,8) 이러한 대립구도가 1992년 재야운동진영의 대표체인 전국연합과 민주당과의 정책연합을 성사시키는데 주효한 영향을 발휘했다. 즉, 민주당과 재야운동세력은 계급적 입장이나 대북관계 등 여러 이슈에서 차이점이 존재했으나 민자당이라는 독재세력의 후신에 대한 적대관계를 공유함으로써 민주대연합이라는 전술적 방침으로 동일시된 것이다.

이후에도 한국진보세력의 우적 관계는 주로 계급적 대립을 중심으로 한 독자세력화운동과 민주적 의제를 중심으로 한 민주대연합시도로 이원화하게 된다. 이것을 한국진보정치세력의 이중적 과정으로 개념화할 수 있다면, 이 둘의 접합이 이루어진 계기는 2000년 민주노동당의 창당이었다. 1997년 15대 대선에서 김대중의 승리와 외환위기시대의 도래, 신자유주의 정책의 전면화 등의 정치 환경 변화는 김대중과 잠재적 동지관계를 유지하고 있던 진보정치세력의 한 축을 분리시켰으며, 새로운 정치균열적 전망을 찾아 스스로 독자세력화하려는 움직임을 가속화했다. 이런 변화는 한국 진보진영 내부에서 과거 개량주의적 시도로 평가받던 의회주의노선을 (본인들의 부인에도 불구하고) 적극 수용하게 된 계기를 만들었으며, 진보진영의 이중적 과정이 일종의 진보정당형태의 연합

---

8) 윤상철은 3당 합당을 통해 '민주 대 반민주 전선'이 완전히 소멸되었다고 주장하고 있다. 왜냐하면 3당합당이 반군부독재 민주화운동의 주축이었던 민간정치세력을 지배블럭 안에 포섭함으로써 '민주 대 반민주' 대립전선을 모호하게 만들었기 때문이라는 것이다(윤상철, 1997: 263~264). 그러나 당시 운동세력은 민간정치세력이 포함된 3당합당을 '민주 대 반민주'의 대립구도가 더욱 강화된 것으로 인식했다. 특히 전통적으로 민주대연합노선에 입각해 있던 운동세력과 합당에서 제외된 야당세력은 이러한 시각에 상당한 공감을 유지하고 있었다. 당시 재야의 인식에 대해서는 ≪월간 말≫(1990.3월호: 42~52) 기사 참조.

전선으로 수렴되게 만든 요인이었다.

그러나 좌익연합전선적 성격을 지닌 민주노동당 내부에서도 '우적 관계'가 명쾌하게 합의되어 있던 것은 아니다. 양대 세력이 고수하고 있는 적과 동지의 범위 불일치에, 각 정파의 이해관계가 결합되면서 곧 내부의 '차이'가 '적대'화하게 된다. 특히 이 지점에서는 당시 신자유주의적 정책을 추진했던 주체라 할 수 있는 노무현 정부에 대한 각 정파의 시각이 미묘하게 달랐다는 사실을 주목할 필요가 있다. 연합전선 내 다수파는 노무현 정부에 대한 적대적 대립을 강조하면서도 그 범위에 보수정당인 한나라당을 포함시키고 있었다면, 전선 내 소수파는 이것을 과거 비판적지지 경향의 표출로 인식하는 경향이 강했다.[9]

2004년 원내진출 이후 시작된 당직선거를 계기로 갈등이 심화된 민주노동당 내의 이질적인 두 경향은 점차 내부의 '차이'가 '적대'화하는 과정이 심화되면서, 결국 당내 소수파가 '종북주의 프레임'을 통해 전선 내부의 새로운 우적 관계를 설정하고 재분리를 감행하게 된다.[10] 사실 2004년 민주노동당 당직선거를 계기로 전면화한 내부갈등은 이념적 균열보다 슈미트의 '결단주의적 속성'이 지배한 과정이었다. '비록 소수자라 할지라도 진정한 국민의사를 구현할 수 있다'는 슈미트식의 논리가 정파적 균열과 결합하면서 자신(들)의 주장을 다른 입장과 엄격히 구별해나갔고, 이 과정에서 매우 비민주적인 배타성이 생겨났다. 결국 2008년 2월의 민주노동당 분당은 자신들만이 '진정한 민주주의를 실현할 주체'라는 경직된 엘리트주의적 사고방식을 가진 당내 세력들의 패권주의적 경쟁과

---

9) 이런 주적 관계의 미묘한 불일치를 보여준 상징적 사건은 2004년 말 국가보안법 투쟁에 대한 당내 견해차이로 인해 발생한 11월 1일 최고위원회 문건 사건이다. 당시 다수파에 속했던 사무부총장은 "열린당 2중대라는 소리를 듣더라도 역사발전의 견지에서 개혁입법의 현실화와 국가보안법 폐지를 위해 대승적 행보를 해야 할 것"이라는 문건을 회람했다가 사무총장이 당기위원회에 제소되는 일이 발생한 바 있다(손우정, 2005: 117~118).

10) 1987년 도전연합으로부터의 이탈이 민주노동당 내 독자세력파의 첫 번째 분리시도였다면, 민주노동당으로부터의 이탈은 이들의 두 번째 분리시도라 할 수 있다.

정에 내부 민주주의가 정지되어버린 '독재의 딜레마'의 전형이었다.

2) 청중으로서의 시민사회의 등장

1987년 6월의 정국이 매우 단순화된 우적 관계의 전형을 보여준다면, 이후 정치적인 것의 균열지점이 다원화된 배경에는 이른바 '청충 정체성 영역'에서 활동하는 시민단체의 활성화라는 조건이 존재 한다. 한국에서 계급, 혹은 민족적 이슈로 전개되어온 전통적 진보정치운동과 구별되는 '전형적 시민운동'11)의 출현은 1987년 이후 간헐적으로 나타나다 1993년 문민정부의 출범과 함께 폭발적으로 늘어났다. 다수 대중의 동원을 동력으로 하는 민중(통일)운동과 달리, 생활 속에서 문제를 찾는 새로운 형태의 운동은 소수의 전문가를 중심으로 한 연구·조사 활동이나 캠페인만으로도 독자적인 운동과 영향력 확대가 가능했다. 따라서 민주화운동세력으로 뭉뚱그려진 집단 내에는 점차 분화가 가능한 구조적 조건이 마련되기 시작했다.

시민단체의 폭발적 증가에는 정부의 포섭과 배제 전략도 한 몫 했다. 김영삼 정부는 1994년 1월 7일 이전까지 사회단체에 대한 통제의 기능을 했던 '사회단체신고에 관한 법률'을 대폭 개정해 시민운동조직들에게 자율성을 확대할 수 있는 토대를 제공했다(이소연, 2000: 64). 기존 운동세력과 달리 정부 정책에 대한 전문가적 비판과 합법적 방식의 문제제기를 선호하는 시민운동의 폭발적 증가

---

11) 최근 극우적 이데올로기를 기반으로 한 수많은 시민단체의 출현에서도 알 수 있듯이 시민운동 목표와 실천 방식은 매우 다양하며 시민운동 전반의 어떤 성격을 논의한다는 자체가 불가능하다. 시민운동은 그 목표나 주체, 성격, 운동방식 등으로 분류하기보다 시민들의 자발적인 참여, 회원가입의 비배타성, 자원봉사활동에 의한 사업 수행, 공익추구를 목표로 한다는 형식적 조건이 채워지면 어떤 정치성향을 가졌던 '시민단체'로 규정할 수 있다. 여기서 설명하는 전형적 시민운동은 편의상 1990년대 초반 활성화된 경실련 등의 주류 시민운동적 흐름을 지칭하는 제한된 의미로 사용하고자 한다.

는 한편으로 정치권력에게 일정한 영향력을 행사할 수 있었지만, 다른 면에서는 국가권력을 인정하고 정당화해주는 효과를 낼 수 있었기 때문이다. 이런 측면 때문에 시민운동의 영향력 확대는 자체 역량이 그만큼 대단했다기보다 정권과 언론의 의도에 따라 크게 부풀려진 측면이 있다. 달리 말해 언론과 정권이 원하지 않으면 언제든 시민단체의 영향력이 축소될 수 있다는 것을 말해주는 것이기도 했다.

시민운동의 활성화와 영향력 확대에는 그들의 '정치적 중립성' 담론도 중요한 역할을 했다. 정치적 중립의 표명은 우적 관계 양쪽에 있는 이들에게는 잠재적 적대세력일수도, 잠재적 동지관계일수도 있기 때문에 가변적인 성격을 갖게 된다. 초기 전형적 시민운동을 비롯해 많은 시민운동단체들이 '정치적 중립성 담론'을 내세웠던 이유는 다양한 필요성 때문이기도 했다. 정치세력과의 공식적 연계를 드러내지 않음으로써 시민사회의 도덕성을 내세울 수 있었고, 국가의 불필요한 억압대상이 되지 않음으로써 합법적이고 안정적인 활동이 가능했다. 또한 '특정 정치집단의 이해관계에 복무하지 않으며, 모두가 동의할 수 있는 보편적이고 미시적인 문제에 집중'하겠다는 선언은 불편부당한 여론을 대변하는 것처럼 인식되면서 정치적 영향력을 발휘했다.

이런 경향은 2000년 총선시민연대를 중심으로 낙천낙선운동을 벌어 나가기 전까지 시민운동을 특징짓는 중요한 요소 중 하나로 각인되었다. 심지어 낙천낙선운동도 민주노총 등 민중운동진영의 참여를 거부하면서까지 정치적 중립성을 지키고자 했고, 정치적 측면보다 여전히 도덕적 측면에 초점을 맞추고자 했다.[12]

---

12) 총선시민연대는 1999년 9월에 결성된 국정감사모니터시민연대를 모태로 2000년 1월 12일 출범한 '2000년 총선시민연대'는 참여연대, 한국여성단체연합, 녹색연합, 민주언론운동연합 등 412개 단체로 출발하여 활동이 마무리 됐을 때는 총 981개의 시민단체가 결합된 대규모의 한시적 시민운동연합체였다. 이들은 부패무능한 정치인의 정당공천을 반대하는 공천반대운동, 공천된 무패무능 인사들에 대한 공천철회운동, 선거 국면에서의 낙선운동을 주요 목표로 삼고 부정부패하고 무능한 후보에 대한 대항적 틀을 형성시켜 나

그러나 2000년대 이후 시민운동은 정치적 중립성 담론을 더는 유지하기 어려운 상황에 처해 있다. 먼저, 2002년 대선에서 노무현 후보가 당선된 이후, 그동안 진보·개혁적 성향으로 남아 있던 시민사회의 영역에 보수적 가치가 적극적으로 개입하기 시작했다. 2002년부터 보수적 학생, 시민단체가 눈에 띠게 증가하기 시작하더니 2003년부터는 대규모 군중동원 방식을 차용한 수구냉전세력의 시민사회로의 진출이 두드러졌다.[13]

이것은 시민사회가 정치적 우적 관계에서 중립적 역할을 수행할 수 있는 여지가 점차 축소되고 있다는 것을 보여준다. 보수세력이 시민사회에 대한 적극적 개입을 통해 기존의 시민운동세력에 대한 동의를 확보하기보다 스스로의 가치를 조직화하는 방식으로 대응하면서, 시민운동진영의 '중립적'이고 '객관적'인 이미지는 상당부분 탈색 되었다. 청중 정체성 영역의 이데올로기적 균열은 그동안 정치적인 것의 외부에 머물고자 했던 시민운동이 정치적인 것의 한 가운데에 진입할 수 있는 조건을 만들어주었다.

또 다른 측면으로는 전형적 시민운동 역시 정치권으로의 개별적인 진출 흐름이 이어지면서 이미 '정치적인 것'의 영역으로 들어오게 되었다는 점이다. 공식

갔는데, 4·13 총선에서 낙선대상자 86명 중 59명이 낙선됐고, 집중 낙선대상자 22명 중 15명이 낙선됐으며, 수도권 낙선대상자 20명 중에서는 19명이 낙선됐다.

13) 2002년 8월경 언론사 세무조사 반대를 표방하고 등장한 '시민과 함께하는 대학생연대(시대연대)'를 필두로, '보수학생연합', '청년우파연합', '미래한국연구회', '반한총련' 등 기존 학생운동의 패러다임과 정반대에 있는 단체가 출현하기 시작했고, 20~30대가 주를 이루는 온오프라인 모임으로 '촛불시위를 반대하는 사람들의 모임', '자유를 지키는 사람들의 모임', '민주참여네티즌연대', 'MBC시청거부운동시민연합', '주권찾기시민모임' 등이 활발한 활동을 벌인 바 있다(≪유뉴스≫, 2003.03.20; 2003.05.06; 2003.05.16). 최내현(2003)은 이것이 바로 두 차례의 선거 패배가 한국의 극우 세력에서 준 선물이라며 "극우 이데올로기가 이제는 시민사회의 영역 안으로 편입되었다는 것", "극우 이데올로기가 시민 사회의 한 목소리로 취급된다는 것"은 "정권교체가 극우 세력에게 가져다준 크나큰 선물"이라고 평했다(최내현, 2003: 227~229).

적으로는 여전히 '정치적 중립' 담론을 유지하고 있더라도, 주요 인사들의 비공식적 네트워크는 이미 정치권에 깊숙이 개입되어 있는 경우가 적지 않다. 시민사회가 수동적인 '중간자'임을 포기하고 정치적인 것의 한가운데에 뛰어든 현실을 상징적으로 보여주는 것은 2011년 서울시장 보궐선거에서 당선된 시민운동의 상징 박원순이다. 당시 시민운동활동가들은 박원순 후보의 출마에서부터 선거본부의 운영에까지 적극적으로 참여했다. 물론 민주당, 민주노동당과의 야권단일화 이후 선거캠프의 주도권이 급격히 민주당으로 쏠렸기 때문에 시민운동세력의 도전에 대해서는 평가할 측면이 남아 있다. 그럼에도 박원순의 출마와 당선은 이제 시민단체가 어느 편에도 속하지 않는다고 천명하는 것이 중립적인 것인 것으로 인정받는 것이 아니라 정치적 존재 의미가 없는 것으로 인식되는 시대로 전환되어버린 현실을 보여주고 있다.

3) 이명박 정부하의 정치적인 것의 균열: 새로운 청중의 탄생

이명박 정부에서 나타난 퇴행적 민주화와 2008년 촛불시위의 등장은 복합적인 갈등의 장을 순식간에 '적과 동지의 구별'이라는 슈미트적 입장으로 단순화해버렸다. 2008년 촛불시위는 미국산 쇠고기 수입이라는 사건이 촉발시켰으나 그 핵심에는 이명박 정부의 통치철학과 민주주의에 대한 근본적 문제제기가 자리하고 있었다. 촛불시위 내내 울려 퍼진 노래가 미국산 쇠고기에 관련된 것이 아니라 국민주권에 대한 것[14]이었다는 점은 촛불시위의 정치적 성격을 잘 드러내 준다.

---

14) 2008년 촛불시위 당시, 윤민석이 작곡한 '헌법제1조'는 시위의 의미를 함축적으로 보여주는 상징적 노래였다. 대한민국 헌법 제1조인 "대한민국은 민주공화국이다", "대한민국의 모든 권력은 국민으로부터 나온다"는 조항을 그대로 가사로 옮긴 이 노래가 널리 공유된 것은 국민의 의사를 무시한 통치권력에 대한 분노가 시위참여의 주된 동기였다는 것을 드러내 준다.

촛불시위는 한국사회의 '정치적인 것'에 큰 변화를 가져왔다. 이는 크게 세 가지 결과로 설명해볼 수 있다.

첫째, 이른바 '반MB연대'로 상징되듯, 이명박 정부의 퇴행적 민주주의에 맞서 광범위한 동지관계가 형성되었다. 이것은 노무현 정부하에서 진보진영의 주된 대결축이라고 할 수 있는 '신자유주의적 균열구조'를 은폐시킨 것으로, 그 자체가 민주주의의 퇴행을 반영하는 결과였다. 민주화의 과정이 심층적 수준의 갈등을 지속적으로 표면화시키는 것이라고 이해할 때, 과거 형식적 민주주의에 대한 갈등에서 계급적·민족적 갈등이 등장하고 젠더, 소수자, 장애인, 환경·생태 등의 문제가 갈등화되는 것은 곧 민주화의 진전으로 이해할 수 있다. 그러나 다시 이러한 갈등이 은폐될 수 있는 과거의 균열축이 부활했다는 것은 민주주의의 퇴행으로 이해할 수 있을 것이다. 더구나 이명박 정부 역시 두 국민 전략을 통해 동지관계 외부에 존재하는 이들에 대한 섬멸과 배제를 추구했기 때문에 이런 균열은 꾸준하게 심화되어갔다.

둘째, 새로운 청중이 탄생했다. 과거 청중의 역할을 수행했던 시민운동이 시민사회의 이데올로기적 균열에 의해 정치적 위치를 선택할 것을 강요받고 있다면, 촛불시위를 통해 새롭게 등장한 '능동적 대중'의 존재는 반MB의 우적 관계 아래에서 새롭게 '가변적인 역할'을 수행하게 되었다. 이들은 국가차원에서 보면 정권의 적이자 도전세력의 동지였지만, 도전집합의 내부로 초점을 이동시키면 이질적 저항세력 사이에 존재하는 청중의 역할을 수행할 수 있는 존재들이다. 도전연합 내부의 청중의 존재는 도전연합에 집락된 이질적 집단들의 세력관계를 좌우할 수 있는 가변적 힘을 갖기 때문에 중요한 정치적 행위자로 고려될 수 있다.

셋째는 민주당으로 상징되는 자유주의적 개혁세력의 도전연합으로의 복귀였다. 이것 역시 민주주의의 퇴행을 반영하는 현상으로, 과거 신자유주의의 추진세력이었던 이들이 반신자유주의세력과 도전연합에 함께할 수 있는 조건이 형성된 것이다. 이들은 동지관계에서 가장 큰 세력을 형성하고 있었기 때문에 주도권을 행사할 수 있는 위치에 있었지만, 실제로는 능동적 대중에게 절대적인 영향력을 행사하지 못했다. 이들의 지지율은 반MB 국민정서의 확대에도 불구하고 크게 확대되지 않았으며, 2009년 5월 노무현 전대통령의 서거국면에 이르러서야 의미 있는 상승이 나타났다. 이명박 정부 시기 민주당의 소위 '좌클릭'은 능동적 대중이 정치를 주도했던 상황에서 이루어진 것이다.[15]

5. 맺음말: 정치적인 것의 변화가 진보세력에게 주는 시사점

지금까지 칼 슈미트의 민주주의론을 검토하고, 이를 그람시적 의미로 확장할 수 있는 방향을 살펴보았다. 슈미트의 이론이 기본적으로 지배세력의 입장에서 전개된다는 점을 고려하면 도전집단의 위치에서는 정치적인 것의 위치를 변경할 수 있는 청중을 대상으로 한 적극적인 헤게모니적 실천과 다원주의의 수용이 필요하다. 그러나 한국진보정치세력은 여전히 슈미트주의에 머물러 있거나, 헤게모니적 전략 없는 전술적 논의만을 제기하고 있다.

2012년 통합진보당의 내부 갈등 사례는 한국 진보세력이 여전히 슈미트적 사고방식에서 벗어나지 못하고 있다는 것을 상징적으로 보여주었다. 창당 시점에는 이질적인 세력 간 연합전선의 형태를 띠었던 통합진보당은 '반MB의 성공'과 '진보정치의 확장'이라는 두 가지 목표를 공유했지만, 두 목표의 부분적 실패로 인해 패권을 둘러싼 내부 정치가 활성화되었다.[16] 이를 극복할 민주적 수단은

---

15) 그러나 이 때문에 민주당이 촛불정국에서 별다른 정치적 이득을 얻지 못했다고 해석하는 것은 곤란하다. 촛불시위에 결합한 야당 중 가장 의석수가 많았던 그들의 위상은 별다른 역할을 하지 않아도 촛불시위로 인한 정치적 이득을 전유할 수 있었다. 당시 민주당이 행사했던 권력은 룩스(1992)가 '보이지 않는 권력'으로 묘사했던 3차원적 권력과 같은 것이라고 볼 수 있다.

16) 소위 '통합진보당 사태'는 4.11총선 비례후보 선출과정의 부정의혹으로 촉발되었지만, 그

내부의 중간파에게 공정한 심판자의 역할을 기대하는 것이었지만, '적과 동지'
로 단순화된 내부갈등 구조에서 중간파는 소멸되거나 섬멸당하는 사태에까지
이르렀다.

　비제도적인 물리적 수단을 통한 사회체제의 전환이 어려워진 오늘날의 현실
에서 슈미트식의 결단과 엘리트주의적 사고방식만으로는 이질적인 특성을 지
닌 내부 진영의 민주주의는 물론, 진보적 헤게모니의 외부 확장 역시 불가능하
다. 대중정당적 성격이 강화될수록 내부와 외부에 이질적인 청중이 확대되는
현실을 인정하고, 지금 대중의 의식에 개입해 이를 진보화하는 헤게모니적 사고
가 필요하다. 즉, 진보정치의 확장을 위해서는 자기만의 기준으로 우적 관계를
설정하고 "자신의 통찰이 잘못이 없다는 것을 세계 전체에 증명할 각오"(슈미트,
1987: 119~120)를 다지는 것이 아니라, 대중정치공간에서 형성된 우적 관계에 개
입해 이를 자신이 그리는 우적 관계로 전환하려는 능동적 실천이 필요한 것이다.

　대중정치공간에서 형성된 동지관계 내부에는 자신의 세계관에서는 '적'의 범
주에 포함될 세력도 존재할 수 있으며, '동지관계'에 포함될 세력이 배제되어 있
을 수도 있다. 그러나 이런 조건은 실천을 위한 출발점이다. 만일 현실에 존재하
는 조건이 아니라 자신의 목표를 출발점으로 삼는다면 슈미트적 한계를 결코 넘
어설 수 없다. 어디에서 출발할 것인지를 파악하지 못하는 진보정치, 수의 역관
계를 역전시킬 중간자의 존재를 인식하지 못하는 진보정치는 자신만의 '게토'를
형성하는 것으로 귀결될 뿐이다. 진보정치의 리더십이 슈미트적 방식에서 그람
시적 방식으로 전환되어야 하는 이유다.

배경에는 민주노동당과 국민참여당, 통합연대 간의 통합추진 과정과 통합 직후의 과도기
기간 동안의 당운영에 대한 불만이 자리 잡고 있다. 별개의 두 사안이 선거부정의혹 사건
을 계기로 중첩되어 폭발함으로써 진영 대 진영의 갈등구조가 형성되었다. 내부에서 적과
동지가 구분되고 중간파가 소멸하는 극단적 갈등이 지속되는 '슈미트식 갈등의 정치'가
'헤게모니적 리더십'을 대체하는 상황이 벌어진 것이다. 이 과정에서 진보언론 역시 특정
진영의 당사자 역할을 자임하면서 가변적 힘을 가진 중간자의 공간을 만들어내지 못했다.

참고문헌

국순옥. 2002. 「미영 문화권과 칼 슈미트」. ≪민주법학≫, 제21호.

권영설. 2004. 「대의민주주의와 직접민주주의: 그 긴장과 조화의 과제」. ≪공법연구≫, 제33집 제1호.

그람시, A. 1999. 『그람시의 옥중수고 1: 정치편』. 이상훈 옮김. 거름.

김대영. 2003. 「시민사회의 정치적 중립성에 관한 비판적 고찰」. ≪동향과 전망≫, 58호.

라클라우·무페(Laclau, Ernesto. & Mouffe, Chantal) 1990, 『사회변혁과 헤게모니』. 김성기 외 옮김. 터.

라클라우, 에네스토(Laclau, Ernesto). 1990, 「은유와 사회적 적대」. 에네스토 라클라우·샹탈 무페(Laclau, Ernesto. & Mouffe, Chantal). 『사회변혁과 헤게모니』. 김성기 외 옮김. 터.

루소(J. J. Rousseau). 1994. 『사회계약론(외)』. 이태일 외 옮김. 범우사.

룩스, 스티븐. 1992. 『3차원적 권력론』. 서규환 옮김. 나남.

르 봉, 귀스타브(Gustave Le Bon). 2008. 『군중심리』. 김성균 옮김. 이레미디어.

모스코비치, 세르주(Serge.Moscovici). 1996. 『군중의 시대』. 이상률 옮김. 문예출판사.

무페, 샹탈(Chantal Mouffe). 2007. 『정치적인 것의 귀환』. 이보경 옮김. 후마니타스.

박경철. 2005. 「대의민주주의국가에서 직접민주제적 제도의 헌법적 의미」. ≪토지공법연구≫, 제29집. 한국토지공법학회.

______. 2006. 「정치적 기본권의 개헌방향 검토와 정치참여문제」. ≪헌법학연구≫, 제12권 제4호.

설동훈·정태석, 2002. 「새로운 세대의 등장과 민족정체성의 변화」. ≪계간 사상≫, 가을호.

손우정. 2005. 「한국사회운동과 연합전선의 형성」. 동국대학교 석사학위논문.

슈미트, 칼(Carl Schmitt). 1987. 『현대 의회주의의 정신』. 박남규 옮김. 탐구당.

______. 1992. 『정치적인 것의 개념』. 김효전 옮김. 범문사.

______. 1996. 『독재론: 근대 주권사상의 기원에서 프롤레타리아 계급투쟁까지』. 김효전 옮김. 법원사.

______. 1998. 『파르티잔: 그 존재와 의미』. 김효전 옮김. 문학과지성사.

______. 2010, 『정치신학: 주권론에 관한 네 개의 장』. 김항 옮김,.그린비.

월간 말. 1990. 「보수대연합과 민족민주운동의 진로」. ≪월간 말≫, 3월호.

윤상철. 1997. 「한국 권위주의체제의 정치변동, 1983-1990」. 서울대학교 박사학위논문.

윤평중. 2009. 『급진자유주의 정치철학』, 아카넷.

이경주. 2005. 『유권자의 권리 찾기, 국민 소환제』. 책세상.

이소연. 2000. 「운동환경의 변화에 따른 사회운동조직의 프레임 구성과 변화 과정에 대한 연구」. 서울대학교 대학원 언론정보학과 석사학위논문.

이종오. 1992. 「한국사회 변혁운동의 과제와 전망」. 한국사회학회·한국정치학회 편. 『한국의 국가와 시민사회』. 한울.

제숍, 밥(Bob Jessop). 2000. 『전략관계적 국가이론』. 유범상·김문귀 옮김. 도서출판 한울.

코저, L. A. 1985. 『사회사상사』. 신용하·박명규 옮김. 일지사.

최내현. 2003. 「극우 정당의 출현을 고대한다」. 『불가사리』. 아웃사이더.

최형익. 2008. 「입헌독재론: 칼 슈미트의 주권적 독재와 한국의 유신헌법」. ≪한국정치연구≫, 제17집 제1호.

하버마스(Habermas). 2000. 『사실성과 타당성: 담론적 법이론과 민주주의적 법치국가 이론』. 한상진·박영도 공역. 나남.

한상희. 2003. 「『민주공화국』의 의미; 그 공화주의적 실천규범의 형성을 위하여」. ≪헌법학연구≫, 제9권 제2호.

홍철기. 2005. 「칼 슈미트의 정치적인 것의 개념에 대한 연구」. 서울대학교 석사학위논문.

Howarth, D. and Stavrakakis, Y., 2000, "Introducing discourse theory and political analysis." Howarth, D. A. J. Norval and Y. Stavrakis(ed.). *Discourse theory and Political analysis: identities, egemonies and social change*. Manchester: manchester Univ. Press.

Hunt, Scott A., Robert D. Benford and David A. Snow. 1994. "Identity Field: Framing Processes and the Social Construction of Movement Identities." *New Social Movements: From Ideology to Identity*, philadelphia, Temple University Press.

Klandermans, Bert, 1992, "The Social Construction of Protest and Multiorganizational Fields", in A. D. Morris and C. M. Mueller eds., *Frontiers in Social Movement Theory*, New Haven, Yale University Press, pp. 77~103.

Tilly, Charles, 2003, "Political Identities in Changing Polities." *Social Research*, Vol.70, No.2 (Summer 2003).

한국사회 자살현상과 『자살론』의 실재론적 해석

숙명론적 자살(fatalistic suicide)을 중심으로*

김 명 희

급진민주주의 연구조합 데모스

1. 문제의 제기

한국 사회 자살[1] 현상이 심각하다. 지난 10년 동안 전국 자살자 수는 142%가 증가했고 하루 평균 자살자 수도 2000년 17.7명에서 2010년 42.6명으로 증가했다(통계청, 2011). 2003년을 기점으로 경제협력개발기구(OECD) 최대 '자살공화국'이라는 불명예를 차지하더니 대부분의 OECD 국가가 1980년대 중반부터 자살률 하락세를 보이는 반면, 우리나라는 폭발적으로 늘어나고 있다는 점에서 그 심각성을 더한다(조윤제·박창귀 외, 2012).

특히 최근 커다란 사회문제가 되고 있는 일정한 집단군의 자살행렬 — 청소년

---

* 이 논문은 ≪경제와사회≫ 제96호(2012.12)에 실린 글이다. 다시 한 번 논문의 완성을 위해 세심한 조언을 해주신 익명의 심사위원 선생님들과 김진업 선생님께 마음 깊이 감사드린다.

1) '자살이라는 용어는, 희생자 자신이 일어나게 될 결과를 알고 행하는 적극적 혹은 소극적 행위에서 비롯되는 직접적 혹은 간접적 결과로 일어나는 모든 죽음의 사례들에 적용된다'. 그리고 자살미수는 자살과 같이 정의할 수 있으나, 실제로 죽지 않은 경우라고 말할 수 있다(Durkheim, 2000: 20).

들의 자살, 노인들의 자살, 군인 자살, 쌍용차 노동자들의 연쇄 자살, 강북의 한 영구임대아파트 주민들의 투신자살 — 은 우리 사회가 처한 재생산의 위기와 '삶'의 위기를 극명하게 드러내 보여주며, 자살 그 자체에 대한 진지한 물음을 던져야 된다는 담론을 확대시키고 있다. 즉 한국사회 자살현상의 근본적인 원인을 통제하기 위해서는 단순히 각 집단의 자살률의 추이와 양적 변화를 서술하는 것을 넘어 문제가 '왜' 발생하는지 정확한 진단과 이론적 설명의 노력이 절실하다는 것이다.

우리가 이른바 자살연구의 아버지이자 사회학의 창시자인 에밀 뒤르케임의 고전적인 문제 지평으로 되돌아가야할 이유는 바로 여기에 있다. 120여 년 전 뒤르케임은 개인의 실존적 선택의 문제로, 또는 정신병리의 한 형태로 치부되던 자살 현상을 사회 전체의 병리이자 사회학적 설명의 대상으로 끌어올렸고 그 표현으로서 사회적 사실(social fact)의 존재론적·인식론적 차원을 해명하는 데 전생을 바쳤다 해도 과언이 아니다. 나아가 스스로 말하듯 『자살론』은 단지 자살이 라는 현상에 한정되어 적용할 수 있는 연구가 아니라, 당시 유럽사회가 겪고 있는 **일반적인 부적응의 원인과 그것을 치유할 구제책까지도** 제시하고자 한 기획이다(Durkheim, 2000: 10).[2]

그런데 아이러니하게도, 최근 들어 현저한 양적 증가를 과시하고 있는 국내 자살 연구에서 뒤르케임이 씨름했던 '문제들'과 충실히 대화한 연구를 발견하기란 쉽지 않다. 많은 연구들에서 뒤르케임의 『자살론』은 도입부의 서주(序奏) 정도로 등장하거나 아노미 이론으로 수용된 자살 유형에 대한 관행적 인용에 그치고 만다.[3] 이러한 현상 자체가 진지한 성찰을 요하는 논제인 셈인데, 국내에

---

2) 강조는 필자(이하 동일). 자살과 관련한 경험연구에서 뒤르케임이 행했던 원인 분석과 실천적 처방은 사라지고, 자살의 유형론만 남게 된 현상은 역설적이다.
3) 뒤르케임과 머튼의 아노미 이론의 긴장과 차이에 대해서는 이철(2008), 일탈사회학을 경유하여 측정 개념으로 변용된 아노미의 '의미론적 혁명'에 대해서는 Besnard(1993) 참조.

서 자살문제를 다루는 지배적인 접근 방식은 크게 세 가지로 분류될 수 있다.

첫째, 정신의학적 접근방식으로 특정한 개인의 심리적 요인이나 가계의 유전적 결함이 자살을 일으킨다는 것이다. 대표적인 예가 '우울증'이다. 이 입장은 양적·질적 분석방법을 막론하고 대부분의 국내 연구논문에서 무차별적으로 채택되는 가장 '객관적'이고 확실한 자살요인이다.[4] 이때의 자살은 인간 육체의 생물학적 차원으로 소급되는 질병으로, 근대 서구 과학의 지배적인 패러다임인 '생의학적 모델'을 공유한다는 점이 특징적이다. 그러나 역설적이게도 우울증의 원인은 불명확하다. 둘째, 의학적 모델의 한계를 지적하고 자살 현상을 보다 거시적인 사회 정책적 차원으로 환기시킨 연구들조차, 생물학적 가설을 '경제위기' 가설로 대체하는 것에 그치고 만다. 즉 이들 연구 역시 1997년 IMF 이후 통계를 통해 나타나는 실업, 빈곤, 소득감소 등 경제지표의 '어떠한' 측면이 자살이라는 행위에 영향을 미치는지 그 인과적 맥락을 충분히 밝혀주지는 못한다.[5] 뒤르케임을 끌어오자면, "경제발전에 영향을 미치는 도덕적 원인들을 무시한다면 경제발전에 관해서 완전히 그릇된 인식에 도달"하게 되는 셈이다(Durkheim, 1887: 40; 기든스, 2008: 160에서 재인용). 셋째, 통계 사용에 기초한 『자살론』의 방법론적 맹점을 비판하면서 구성주의적 시각에서 자살현상에 접근한 연구들은 자살 행동의 맥락과 의미를 강조한다. 즉 공식통계가 사회적 사실의 반영이 아니라 공식통계를 작성하는 기관의 관료적 정의와 인식의 반영일 뿐이듯, 자살률이나 자살이 명백히 사회적 사실일 필요가 없다는 것이다. 오히려 자살은, 협상, 판단, 의사결정의 사회적 과정의 결과이며, 사회적 정의(definition)의 산물이다. 이들 연구는 뒤르케임에게 유보되었던 행위자의 동기, 의도, 해석의 차원을 자살 연구의 지평에 적극적으로 끌어들인다.[6]

---

4) 한국사회 자살연구 동향에 대한 체계적 검토로는 송재룡(2008), 김왕배(2010) 참조.

5) 강은정·이수형(2010), 송태정·배민근·김기범(2005), 은기수(2005).

6) 더글라스(Douglas, 1967), 앳킨슨(Atkinson, 1978)의 경우가 대표적이다. 국내에서는 유

이 논문의 관점에서 기존 연구는 다음과 같은 한계를 갖는다. 첫째, 개인적 요인이나 환경의 요인으로 환원되지 않는 '사회적 차원'에 대한 진지한 질문과 통찰을 결여하고 있다는 점이다. 후술하겠지만,[7] 이를 뒤르케임의 사회학적 자연주의의 입장에서 논박하자면 앞의 두 가지 시각이 유물론적 환원론을 대표한다면, 세 번째 시각은 사회적 사실로서 실재하는 자살을 명목상의 해석의 문제로 치부함으로써 자원주의적 행위이론의 한계를 답습할 위험을 노정하고 있다. 둘째, 이들 연구는『자살론』의 함의를 방법(론)의 차원에 국한시킴으로써 자살현상에 대한 탈정치화된 독해를 관행적으로 재생산하고 있다는 한계를 보인다. 이들 모두에서 뒤르케임 고유의 문제의식, '연대(solidarity)'의 차원은 실종된다는 점은 동일하다. 이러한 연구관행은 매우 깊은 지성사적인 뿌리를 갖는다.

이 글의 문제의식은 이러한 연구경향이 파슨스(T. Parsons)를 경유하여 기능주의·실증주의자로 채색된 뒤르케임에 대한 고질적인 '오해'에 기초하고 있으며, 때문에『자살론』에서 행해진 뒤르케임의 방법론적 전환, 즉 자살연구의 사회학적 전환이 갖는 급진적 함의들은 오히려 왜곡되거나 가려지고 있다는 점에 있다. 이 글은 이러한 왜곡을 바로잡기 위한 의도에서 기획되었다. 흔히 뒤르케임에게 퍼부어지는 비난 중 하나는 '보수주의'로, 이는 1950~1960년대 미국의 사회학 및 사회과학 전반을 양분하고 있던 기능주의/갈등주의의 이분법적 도식에서 뒤르케임이 기능주의에 대한 핵심적인 이론적 토대를 제공한 학자 중의 하나로 자리 잡게 된 과정과 관련된다(Parsons, 1966; Coser, 1960; Gouldner, 1971). 이로써 뒤르케임 사회학의 규범적 지향은 갈등과 변화보다는 통합과 안정을 추구하는 이념적 보수주의로 오랜 기간 각인되어왔다. 더구나 마르크스주의적 입장에서는 뒤르케임 사회학에 내재되어 있는 비(반)유물론적 인식론과 (사회주

서 분석 및 자살 생존자의 동기 분석에 기초해 행위로서의 자살의 성격에 주목한 연구로 박형민(2008), 박지영(2007) 등을 보라.

7) 이에 대해서는 3장 1절에서 자세히 논의할 것이다.

의) 혁명에 대해 그가 견지했던 부정적인 시각만으로 그를 충분히 보수주의자 항목에 넣을 만했다(김태수, 2008: 290). 두 번째 편견은 '실증주의'로, 『자살론』의 방법론이 그 정치적 기획과 분리되어 일탈사회학의 하위분과나 실증적 방법론을 엄격히 적용한 다변인 통계학의 교과서로 알려지게 된 과정과 관련된다. 아울러 '보수주의'와 '실증주의'라는 평가가 서로 무관하지 않은 까닭은 '실증주의'의 가치중립 교의 자체가 사실과 가치, 이론과 실천, 과학과 정치의 이분법 속에서 '삶'의 수단으로서의 '과학'을 협소한 '방법'의 문제로 축소시키는 논리를 내장하고 있기 때문이다(이기홍, 2006 참조). 따라서 『자살론』에 대한 정당한 독해는 뒤르케임의 과학방법론에 대한 평가와 분리될 수 없다. 이 글은 뒤르케임의 자살 연구 근저에 자리한 뒤르케임의 정치적 기획과 『자살론』의 과학성을 연속선상에서 검토함으로써 한국사회 자살 연구에 적합한 이론틀을 탐색하기 위한 시론적 성격을 갖는다. 특히 19세기의 자유주의적 세계관이 신자유주의의 이름으로 부활하여 전 사회적인 양극화가 악화일로에 있는 현 시점에서, 뒤르케임의 사회통합의 문제의식 근저에 자리한 자유주의 세계관에 대한 근본적 비판과 대안을 한국사회 자살현상과 연결시키는 작업은 분명 의미 있는 일일 것이다.

글의 논의는 크게 세 부분으로 전개된다. 2장에서는 『자살론』에서 개진된 사회병리에 대한 관심을 『사회분업론』의 비정상적 분업에 대한 논의의 연속선상에서 살펴본다. 이를 통해 『자살론』이 단지 방법론에 관한 저술이 아니라 뒤르케임의 민주주의론의 요체인 직업집단론의 발전에 중요한 위상을 점하는 정치적 텍스트임을 확인한다. 3장에서는 뒤르케임의 과학철학에 대한 탈실증주의적 해석을 통해 그의 과학방법론이 자살로 표현되는 한국사회의 구조적 병리를 탐구하는데 여전히 적실한 이론적 통찰을 제공하는 한편, 자살 유형학의 미완성성은 한국사회 자살의 역사성을 포착하는 데 장애가 되고 있음을 밝힌다. 나아가 뒤르케임의 실재론적 관점과 인과적 추론에 따를 때 자살의 개념체계에서 주변화 되었던 '숙명론적 자살'을 재구성할 수 있는 논거를 정당하게 확보할 수 있으며, 이는 오늘날 한국사회의 자살현상을 설명하는 데 현실적합성을 갖는다고 주장한다. 4장에서는 한국사회의 자살현상을 중심으로 '숙명론적 자살' 개념을 재구성하고, 몇 가지 사례를 살펴본다. 결국 이 글은 한국 자본주의의 특수한 자살현상 및 역사성에 비추어 뒤르케임의 가설이 현대적으로 수정될 때, 현대 자본주의 문명 비판이자 치유의 기획으로서 『자살론』이 갖는 이론적·방법론적 함의가 보다 생산적으로 독해될 수 있음을 제안하기 위한 것이다.

2. 뒤르케임의 민주주의론

1) 『자살론』과 『사회분업론』의 연속성[8]

『자살론』(1897)은 『사회학적 방법의 규칙들』(1895)에서 뒤르케임이 공식화한 사회학 방법론을 경험 연구에 적용한 후속 연구로 알려져 있다(민문홍, 2001; 휴즈 외, 1998). 때문에 기존 연구에서 『자살론』과 『사회분업론』의 연속성은 크게 주목을 받지 못했다. 그러나 자살에 대한 뒤르케임의 탐구는 그의 원형적 문제의식을 담고 있는 박사학위논문, 『사회분업론』(1893)과의 연관 속에서 더욱 정당하게 독해될 수 있다고 보인다.[9] 이러한 주장의 근거를 우리는 뒤르케임의 민주주의론 및 사회주의론의 근간인 직업집단론에서 찾을 수 있다.[10] 이른바

---

8) 이 글에서 주로 인용한 뒤르케임 저작의 약칭은 다음과 같다. DL: *The Division of Labour in Society*, RM: T*he Roles of Sociolical Method*, Soc: *Socialism and Saint-Simon*, SU: *Suicide — A Study in Sociology*, SP: *Sociology and Philosophy*, PECM: *Professional Ethics and Civic Moral*.

9) 이하에서는 『사회분업론』을 『분업』으로 『자살론』을 『자살』로 약칭하기로 한다.

10) 민문홍(1991), 박영신(1993), 터너(Turnner, 1998), 모스(Mauss, 1990), 피어스(Pearce, 1989)가 뒤르케임의 직업집단론을 사회주의의 기획과 연결시킨다면 김종엽(1996)은 연대주의로, 김태수(2008)는 소통민주주의의 기획과 연결한다.

조합국가 모델로 알려져 있는 직업집단론의 중심 되는 생각은 직업집단의 재산권을 확립하고 같은 생산부문에 종사하는 사람들의 경제적 연합에 의해 도덕적·정치적 법률을 제정하는 것이다. 이 글이 특히 주목하는 지점은 직업집단론이 『자살』과 『분업』을 횡단하는 가교 역할을 하고 있다는 점이다. 「자살과 출산력」(1888)이라는 제목의 논문이 『분업』(1893)으로 출간되기 5년 전에 집필되었다는 사실, 『자살』(1897)에서 유럽사회가 처한 부적응의 원인에 대한 구제책으로 직업집단론이 본격적으로 제안되고 「결사체와 결사체의 발전법칙에 관한 특수한 연구」를 후속과제로 남겼다는 사실, 그리고 그로부터 다시 5년 후 『분업』 제2판 서문(1902)에 직업집단론이 보다 체계화된 형태로 제시되었다는 사실로 미루어 볼 때 직업집단에 대한 주장이 두 텍스트는 물론 초기 뒤르케임의 사회학을 관통하는 중심 테제라는 점은 분명해 보인다.[11] 일례로 자살의 자료작업을 담당했던 뒤르케임의 제자이자 조카인 마르셀 모스(M. Mauss)는 뒤르케임의 사회주의에 대한 강의록을 사후에 출판한 『Socialism and Saint-Simon』(1896/1958)의 서문에서 '사회문제'가 뒤르케임의 이론적 관심의 심층에 자리하고 있었으며 『분업』과 『자살』이 직업집단을 향한 도덕적·정치적·경제적 함의를 담고 있음을 강조한 바 있다(Mauss, 1958: 1~2).

　주지하듯, 뒤르케임의 사회학은 산업혁명과 함께 프랑스에서 일어난 사회·정치적 위기에 대한 응답이자 프랑스 혁명의 완성이라고 하는 콩트와 생시몽의 문제의식을 정확히 잇고 있다. 19세기 말 뒤르케임이 목도한 프랑스는 자유주의 시장논리가 지배적 세계관으로 맹위를 떨치는 사회였고, 근대 사회의 경제적 상태가 야기하는 '사회문제'가 ― 범죄, 비행, 알코올리즘, 마약, 빈곤, 산업재해와

---

11) 뒤르케임의 저작 전체에서 직업집단론이 갖는 중심적 위치와 전개과정에 대해서는 민문홍(2001) 참고. 1902년 서문은 긴급하게 전개되는 사회 정치적 상황에 대한 사회참여의 의미를 갖고 쓰였지만 그 기본 아이디어는 혁신적 사회민주주의자였던 알버트 세플레에 대한 서평 ― "Review of A. Schaeffle, *Bau und Leben des Sozialen Korpers*: Erster Band"(1885) ― 으로 거슬러 올라간다.

노년문제, 그리고 어린이 문제 등 — 전면에 부상한 시기였다. 이와 함께 당시 프랑스 제3공화정이 겪고 있던 정치적 분열과 앙시앙레짐(Ancien Régime)의 망령은 정치통합과 사회통합이라고 하는 뒤르케임의 이중의 문제의식을 이해하는 데 핵심적이다.12) 그 때문에 뒤르케임의 직업집단론은 "고삐 풀린 이기주의의 갈등"으로 표현되는 원자화된 계급사회의 자유주의 레짐뿐 아니라 "비대화된 국가"의 경찰 레짐이라는 두 개의 위험을 동시에 고려하면서 전개된다(Miller, 1996: 3). 한편 뒤르케임은 '사회문제'의 뿌리가 경제문제에 있음을 직시했고, 애덤 스미스와 자신의 저작 간의 연속성을 강조했다. 또한 통상 작업장 내에서의 노동의 분화를 가리키는 분업이라는 용어를 고수함으로써 사회학을 정치경제학의 계승자로 자리매김하고자 하였다(김종엽, 1996: 59, 108). 『분업』2판(1902) 서문에서 뒤르케임은 과거와 달리, 사회로부터 분리되어 일차적인 중요성을 획득하게 된 경제 활동과 '경제적·법률적 아노미'가 현재 유럽 사회가 처한 위기의 근원임을 거듭 강조한다. "모든 경제적 통제의 결여가 도덕적 퇴보의 근원"이라는 것이다(DL: xxxiii).

따라서 『분업』과 『자살』은 이른바 '시장 실패', 즉 시장의 무정부성이 초래한 "사회문제에 대한 반성"이자 "과학을 통해 경제적 삶을 제어할 수 있는 도덕적 구속을 발견"하고자 했던 지적 기획의 연속선상에서 이해될 수 있다(Soc: 238~240). 이로써 그의 사회학은 자유방임주의 경제학에 대한 비판인 동시에 도덕에 관한 실증 과학의 정립이라는 고유한 경로를 설정한다. 『분업』에서의 논증은 분업과 연대의 동시적 발전이라는 자유주의의 주장을 유지하면서 분업이 어떻게 자연적 사실인 동시에 도덕적 사실일 수 있는가, 즉 개인성과 사회성의

---

12) 1789년에서 1914년 사이에 프랑스가 겪었던 심층적인 혁명적 변화와 앙시앙레짐의 파괴 이후 겪었던 정치적·이데올로기적 분열에 대해서는 김종엽(1996)의 2장, 특히 터너(1998: 16~17)를 참고하라. 뒤르케임의 사회학적 작업 전반에 배어있는 프랑스 혁명 이념의 국민적 실현이라는 모티브를 뒤르케임의 '집합의식' 개념을 중심으로 일관성 있게 해석한 연구로 한영혜(1983)를 참고하라.

유기적인 발전은 어떻게 가능한가를 쟁점으로 전개된다.

2) 분업의 비정상적 형태와 자살의 사회병인학

뒤르케임의 관점에서 사회과학은 사회 세계의 합리성, 실재, 그 근원적이고 역동적인 측면을 파악해야 한다. 뒤르케임은 근대 세계의 경우 그것을 노동 분업에서 발견했다. 이러한 이상은 뒤르케임에게 '자발적 노동분업'으로 표현된다 (Miller, 1996: 3). 뒤르케임에 따르면 분업이 사회연대를 낳는다면, 그것은 경제학자들이 말하는 것처럼 분업이 각 개인을 서비스의 교환자로 만들기 때문이 아니라 인간들을 영속적으로 연결시켜주는 권리와 의무의 체계를 만들기 때문이다(DL: 337~338). 따라서 분업은 사회적 연대의 중요한 근원이며, 도덕적 질서의 기초가 된다. 분업의 진전은 사회의 결속의 형태를 변화시킨다. 동일성에 기초한 '기계적 연대'에서 개인들의 차이에 기초한 사회적 결합으로의 전환이 바로 '유기적 연대'이다. 뒤르케임에게 근대 사회의 유기적 연대는 '정상적' 유형이다.

그러나 분업이 모든 곳에서 연대의식을 낳는 것은 아닌데, 그것은 분업이 비정상적 상태에 있기 때문이다. 분업의 비정상적 형태는 '아노미적 분업', '강제된 분업', '또 다른 형태의 비정상적 분업'[13]이라는 세 가지 형태로 제시된다. 특히 분업의 연대유형에서 상대적으로 주변화되어 왔던 '아노미적 분업'과 '강제된 분업'에 대한 논의는 『자살』에서 분석한 주관성의 위기와 직접 횡단하고 있다는 점에서 지면을 할애하여 살펴볼 필요가 있다. 아노미적 분업은 과도기적인 산업사회 전반의 무규범적 상황에서 기능들의 상호관계를 결정하는 규제가 발

---

13) 이 세 번째 형태는 간단히 얘기하면 조직 내부의 지속적인 협동의 결여를 의미한다. 즉 분업이 연대를 생산하지 않는다면 각 노동자의 기능적 활동을 지속적으로 조화시키고 활성화시킬 수 있는 공적 생활의 지도적 중심이 결여되어 있기 때문이다(DL: 323~325 참조).

전하지 않음에 따라 생겨난 결과이다. 아노미는 경제적 위기, 자본과 노동의 대립, 그리고 과학의 무정부주의를 지칭하는 것으로 급격한 변동의 시기에 나타난다. 이는 전문화가 연대감을 산출할 수 있도록 경제 영역 내에 조정기능을 마련한다면 극복될 수 있다. 아노미적 분업이 규제의 결여를 핵심으로 한다면, 적절한 도덕적 규제가 없는 상태에서 개인들 사이의 계약관계는 강압적 권력의 강요나 약육강식의 원리에 의해 결정되는 경향이 있다. 이것이 바로 강제된 분업이다(DL: 310~311; 민문홍, 2001: 90~112).

그러나 규칙이 있다는 것으로는 충분치 않다. 왜냐하면 **규칙들 그 자체가 악의 원인이기 때문이다. 이는 계급전쟁 안에서 발생한다. 계급이나 카스트 같은 제도들은 분업이 조직되는 방식의 하나, 즉 매우 철저히 규제되는 분업의 조직 방식이다. ……내전(civil war)은 노동이 분배되는 방식에서 기인한다**(DL: 310).

이는 명시적인 강제뿐 아니라 별도로 필요에 종속될 수 있는 상황, 물건과 서비스가 등가의 사회적 가치로 교환되지 않는 정당하지 않은 계약의 상황을 포함한다. 즉 강제된 분업은 갈등의 외적(사회적) 조건이 불평등한 상황 일반을 지칭하며, 그 예로 상속제도가 제시된다. 뒤르케임은 현대사회에서 아노미적 분업이 지배적 유형이고, 강제된 분업을 아노미와 관련된 일시적 현상으로 보았다(민문홍, 2001: 113~114).14) 이것이 '예외적'이고 '비정상적'인 이유는 신분제의 점진적인 쇠퇴와 함께 성장한 평등에 대한 시민들의 경험과 믿음 때문이다. 따라서 강제된 분업은 분업의 필연적인 귀결이 아니며, 규범적인 질서가 합리적이

---

14) 뒤르케임은 『자살』에 이르러 경제적 아노미의 1차적인 지위를 보다 확고히 하는 것으로 보인다. 아노미는 정규적이고 특수한 자살의 요인이며, 그에 의해서 일정한 수와 연간 자살률이 결정되기에 다른 형태와 구별되는 새로운 자살유형이라는 것이다(SU: 270~275 참조).

어서 개인들이 스스로 그 질서에 헌신할 때, 극복될 수 있다. 때문에 뒤르케임에게 근대 사회의 위기는 계급 갈등 그 자체가 아니라 "악의 근원이 되고 있는 외적 불평등을 조금씩 제거시켜 각 기관들 간의 관계에 **정의를 회복해야 할**" 도덕의 위기로 표현된다(DL: 336~340).

이 지점에서 뒤르케임이 위기의 원인을 구조적인 것으로 이해한다는 점은 『자살』에서의 사회 병리 분석에서 보다 명확하게 표현된다.[15] 오늘날 자살의 비정상적 증가는 "낡은 제도를 붕괴시키는 데는 성공했지만 새로운 것을 세워놓지 못한 병적인 상태에서 유래한다"는 것이다. 따라서 『자살』의 결론부분에서 '도덕적 질병'에 대한 처방책으로 제시된 직업집단론의 위상은 어떤 종류의 집단을 구성하려는 시도에 제한되지 않는다. "사고방식이나 행위양식은 오직 집합적 생존양식 자체가 변화함으로써만 변화될 수 있으며, 또한 집합적 생존의 변화는 그 구성부분들의 변화가 없이는 일어날 수 없다"(SU: 400~421). 직업집단은 개인의 이기주의를 제어하고 연대감을 부양할 사회화(socialization)의 기제이며, 사회통합과 정치통합을 연결하는 핵심적인 고리가 된다(김태수, 2008: 294~296). 중요한 것은 '전면적 개혁'을 추동할 주체를 마련하고 이를 제도화하는 것이며, 이 규제를 담당할 도덕적 세력이 직업집단이라는 것이 『분업』에서 『자살』로, 다시 『분업』 2판 서문으로 이어지는 일관된 결론이다(DL: lv-lvi; SU: 400~425). 요컨대 『자살』을 경유하여 구체화된 뒤르케임의 직업집단론은 생산의 아나키를 제어하고 합리성이 항구적으로 작동할 수 있는 사회체제로 나아갈 사회재조직의 기획으로 독해될 수 있다.

---

15) "따라서 우리가 자살의 비정상적 증가가 도덕적 질병의 증상이라고 말하는 것은, 그것을 단순히 부드러운 몇 마디 말로 치료할 수 있는 표면적인 질환이라는 뜻은 결코 아니다. 그와 반대로 …… 도덕적 특질을 치유하기 위해서는 사회구조가 개조되어야 한다"(SU: 420~421).

3. 뒤르케임의 사회과학방법론

『분업』과『자살』을 교차시키는 상호담론적 독해를 통해 뒤르케임의 민주주의론의 요체를 거칠게나마 살펴보았다면, 이제『자살』의 과학방법론에 대한 실재론적 해석을 통해 그의 민주주의론의 인식론적·존재론적 기초를 추적해보기로 하자. 뒤르케임의 민주주의론뿐만 아니라 자살의 정치적 의미가 저평가되어왔던 배경에는 앞서 언급했듯 그의 방법론이 엄격한 실증주의 방법론의 적용으로 알려졌던 과정과 무관하지 않다. 이는 다시 마르크시즘과 사회학의 불필요한 적대를 재생산해왔던 결코 가볍지 않은 오독의 지점이라 보인다. 그런 점에서 뒤르케임이 오래 전에 선취했던 실재론적 관점에서 자살의 추론과정을 재구성하는 독법은 자살을 사회병리에 대한 탐구일 뿐 아니라 기존의 사회질서를 재이론화하는 정치적 기획으로 독해할 수 있는 가능성을 열어준다.[16]

1) 뒤르케임의 사회학적 자연주의: 실재론적 해석

뒤르케임에 따르면 모든 사회는 역사의 순간마다 자발적인 죽음을 발생케 하는 일정한 경향을 띠고 있으며, "한 사회의 자살에 의한 사망률"은 그 사회의 발전단계와 성격을 말해준다. 일정한 시기에 그 사회의 도덕적 특성이 일시적인 자살의 양(量)을 결정한다. 따라서 각 사회는 그 국민을 자살로 이끌어가는 일정한 양의 에네르기로 이루어진 집합적인 힘을 가지고 있다. 따라서 사회적 자살률은 사회학적으로만 설명될 수 있다(SU: 320).

이러한 입장은 '자살의 사회학화'라는 한마디로 알려져 왔다. 그러나 자살의

---

16) 자살에 대한 실재론적 독해로는 Willer(1968), Pearce(1989). 국내 연구 중 뒤르케임의 '집합적 경향'을 사회 실재론의 관점에서 재해석하고 그 한 형태로 한국의 가족주의 습속을 제시한 선구적 연구로 송재룡(2008)을 보라.

사회학적 전환이 갖는 의미는 『자살』에서 사용된 양적 방법과 사회학적 시각의
강조로 인해 실증주의라는 비판과 사회학주의라는 비판 앞에 동시에 노출되어
왔다(Nisbet, 1963; Zeitlin, 1981). 그러나 이러한 비판은 '발현의 사회학자'[17]인
뒤르케임의 방법론을 충분히 이해하지 못한 데서 비롯된 오해의 소치라 할 수
있다. 이를 명확하게 드러내기 위해 실증주의 과학철학에 대한 유의미한 대안
을 모색해온 비판적 실재론(Bhaskar, 2007)[18]의 관점을 먼저 살펴보기로 하자.

실증주의 과학철학은 자연과학의 방법론을 사회 현상의 설명에 확대 적용하
자는 입장, 즉 자연주의를 대표한다고 할 수 있다. 이에 따르면 사회는 자연의
일부일 뿐이므로 자연을 연구하는 방법이 사회에도 적용되어야 한다. 사회학을
사회물리학으로 호칭했던 콩트의 입장이다. 그러나 이후로 전개된 실증주의는
궁극적으로 물리학적 환원주의라는 비판을 받아왔다. 환원주의가 문제가 되는
이유는, 우선 세계가 층화되어 있다는 사실과 각 층위는 발현적 속성을 갖는다
는 사실을 이론에 반영할 수 없고, 따라서 자연적 존재임에도 인간은 자유를 갖
는다는 사실을 있는 그대로 드러내는 데 실패했기 때문이다. 환원주의의 문제
를 해결하지 못하는 실증주의는 결국 정신을 물질로 사회를 개인으로 환원해 설
명하는 것을 피할 수 없는 일이며 이를 과잉자연주의라 부를 수 있다. 한편 인간
은 자연의 일부이고 '자유'를 포함하는 정신 및 사회세계 또한 자연의 일부라는

---

17) 상이한 수준을 지닌 실체들의 환원불가능성을 지시하는 발현(emergence) 개념은 뒤르
　　케임의 스승 중 한 명인 철학자 부투르(Emile Boutroux)로부터 배운 것으로 알려져 있다
　　(코저, 2003: 185).

18) 비판적 실재론은 비판적 자연주의(critical naturalism)와 초월적 실재론(transcendental
　　realism)의 합성어로 로이 바스카(Roy Bhaskar)에 의해 제창되었다. 바스카는 스승 롬
　　하레(Rom Harre)의 실재론적 관점에 영향을 받아 실증주의적 과학방법론의 한계를 비
　　판하는 것으로부터 자신의 과학적 실재론을 발전시켜왔다. 실증주의가 문제가 되는 이
　　유는 첫째, 감각경험 이상의 층화된 세계를 인정하지 않는 경험적 실재론과 둘째, 단지
　　감각자료의 기록자에 머무는 수동적 행위자를 인간관에 전제함으로써 결과적으로 현상
　　을 정당화하는 이데올로기로 기능하기 때문이다(바스카, 2007: 103~107 참조).

점이 이론에 충분히 반영되지 않는다면 과학 그 자체를 놓쳐버리고 만다. 잘못된 과학관을 버리려다 과학 자체를 포기하고 '철학'으로 되돌아가는 역사적 퇴행에 빠지는 것이다. 인간과 자연, 철학과 과학을 완전히 분리한다는 점에서 반자연주의라고 부를 수 있는 이러한 입장은, 자연 현상과 사회·역사 현상을 폭력적으로 구분하고 후자를 자연필연성으로부터 자유로운 인간의 자발적 활동으로 서술하게 되므로, 궁극적으로는 자원적 행위이론으로 귀결될 위험에 놓인다. 만일 우리가 환원주의를 야기하는 실증주의적 과학관을 해소하고 환원주의로부터 벗어난 '새로운' 과학관을 세울 수 있다면, 환원주의에 빠지지 않는 자연주의, 즉 '비판적 자연주의'를 견지하는 과학을 정립할 수 있는 가능성이 열린다(김진업, 2011: 131~133 참조).

흥미롭게도, 뒤르케임의 자연주의는 이러한 비판적 자연주의의 관점을 상당 부분 예견하고 있다고 보인다(Pearce, 1989). 잘 알다시피 뒤르케임은 사회를 연구할 때 환원론을 피해야 하며 사회현상을 고유한 실체(sui generis)로 간주해야 한다고 주장했다. 이런 생각은 뒤르케임의 전 이론체계의 핵심을 이루는데, 생물학적 환원이나 심리학적 환원을 거부하고 '사회적 사실(social fact)'을 사회학의 주된 연구 대상이라고 본 것이다(Coser, 2003: 157). "사회적 사실을 사물처럼 대하라"라는 방법론적 테제는 그의 자연주의적 입장을 함축적으로 보여준다. 즉 사회적 사실은 우리의 주관적 인식으로 환원되지 않는 사회적 차원의 실재성을 의미하고('외재성') 우리의 개별 행위를 제약하는 규범적 차원을 갖지만('강제성'), 자연과학과 마찬가지로 과학적인 방법과 태도로 접근되어야 할 지식의 대상임을 의미한다('사물처럼 대하라').

여기서 '사회적 사실'이 고정된 물리적 실체와 같은 실증주의적 사실 개념이 아니라 생물학적 사실이나 심리적 사실과는 다른 인과적 수준을 지시한다는 점은 그의 방법론 저술 곳곳에서 강조되고 있다. 즉 사회적 사실은 "행위이자 표상"이며, "개인의식의 외부에 존재하는 뚜렷한 특성을 보여주는 행위양식, 사고양식, 감정양식"으로 다른 수준의 정신적 성격을 지닌다는 것이다(RM: 51).

이러한 반(反)환원주의는 『자살』에서 전개된 뒤르케임의 방법론에도 일관되게 관철된다. 『자살』1부에서의 논증은 자살에 대한 일반적인 설명인 비사회적(extra-Social) 요인들을 소거하는 것에서 시작된다. ① 정신질환, ② 인종과 유전이라는 심리 상태, ③ 우주적 요인, ④ 모방이라는 가설이 그것인데, 이는 유기적·심리적 성향과 물리적 환경의 성격이라는 두 가지 요인으로 다시 분류될 수 있다. 결과적으로 이러한 설명은 자살을 개인에 원인이 있는 것으로 자연화하려는 환원주의에 기초하고 있기에 각각의 가설을 하나씩 소거해가는 그의 논증은 이로 환원되지 않는 사회적 원인과 정신의 발현적 속성을 도출하는 과정이 된다.

특히 가브리엘 타르드(J. G. Tarde)의 모방 이론을 비판하는 대목은 뒤르케임의 반(反)환원주의적 자연주의와 인간학을 이해하기 위해 중요한 지위를 점한다. 타르드의 심리학적 접근방식은 자살을 영향력 있는 특정 개인의 죽음에 의한 사회적 모방이나 감염효과로 설명한다. 뒤르케임의 입장에서 이 모방 이론을 승인한다면 자살률은 개인적인 원인들에 직접 의존하는 것이 된다. 그러나 사회생활은 기본적으로 표상에 의해 이루어진다. 표상을 매개로 하는 한 둘 또는 그 이상의 비슷한 의식의 상태가 유사하게 드러나고 서로 결합/융합되는 상태를 모방으로 볼 수는 없다. "이와 같은 결합은 모방이라기보다는 차라리 창조라고 불러야 할 것이며, 이것이야말로 우리의 정신력이 창조력을 가지게 되는 유일한 과정이다"(SU: 111~114). 즉 인간의 사회생활에는 개인 심리학과 다른 사회심리학의 법칙이 존재한다는 것을 인정해야 한다는 것이다. 이러한 입장은 『자살』 다음 해 발표한 「개인표상과 집단표상」(1898)이라는 논문에서 좀 더 분명해지는데, 여기서 뒤르케임은 인간의 표상을 설명하는 기존의 이론, 즉 정신생리학의 부수현상설과 실험심리학의 내성주의를 동시에 비판한다. 헉슬리와 모슬리의 정신생리학에 대해 부수현상설이라 이름 붙인 것은 정신을 육체적인 생명의 부수현상이나 뇌의 과정의 단순한 반영에 지나지 않는 것으로 환원했기 때문이다. 반대로 실험심리학의 내성주의자들은 정신적 삶을 세계로부터 격리시키고 과학의 통상적인 방법에서 벗어나게 했다. 즉 양자 모두 새롭게 과학의 층위로 들어온 정신의 제한적인 자율성을 인정하지 않으며, 단순한 것으로 복잡한 것을, 열등한 것으로 우월한 것을 설명하려고 한다는 점에서 문제가 있다.

이성을 지닌 행위자는 그 행위가 반사작용의 체계로 환원될 수 있는 그러한 사물처럼 행동하지 않는다. 그는 망설이며 움직이고, 자기 방식대로 느끼고, 숙고하며, 뚜렷한 특색(mark)에 의해 분간된다. 즉각적인 운동을 불러일으키기보다 외부의 자극은 그 과정 속에서 중단되고 고유한(*sui generis*) 가공에 들어간다(SP: 3).

뒤르케임은 이러한 자신의 자연주의를 심리학적 자연주의나 생물학적 자연주의와 구별하여 '사회학적 자연주의'라 불렀다.

심리사회학자의 이데올로기와 사회인류학자의 유물론적 자연주의를 넘어서 사회현상들에서 구체적 사실들을 보고, 그 특수성에 대한 종교적 존중과 함께 설명에 착수하는 '사회학적 자연주의(sociological naturalism)'를 위한 방이 존재한다. 우리에게 붙여진 유물론이라는 비난보다 더 잘못된 것은 없다. 사람들이 개인의 표상적 삶의 특수한 속성을 정신성(spirituality)으로 부른다면, 반대로 우리의 관점에서 사회적 삶은 초정신성(hyper-spirituality)으로 정의된다. 이러한 정의는 정신적 삶의 모든 구성적 속성들이 초정신성 속에서 발견되지만, 그것은 훨씬 더 높은 힘으로 고양되어 전적으로 새로운 어떤 것을 구축한다는 것을 뜻한다. 이 단어는 그 형이상학적 외양에도 불구하고, 자연적 원인들을 통해 설명되는 자연적 사실들의 집합체에 지나지 않는다는 것을 지칭할 뿐이다(SP: 34).

사회학적 자연주의에 기초한 뒤르케임의 인간관은 그 유명한 인간의 이중성(homo duplex) 개념에서 명확해진다.

인간이 이중적이라면 그것은 육체적인 인간에 사회적 인간이 중복되기 때문이다. 사회적인 인간은 그가 표현하고 봉사하는 사회를 전제로 한다. 그런데 사회가 해체되면, 즉 우리가 우리 주변과 우리 외에 사회의 존재와 작용을 느끼지 못한다면, 우리들 안의 모든 사회적인 것은 그 목적과 기초를 잃게 된다(SU: 221).

인생은 어떤 존재 이유(raison d'être)가, 즉 삶의 고통을 정당화시켜주는 어떤 목적이 없고서는 살아가기 어렵다(SU: 218).

요컨대 『자살』에 전제되어 있는 뒤르케임의 사회적 존재론은 인간이 자연의 일부인 동시에 사회적 존재로서의 자유를 갖고 있음을, 자연필연성의 제약을 받는 동시에 그것으로 환원되지 않는 정신적 존재로서의 자유를 갖고 있음을 인정하는 '비판적 자연주의'의 입장을 선취한다고 할 수 있다.[19] 따라서 사회적 사실의 외재성과 강제성에 대한 뒤르케임의 강조는 당대 지배적인 사조였던 자원주의 행위이론(방법론적 개인주의)에 대한 비판적 개입으로, "인간 중심의 편견이 남긴 잔재들이 다른 곳처럼 과학의 길에 장애가 되"기에 "이러한 편견으로부터 과학을 해방"시키고자 했던 문제의식의 발로로 독해될 수 있다(RM: 46).

한편으로 심리학과(반자연주의)와 경제유물론(과잉자연주의) 각각으로 환원되

---

19) 따라서 뒤르케임에게 향해왔던 비판, 개인에 미치는 사회의 역할을 일방향으로 강조함으로써 행위의 자율성을 무시하는 이른바 '물상화 모델'의 원형을 제공했다는 비판은 재고될 필요가 있다(바스카, 2007; 콜리어, 2010). 이러한 입장에서는 뒤르케임이 그토록 강조하는 개인숭배나 유기적 연대의 원천으로서의 자발적 분업의 원리를 명확히 설명해줄 수 없다. 『자살』에서의 논증은 이러한 오해를 교정할 뿐더러, 사회적 삶의 관계적 차원과 역동적 계기에 대한 이론적 재구성을 충분히 허용하는 것으로 보인다. 사실, 뒤르케임에 대한 바스카의 이러한 평가는 뒤르케임에 대한 실증주의적 해석에 일정정도 기인한 것으로 보인다. 즉 뒤르케임의 방법론이 "집합주의적 사회학 개념과 실증주의적 방법론을 결합"했다고 본 것이다. 자세한 내용은 바스카(2007: 146~155)를 참조하라. 이에 대한 비판적 토론과 재구성이 다음의 과제가 될 것이다.

지 않는 사회의 발현적 속성에 대한 부단한 강조는 자유방임주의 경제학의 철학적 기초인 공리주의와 합리적 행위모델에 대한 비판으로 독해될 수 있다.

2) 뒤르케임의 층화이론과 자살의 원인론: 탈(脫)실증주의적 해석

따라서 층화된 세계를 인정하는 뒤르케임의 실재론적 관점에서 사회현상은 관찰가능한 규칙성이라는 경험주의적·실증주의적 인과성 개념으로 연구될 수 없다. 『자살』에서의 두 번째 논증은 자살이라는 현상을 발생시킨 '사회적 조건'을 추적해 들어가는 전형적인 역행추론의 방법으로 행해진다.[20]

우리는 자살이 직접 일어나게 된 원인을 결정하려고 하며, 특별한 개인에게서 가정할 수 있는 형식에는 전혀 관심을 갖지 않게 될 것이다. 우리는 개인적인 동기와 이념을 무시하고 자살의 차이가 일어날 수 있는 조건들, 즉 다양한 사회적 환경(종교적 신앙, 가정, 정치사회, 직업적 그룹 등)을 직접적으로 추구하게 될 것이다. 그런 후에 우리는 개인적인 문제로 되돌아가 일반적인 원인들이 어떻게 개별화되고, 그러한 개별화가 어떻게 살인적인 결과로 연관되는가를 연구하게 될 것이다(SU: 145~146).

뒤르케임이 자살의 개별적 형태로부터 연구를 시작하지 않는 이유는 첫째, 우리가 갖고 있는 자료는 너무 요약되어 있다. 둘째, 우리는 자살자의 자신에 대한 판단을 충분히 신뢰할 수 없다. 자살자는 자신의 감정 상태에 대해 착각하기 쉽기 때문이다. 셋째, 객관성이 불충분할 뿐 아니라 적절한 관찰이 불가능하다

---

20) 역행추론(retroduction)이란 "몇몇 현상에 대한 서술로부터 그 현상을 만들어 내거나 그 현상을 조건지은 것에 대한 서술로 나아가는 논증"을 말한다. 즉 경험적 영역에서 실재의 영역으로 도약함으로써 현상을 발생시키는 인과적 힘과 발생기제를 탐구하고 다시 경험적 영역으로 되돌아가 실재적 원인과 경험적 결과 사이의 필연적이고 우연적인 관계들을 검사하는 초월적 논증의 한 형태이다(콜리어, 2010: 46; 이기홍, 2008 참조).

는 것이다(SU: 139). 간단히 말하면, "현상의 생성 원인이 개별적인 사례들만을 보는 관찰자의 눈에서는 발견되지 않는다는 것은 당연한 일이다"(SU: 347). 따라서 그는 연구의 순서를 바꾸고자 한다. 다른 형태의 원인들이 다른 유형의 자살을 가져온다. 유형이 제각기 그 자체의 본질을 갖기 위해서는 특수한 발생의 조건을 가져야 한다. 원인들 사이에 독특한 차이를 가지고 있다는 것이 증명된 유형은 결과에서도 비슷한 차이를 내포한다. 결과적으로 자살의 사회적 유형을 기술된 특성에 의해서가 아니라 자살의 원인에 의해서 분류할 수 있게 된다. 따라서 그는 그와 같은 유형들이 서로 다른가를 묻기보다 먼저 그러한 유형에 상응하는 사회적인 조건을 알아내고자 하는 것이다. 즉 뒤르케임의 분류는 형태론적으로 되는 대신에 처음부터 원인론적 방법을 취한다(SU: 140).

그에 따르면 이것은 열등한 방법이 아니다. 왜냐하면 "현상의 성격은 아무리 본질적인 것일지라도 단지 그것의 특성만을 아는 것보다 그것의 원인을 알 때 더 깊이 이해할 수 있는 것이기 때문"이다. 연역이 사실에 기초한다면 자료는 매우 유용하게 된다. 자료가 제공해주는 사례에 의해서 정립된 유형은 상상만이 아니라는 것을 보여주게 될 것이다.21) 그리하여 우리는 원인에서 결과로 내려가게 될 것이고, 원인론적 분류는 전의 사례 등을 입증할 수 있는 형태론적인 분류에 의해서 완전하게 될 것이다(SU: 140~141).22)

이는 스티븐 룩스가 지적하듯 부당전제의 오류가 아니며(Lukes, 1973: 31), 김종엽이 해석하듯 자료의 제약이나 해석학의 지원을 받지 못한 방법론적 난점으

---

21) 오해를 방지하기 위해 부연하자면, 이때의 연역은 사실과 함께 출발한다는 점에서 전적으로 선험적이지 않다. 즉, 이러한 관점은 경험 자료에서 출발하되 추론이 경험을 넘어선다는 점에서 초월적이며, 확실성의 최종적인 근거를 현상과 경험 자료에서 찾는 실증주의 및 경험주의적 인식론과는 명백히 구분된다.

22) 실제로『자살』의 2부에서는 자살의 사회적 원인에 대한 추론을 토대로 자살의 개별적 형태의 복합성을 검토한다. "본 연구의 시초에서는 거의 불가능한 것이었던 형태학적 분류는 이제 발생학적 기초가 마련되었으므로 시도될 수 있다"(SU: 296).

로 불가피하게 인과론과 형태학의 융합의 경로를 택한 것도 아니다(김종엽, 1996: 43).[23] 뒤르케임은 국가에서 낸 통계보고서에서 제출된 소위 '자살의 추정 동기들'이라는 것이 대부분 조사를 담당하고 있는 관리들이 "동기에 관해 작성한 의견"일 뿐임을 명백히 간파하고 있었다(SU: 141). 따라서 취사선택된 통계자료에 근거해 논의를 전개했다는 경험주의적 비판은 처음부터 설 자리가 없다. 오히려 뒤르케임은 사회 세계가 사회적 행위자들의 개념과 행위에 의존하는 개방체계이기에 자연과학의 성공에 매우 결정적이었던 실험의 방법이 사회생활의 연구에서는 제한될 수밖에 없다는 사실을 인식했다. 따라서 그는 실험 방법에 대한 대안으로 통계를 활용하여 기여 원인(contributory cause)을 분리하고자 시도했고, 이것이 『자살』이 선구적 저작이 된 이유이다(휴즈 외, 1998: 278~279). 즉 그는 통계를 활용해, 사회생활에 유일하게 적합한 추상의 방법을 취하고 있는 것이다.

마찬가지로 뒤르케임은 '원인'과 '동기'를, '소인(素因)'과 '근인(近因)'을 구분한다. 자살자는 자신의 행위의 이유를 알 수 없기에, 또는 정확하지 않을 수 있기에 자살률의 원인을 파악하기 위해서는 다른 접근 방법이 필요하다는 것이다. 이러한 '원인' 개념은 뒤르케임에게 '과학으로서의 사회학'을 정립하는 데 금과옥조와 같다.

혼히 자살의 근인(近因)이라고 생각되고 있는 개인적 경험은 자살자의 정신적 소인(素因)에서 유래한 것이며, 정신적 소인 그 자체는 사회의 정신적 상태의 반향이다 ……이것이 곧 자살의 계기라고 할 만한 직접적인 원인을 찾아볼 수 없는 이유이다. 자살은 자살유발의 원인들

---

23) 김종엽은 뒤르케임의 난점이 이미 발견된 자살의 원인을 자살의 유형과 잘못 동일시한 것이라고 지적한다. 뒤르케임이 만일 베버적인 이념형 개념을 구사했다면 그의 난점은 제거될 수 있었을 것이라는 것이다. 따라서 이념형론을 도입함으로써 부당전제를 회피할 방법론적 장치를 세련화하지 못했기에 뒤르케임은 연역과 귀납의 상호보충을 해석학적으로 심화할 수 없었다는 것이다(김종엽, 1996: 44 참조).

이 개인에게 얼마만큼의 영향을 미치느냐에 달려 있다(SU: 321).

그는 『자살』에서 개진된 자신의 방법론을 스스로 과학적 합리주의라 불렀다. 그의 논증이 통계 자료에 상당 부분 기대어 전개되었음에도, 현상과 본질을 구분하고 현상들의 관계 이면의 원인을 찾아나가는 이러한 추론 방식은 세간의 통념과는 달리 '실증주의적'이지 않다.[24] 다음의 언술을 통해 뒤르케임에게 확고한 반(反)경험주의를 발견할 수 있다.

> 의도라는 것은 너무나 내밀한 것이기 때문에 …… 심지어는 스스로도 자신의 의도를 포착하기 어려운 것이다. 우리가 자신의 행위의 참된 이유를 잘못 이해하는 일이 얼마나 많은가? …… 행위는 행위자가 추구하는 목적에 의해 정의될 수 없다(SU: 18).

> 심리학적 생활은 직접 인식할 수 있는 것이기보다는 일반적인 지각으로써는 알아볼 수 없는 깊이를 가진 것이며, 그것을 알아보기 위해서는 외부 세계의 과학과 마찬가지로 복잡한 절차를 밟아야만 한다……(SU: 333~334).

이러한 방법론적 입장을 관찰되는 현상 '너머'를 해명함으로써 인간 행동을 억압하는 고통의 근원을 찾고자 했던, 이를 통해 의식으로부터 추방된 무의식

---

24) 그는 사회학적 방법의 규칙들(1895)에서 이미 '실증주의'라는 표현에 제한을 가하고 있다. "앞서 언급된 (실증주의라는) 명칭이 정확한 것은 아니며, 또 우리가 수용할 수 있는 유일한 명칭은 '합리주의'라는 명칭이다. 사실 우리의 중요한 목표는 과학적 합리주의를 인간행위에 이르기까지 확대시키는 것이다. 과거의 행동이 분석될 때 원인과 결과의 관계로 환원될 수도 있다는 것을 보여줄 수 있다. 이러한 원인과 결과의 관계는 이제 동일한 논리적 조작을 통해 미래에 대한 행위규칙으로 환원될 수 있다. 비판가들이 우리를 '실증주의(positivism)'라고 불러왔던 것은 단지 이러한 합리주의의 한 측면일 뿐이다(RM: 32~33).

의 영역에 다가서고자 했던 프로이트의 정신분석적 방법에 견주어볼 수 있겠다.

3) 집합적 경향(collective disposition)과 네 가지 자살형태

앞 절에서 논의한 추론과정을 거쳐 뒤르케임은 개개인의 자살이 심리적 요인이나 생물학적 속성 때문에 발생하는 것이 아니라 사회적 힘(social force), 즉 '사회 통합'과 '규제' 때문에 생기는 것이라고 주장한다. 뒤르케임의 생각을 간단히 요약하면, 한 사회의 자살률이 매우 항상적인 경향을 보이는 이유는 해당 사회의 도덕 구조가 자살의 유형을 결정하고 이것이 집합적 경향으로 개인에게 영향을 미치기 때문이다. 자살자의 행동은 얼핏 보기에 개인적 기질을 나타낼 뿐이지만, 실로 그들이 외부로 표현하는 사회적 조건의 보완이며 연장인 것이다. 이 집합적 경향(collective disposition)은 개인적 경향의 결과가 아니라 모든 개인적 경향의 원천이다. 이는 권태로운 우울증, 적극적인 자기 부정, 과장된 좌절 등과 같은 각 사회의 흐름으로, 이기주의, 이타주의, 그리고 아노미로 이루어져 개인에게 영향을 미침으로써 자살의 원인이 된다.

이러한 입장에서 자살은 사건의 직접적인 결과가 아니다. 사건들이 자살의 직접적인 동인인 듯 생각되지만, 사실 이것은 우발적인 계기에 지나지 않는다. 여기서 뒤르케임이 집합적 경향을 사회구조의 압력과 강제력을 지시하는 것으로 일종의 힘의 자기장과 같이 사고한다는 분석은 타당해 보인다(송재룡, 2008: 141). 주목할 만한 것은, 이 집합적 경향이 집합의식을 반영하는 역동적인 힘의 체계로 개념들의 연결망을 구축한다는 점이다. 이기주의건, 이타주의건, 어떤 종류의 아노미건, 어떠한 국민들 사이에서도 그런 세 가지의 경향은 공존하며 사람들의 경향을 세 가지의 다른 방향으로, 때로는 반대의 방향으로 끌어당기고 있다. 그러한 경향들이 서로 상쇄될 때에는 도덕적 개인이 균형의 상태에 있어 자살의 생각을 막아낸다. 그러나 그 중의 한 경향이 다른 경향들을 특정한 정도 이상으로 초과하면, 그 경향은 개체화되어 자살생성적인 것이 된다(SU: 344~345).

각각의 집합적 경향은 어떠한 성격을 띠며, 어떠한 사회적 조건 속에서 발생하는가? 뒤르케임의 저술에서 네 번째 자살 형태로 명시된 '숙명론적 자살'의 개념까지 포함하면 총 네 가지 자살유형이 도출된다. 알다시피, 이기적 자살은 사회집단에 대한 통합이 불충분하기에 인간이 존재 근거를 삶에서 찾지 못함으로써 일어난다. 이타적 자살은 사회에 강력하게 통합되어 있어 개별 존재의 근거가 외부에 존재하기 때문에 일어난다. 이타적 경향은 오늘날 자살 증가와 크게 관계가 없다. 그것은 주로 미개사회에서만 나타나는 것으로, 예를 들면 오늘날 군인정신과 같이, 잔여적으로 남아 있을 뿐이다. 아노미성 자살은, 인간의 활동에 대한 사회의 통제가 부재하기 때문에 발생한다(SU: 275).

따라서 병적인 증가로 간주될 수 있는 것은 이기적 자살과 아노미성 자살뿐이다. 양자는 똑같이 사회의 불충분한 존재에 기인하지만, 다른 사회적 환경에서 발생한다. 이기적 자살이 **집합적 활동의 결함**에 따른 의미 상실로 주로 지적 작업을 하는 사람들에게 일어난다면, 아노미성 자살은 개인의 열망에 대한 **규제의 결함**으로 주로 공업 및 상업의 세계에서 주로 일어난다. 뒤르케임은 여기서 "정부가 경제생활을 지배하는 대신에 그 도구나 시녀가 되는" 상황을 예로 들고 있다.25)

여기서도 뒤르케임은 자살경향의 상승이 문명의 필연적 결과가 아니라 병리적 상황, 즉 자살이 발생하는 특수한 조건에 책임이 있음을 강조한다. 즉 "더 이

---

25) "정부는 경제생활을 지배하는 동시에 그 도구나 시녀가 되고 있다. 정통파 경제학자들과 극단적인 사회주의자들이 서로 반대되는 학파임에도, 정부의 기능을 여러 사회적 기능 가운데의 소극적 기능으로 감축시키는 일에 연합전선을 폈다. …… 양자는 또한 국가는 산업발전이라는 단일한 주요 목적을 갖는 것이라고 주장하고 있으며, 경제유물론의 도그마가 분명히 서로 상반되는 이론체계의 기초를 이룬다. 이 이론들은 산업이 보다 상위의 목적을 위한 수단이 아니고 개인과 사회의 지상목표가 된 여론의 상태를 표현했을 뿐이다. 그리하여 욕구는 어떤 권위에 의해서도 제한받지 않고 자유로워진 것이다"(SU: 271).

상 좌시할 수 없는 위기와 혼란의 상태"는 경제가 정치를 지배하는 생산의 아나키뿐 아니라 "정부의 기능을 여러 사회적 기능 가운데의 소극적 기능으로 감축시키는 일에 연합전선을" 편 이론의 아나키에도 책임이 있다. 그 결과 "산업사회에서 위기의 상태와 아노미는 항구적이며, 말하자면, 정상"으로 받아들여진다는 것이다. 즉 "산업발전"이 "개인과 사회의 지상목표"가 되고, 산업 사회의 위기가 일종의 자연적 결과로 보이게 되는 지적 아노미가 더 고질적인 문제이다. 이것이 뒤르케임이 "무정부주의, 탐미주의, 신비주의, 사회주의 혁명론자들"의 "집합적 우수"와 "비관주의적 경향"을 그토록 비난했던 이유이다(SU: 399~401). 이러한 도덕의 특질을 치유하기 위해서는 사회의 재조직이 요청된다는 것이 『분업』에서 『자살』로 동일하게 이어지는 뒤르케임의 결론이다.

4) 숙명론적 자살(fatalistic suicide)의 수수께끼

여기서 우리는 뒤르케임의 이론체계에 생긴 중요한 공백에 주목한다(김종엽, 1996; Besnard, 1993; Pearce, 1984). 그의 네 가지 자살 유형에는 비대칭성이 존재한다. 개념도식으로만 본다면, 뒤르케임의 유형론에서 숙명론적 자살이 차지하는 위치는 다른 것들과 동등한 위상을 갖지만, 숙명론적 자살에 대해서는 단지 아래와 같이(그것도 주석에서만) 언급되었을 뿐이다.[26]

이기적 자살과 이타적 자살이 서로 반대되는 유형인 것처럼, 아노미성 자살에도 반대유형의 자살이 있을 수 있음을 암시한다. 그것은 지나친 규제로 인한 자살이며, 강압적인 규율에 의해서 미래가 무자비하게 제한되고, 욕망이 난폭하게 제압되는 사람들에 의한 자살이다. 그와 같은 자살은 아주 젊은 기혼자들이나 자녀가 없는 기혼자

---

[26] 이기적 자살에 125쪽, 이타적 자살에 29쪽, 아노미성 자살에 25쪽을 할애한 것에 비하면 (국역본 기준), 이러한 확연한 편차는 수수께끼에 가깝다.

에 의한 자살이다. 따라서 완전하게 하기 위해서는 우리는 네 번째의 자살형태를 분류해야 할 것이다. 그러나 이 형태는 오늘날 거의 중요성이 없으며 방금 말한 것들을 빼놓으면 그 예를 찾아보기가 극히 어려우므로 무시해도 좋을 것이다. 그러나 역사적인 흥미의 대상은 될 수 있다. 어떤 특정한 조건에서는 빈번하게 일어날 수 있는 노예들의 자살이나, 지나친 육체적 및 정신적 압제로 인한 모든 자살은 여기에 속한다. 불가항력적이고 융통성이 없는 규율의 성격을 나타내고, 또한 우리가 본장에서 사용한 용어인 '아노미'라는 표현과 대조되게 하기 위해서, 우리는 그와 같은 자살을 '숙명적 자살(fatalistic suicide)'이라고 부를 수 있을 것이다(SU: 295).

위에서 언급하듯, 뒤르케임은 숙명론적 자살을 현대사회의 자살연구에서 크게 고려할 가치가 없는 것으로 파악한다. 이런 뒤르케임의 태도는 『분업』의 뒤르케임을 염두에 둘 때 당혹스러운 것이다. 그는 『분업』에서 비정상적 분업의 대표적인 형태로 아노미적 분업과 강제된 분업을 논하고 있다. 전술했다시피 전자는 규제의 상실로 인해 발생하는 비정상적 분업이다. 그런 의미에서 아노미적 분업은 자살에서의 아노미적 자살과 개념적 연속성을 가진 것이다(김종엽, 1996: 47). 또한 강제된 분업은 "매우 철저하게 규제되는 분업의 조직방식"으로 이른바 '상속재산의 폐지'를 주장하는 것으로 나아가는 계급관계의 비판이라는 함의를 담고 있었다. 그러나 자살에 이르면 강제된 분업의 문제의식은 '숙명론적 자살'의 개념으로 미미하게 이어질 뿐이다. 그렇다면 왜 숙명론적 자살 개념이 억압되게 된 것일까?

이에 대한 하나의 대답으로 김종엽은 커시너의 논증(Kushner, 1985)을 빌려 방법론상의 한계를 지적한다. 뒤르케임의 자살통계처리방식에서 생긴 오류로 인해 자살미수가 자살통계에서 배제되어 현대사회에서 숙명론적 자살이 차지하는 중요성이 무시되었다는 것이다(Kushner, 1985; 김종엽, 1996: 23에서 재인용). 그러나 네 가지 자살유형이 처음부터 자살의 형태학에 근거한 귀납추론의 결과가 아니라 자살의 원인론에 근거한 이론적 추상의 결과임을 상기한다면,

숙명론적 자살이 억압된 이유를 단지 방법론상의 오류로 치부하기엔 설득력이 없다.

따라서 이는 이론적 독해를 요청하는 대목이다. 뒤르케임은 분명 이기적 자살과 아노미적 자살이 근대사회의 지배적인 자살 유형이라 생각했으며, 그 발생조건을 해명하는 것에 초점을 맞추고 있었다. 그러나 그는 '과도한 규제'가 현대 자본주의 국가의 통치 과정에 항구적으로 내재한 불안 요소임을 통찰하지 못했거나, 이것이 사회의 아노미와 '함께' 작동할 수 있다는 점을 충분히 파고들지 않았던 것 같다. 물론, 숙명론의 축소는 프랑스의 과학주의 전통에서 현대 사회의 합리주의 추세와 평등화의 압력을 신뢰하고, 강제된 분업을 예외적인 것이라 전제했던 뒤르케임 이론 자체에 내장된 논리적 경향의 귀결일 수 있다. 한편으로 이는『자살』에서의 시민사회 분석 이후, "위기의 원인에 대한 구제책"으로 발견한 직업집단이 국가 테러의 가능성을 제한할 수 있다면 가장 시급한 것은 앞서 언급했던 "비관주의적 경향"을 비롯한 '정치적 아노미'와의 대결, 즉 정치통합의 문제라 생각한 결과일 수 있을 것이다(터너, 1998: 37~38 참조).[27]

그러나 식민지와 전쟁, 분단을 거쳐 기형적인 국민형성과정을 경유하고 정치적 자율성이 태생적으로 제한될 수밖에 없었던 한국의 경우, 권위주의적 노동통제와 권위주의적 국가 통치를 오랜 시간 경험하고 그 유제가 아직도 사회 곳곳에 잔존하고 있는 우리의 경우, 신자유주의 시대 '국가 - 없음'[28]의 상황에서

---

27) "우리는 자살을 어느 정도 용인하지 않을 수 없을 만큼 자살로 포화되어 있다. 그렇다면 우리 자신이 보다 엄격해질 수 있는 유일한 방법은, 비관주의적 경향에 대하여 직접 작용하여, 그것을 정상화시키고 우리의 의식을 비관주의의 영향으로부터 구출하여 새롭게 강화하는 것뿐이다. 일단 도덕의 균형이 회복되면 그와 같은 의식은 어떠한 잘못에 대해서도 적절하게 반응할 수 있다"(SU: 403).

28) '국가 - 없음'은 국민국가 내에서 국가가 기능하지 않는 상태를 지칭하는 것으로 버틀러와 스피박으로부터 가져온 용어다. 이는 20세기에 특정한 형태로 발흥한 민족국가의 정치 구조의 문제를 정면으로 제기하며, 자유시장주의에 입각한 전지구적 관리국가의 성격을

신보수정권[29])의 과도한 폭력을 동시에 경험하고 있는 오늘날, "지나친 육체적 폭력 및 정신적 압제로 인한" '숙명론적 자살'은 여전히 유효하고 의미 있는 개념으로 복원되어야 하지 않을까?

4. 한국의 사례를 중심으로: 세 유형의 숙명론적 자살형태

'숙명론적 자살' 개념이 억압됨으로써, 과도한 사회 규제와 조우했던 역사적 맥락의 중요성은 뒤르케임의 개념체계로 관찰될 수 없게 되었다(Besnard, 1993: 166). 뒤르케임의 사회규제이론은 저발전 되었고, 숙명론적 자살의 현대적 형태에 대한 사회학적 설명은 미완의 것으로 남았다. 이는 반세기가 넘는 전쟁상태와 예외상태의 일상화를 경험한 우리의 현실에 반추한다면, 또한 한국이 '예외'가 아니라 냉전체제하 국가, 지배체제의 보편적 성격을 반영한다면(김동춘, 2011b), 결코 가볍게 치부될 수 있는 오류가 아닌 셈이다. 요아스의 일갈대로 "전쟁과 폭력은 근대의 일부이지, 근대의 전사(前史)가 아니"기 때문이다(Joas, 2000; 67; 신진욱, 2004: 17에서 재인용). 따라서 현대 한국의 자살을 설명하는 하나의 범주로 숙명론적 자살을 복원하는 작업은 이후 연구과정을 통한 개념의 정교화와 재구성을 요청한다. 일단, 뒤르케임 자신의 텍스트에 따를 때 숙명론적 자살은 "지나친 규제의 결과, 미래가 무자비하게 제한되고, 욕망이 난폭하게 제압

지시한다(버틀러· 스피박, 2007). 이 용어가 갖는 생산성은 시민권의 형식적 규정자로서의 국가만이 아니라 우리가 처한 정신적 상태(state), 즉 '통치'와 구분하여 '정치' 및 '동의 기제'에 의한 작동이 국가의 본질적 측면임을 역설적으로 환기시킨다는 점에 있다.

29) 이명박 정부를 '신보수정권'으로 규정한 조희연은 그 특징을 '신성장연합'에서 찾는다. 이들은 1960~1970년대 구보수의 개발주의를 정확히 계승했지만, 과거와 달리 고도성장정책의 복원을 통해 해결할 수 없는 '양극화 축적체제'를 내포한다는 점에 그 특징이 있다(조희연, 2008 참조).

되는 사람들의 자살"로 정의될 수 있다. 이와 함께 1883~1884년 뒤르케임이 행한 철학강의의 수업 노트를 사후 편집·출판한 한 저술에서 숙명론에 대한 해석의 단초를 찾아볼 수 있다.[30] 결정론과 자유의지를 주제로 한 강의에서 뒤르케임은 "자유에 대한 우리의 토론을 완성하기 위해, 지금은 단지 역사적인 관심일지라도" 숙명론에 대해 언급할 필요가 있다고 말한다. 그에 따르면 숙명론은 "모든 존재가 전능하지만 자의적이고 변덕스러운 상위의 의지에 달려있다고 가정"하는 태도를 일컫는다(Durkheim, 2004: 159~164).[31] 두 텍스트를 통해 드러나는 숙명론의 기본 특징은 주체의 관점에서 본다면, 어떤 자의적인 힘/의지에 종속된 상태 및 체념의 정신적 상태에 있다. 이는 자살에서의 숙명론이 단지 착취적 구조의 존재에만 관련되는 것이 아니라 제도적 규범의 억압적 성격에 관계하고 이에 작용하는 주체의 — 개인과 집단의 — 변증법적 성격을 내포한다는 라카프라의 해석을 뒷받침해준다(LaCapra, 1982: 164~165 참조). 즉 개인들이 그들의 사회관계를 둘러싸고 있는 제도·규범·가치에 의해 지나치게 규제되고, 사회관계 속에서 개인의 자유의지와 자율성, 그리고 통제력을 박탈당할 때 숙명론적 자살의 잠재적 희생자가 될 수 있다. 요컨대 숙명론적 자살의 핵심적 특징은 물리적 폭력 그 자체가 아니라 지나치게 구속적이고 불합리한 규범의 내면화 불

---

30) 이 저술은 당시 상스(Sens) 고등학교의 철학교사였던 뒤르케임의 수업을 수강했던 앙드레 라랑드(André Lalande)의 수업 노트(당시 16세)가 1995년 소르본 대학 도서관에서 발견되면서, 이를 토대로 만들어졌다(Durkheim, 2004: 1~3). 때문에 뒤르케임의 초기 철학적 관점을 알 수 있는 텍스트상의 가치가 높음에도 그 신뢰성과 인용에 주의를 요하며, 이 글에서도 '숙명론'의 맥락과 용법을 추적하기 위한 목적에 제한하여 사용한다.

31) "이러한 가정은 숙명(destiny)에 대한 이슬람식 개념뿐만 아니라 fatum, 또는 운명(fate)에 대한 고대 개념에 근거하고 있다"(Durkheim, 2004: 159~164). 여기서도 뒤르케임은 '역사적인 관심'이라는 단서를 덧붙임으로써 『자살』에서의 '숙명론'과 의미론적 연속성을 드러낸다. 그러나 강의는 "그 이후에 사라진" 숙명론의 신학적 형태에 대한 철학적 논의에 그쳤고, '신이 없는' 사회에서의 숙명론의 발생과 제형태에 대한 과학적 해명은 재구성의 과제로 남아 있다.

가능성에 있으며, 강제된 분업의 사회적 조건에서 유발되는 사회적 과정으로 이해될 수 있다(Besnard, 1993; Pearce, 1989 참조).[32]

이는 다음의 두 경우로 다시 세분해볼 수 있다. 첫째, 규칙 자체가 악의 근원인 '과도한 규제'의 상황으로 "불가항력적이고 융통성이 없는 규율"에 속박된 상태가 이에 속한다. 전형적으로 전쟁이나 국가폭력, 가정폭력, 포로수용소, 성노예, 고문과 같은 속박(Captivity)의 상황에서 발생하는 자살을 가정할 수 있다. 둘째, 역시 강제된 분업의 발생 원인에 대한 설명에서 제시된 추론을 따라 일종의 '경제적 강제'에 의한 자살을 상정할 수 있다. 물리적인 강제는 없지만 별도의 필요에 종속되어 있고, 질서가 정당한 규칙을 결여하고 있기에 합리적인 수단에 의한 개선 가능성이 보이지 않는 사회적 조건에서 유발되는 자살이 이에 해당한다. 여기에 자살은 본디 정치적인 문제임을 밝힌 길리건의 통찰대로, '열등감'과 '수치심'을 조장하는 정책 및 제도는 자살유발충동을 강화하는 핵심적인 기제가 될 것이다(길리건, 2012 참조).

이렇게 본다면 1950년 이전부터 만성적인 전쟁상태에 있는 냉전체제하 한국

---

32) 이러한 해석은 숙명론적 자살에 포함된 인지적·정서적 요소를 승인하며, 아노미적 자살과 숙명론적 자살의 관계를 질문하게 한다. 이 지점에서 '사회규제'의 틀로 아노미와 숙명론의 관계에 일관성을 부여한 베나르의 재구성은 아노미와 숙명론을 관계 속에서 이해하도록 돕는다. 뒤르케임의 범주와 경험적 데이터에 기초해 아노미와 숙명론의 만성적(구조적) 형태와 긴급한 과도기적(사건적) 형태 각각을 구별할 때, 부족한 규제는 아노미적 자살의 1, 3 유형을, 지나친 규제는 숙명론적 자살의 2, 4 유형을 유발한다. 또한 급성 아노미(acute anomie) 중 불황(호황이 아닌)으로 인한 자살은 뒤르케임의 개념체계에서 숙명론적 자살의 4 유형으로 이해될 때 더 적합하다는 것이다. 이에 대한 자세한 논의로는 Besnard(1993: 179)의 표와 여기저기 참조.

| | Regulation | |
| | − | + |
	Anomie	Fatalism
Chronic form	1	2
Acute transitional form	3	4

의 사회적 조건에서는 '전쟁정치'(김동춘, 2011b)[33]의 역사적 규정력에 의해 직
간접적으로 영향을 받는 집단의 자살이나, 규제되지 않는 시장화 과정의 폭력
성이 사회안전망의 사각지대에 위치한 주변 계급 혹은 사회적 배제집단(非국민)
에게 전가되어 발생하는 자살이 이에 해당한다. 이 두 경우 모두 "지나친 육체적
및 정신적 압제"로 인한 자율의 상실 및 체념의 상태에서 비롯되는 자살이라면,
당연한 얘기겠지만 이는 자연사나 육체적 죽음이 아닌 역동적인 외상 과정을 수
반한 존재론적 죽음이라 할 수 있다.[34] 다음과 같은 숙명론적 자살의 사례를 한
국현대사에서 찾아볼 수 있다.

1) 군대에서의 자살: 과도한 규제와 권위주의적 유대의 귀결

군복무 중 자살이나 군내 가혹행위로 인한 자살은 과도한 규제와 권위주의적
유대에 따른 숙명론적 자살의 형태라 할 수 있다. 국방부 통계에 의하면 1950년
이래 2005년까지 1만 2,000여 명의 군인이 자살한 것으로 나타났고, 2001년부
터 2005년까지의 사망자 수는 줄어드는 추세이나 자살처리율은 월등히 증가하
고 있다.[35] 자살자의 계급별 분포를 살펴보면 사병의 자살빈도가 96%로 압도

---

33) 여기서 전쟁정치라 함은 국가가 전쟁상태에 있다는 것을 전제로 국가의 유지, 즉 내외의
   적으로부터 국가를 보호하는 것을 가장 일차적인 목표로 삼고, 국내정치를 전쟁 수행하
   듯이 운영하는 것을 말한다. 전쟁정치의 상황에서 정권의 필요시 법의 작동은 정지되거
   나 제한된다. 즉 국가기관, 대통령, 공안기구 등의 불법이나 위법이 용인되며 '폭력적 법'
   에 의한 지배, '법을 통한 지배'가 작동하는 것이다. 전쟁정치는 냉전의 최전선에 놓였던
   국가에게 예외상태가 아니라 법, 이데올로기, 문화의 일부가 되었다(김동춘, 2011b).
34) 외상 경험의 핵심은 물리적 폭력에 대한 즉자적 반응이 아니라 '관계의 단절'과 '고립'의
   사회과정에 있다. 때문에 외상은 사건에 대한 단일 반응으로 이해될 수 없고, 사건의 의
   미가 생산되고 재생산되는 사회적 과정—공적 담론 및 제도의 변화—과 긴밀한 관련을
   맺는다. 이에 대한 자세한 논의와 사례연구로는 졸고(2010; 2012) 참조
35) 최근 연도별 군내 자살자 수치를 보면 2006년 77명, 2007년 80명, 2008년 75명, 2009년

적으로 높고, 이중 이병(61.2%)과 일병(20.5%)의 빈도가 높다. 군 복무 중 자살은 주로 6개월에서 12개월 이내에 대부분 일어남으로써 적응상의 문제임을 시사한다(군 의문사위원회, 2007). 즉 군내 자살은 사망자의 개인적 특성이나 가정환경 때문이라기보다는, 엄격히 통제되고 격리된 공간 속에서 군인의 기본권을 광범위하고 심각하게 제한하는 포괄적인 기본권제한의 귀결이다(이재승, 2007: 184).[36]

무엇보다 국가가 강제로 병역의무를 지우는 징병제를 택하고 있는 한국의 역사적 환경을 고려한다면 군인 자살을 '이타적 자살'로 규정한 뒤르케임의 가설은 수정을 요한다. 2011년 기준 전 세계 군사비 지출 12위인 우리나라의 경우,[37] 군대라는 강압적이고 폐쇄된 공간은 "명령에 따랐을 뿐"이라는 복종하는 인성들의 생산 공장으로 자리한다. '남성다움'과 '복종', '강인함'을 강조하는 젠더규범 및 왜곡된 군대문화는 개인의 사고와 감정표현을 억제함으로써 숙명론적 자살을 강화하는 기제가 될 것이다. 이때 군대는 숙명론적 사회제도가 된다. 2003년 이후 증가하는 군대 자살 및 사고를 방지하기 위해 '비전캠프'라는 이름의 예방프로그램이 실행된 바 있지만, 적발과 통제우선의 프로그램, 수직적 통제방식, 그리고 복무부적응자에 대한 편협한 시각으로 많은 한계를 안고 있다(윤민재, 2008 참조). 이러한 연구결과는, 실증주의 심리학에 기초한 자살예방정책이 오히려 군대자살의 숙명론적 측면을 재생산하고, 일종의 낙인효과를 통해 '제복입은 시민'이 겪고 있는 고통의 사회적 차원을 개인적인 '(질)병'의 문제로 왜곡·은폐할 수 있음을 시사한다.

81명, 2010년 82명, 2011년 97명이었다. ≪한국일보≫, 2012년 7월 19일자.

36) 따라서 이재승은 군인 자살의 업무관련성을 인정한다면 군내사망사고를 분류하는 방식 중 '자살' 항목은 배제하는 것이 타당하다고 지적한다(2007: 194~198).

37) ≪부산일보≫, 2012년 4월 12일자.

2) 전쟁정치, 국가폭력의 트라우마로 인한 자살
: 5·18과 쌍용차, 매향리와 강정마을

국가폭력의 트라우마로 인한 자살 또한 한국현대사의 과거 청산 국면에서 중요한 위치를 점하는 숙명론적 자살 유형이라 할 수 있다. 대표적으로 5·18 참가자들의 상이 후 자살자의 비율은 10.4%로 일반인의 500배에 해당한다.[38] 5·18 유공자들의 경우 신체적·정신적 고통의 지속, 파산·실업 등의 경제적 악화, 가정불화, 사회적 소외 등의 요인이 지속되거나 악화일로를 걸어왔고, 특히 낮은 가족의 지지체계나 사회적 지지체계는 유력한 자살위험요인으로 분석되고 있다. 무엇보다 2000년대의 자살 증가와 관련해서는 5·18에 대한 사회적 관심이 축소됨에 따라 공동체적 연결이 약화된 것이 중요한 배경인 것으로 나타났다(5· 18기념재단, 2008).

훨씬 더 복잡한 성격을 갖고 있지만, 최근 목도하고 있는 쌍용차 노동자들의 연쇄자살도 유사 사례라 할 수 있다. 이제까지 알려진 쌍용차 정리해고 이후 희생자는 총 23명에 이르고 1년간 쌍용차 노동자 자살률은 10만 명당 151.2명으로 이는 일반인구의 자살률보다 3.74배 높은 수치이다. 이처럼 자살률이 높은 이유는 구조조정의 고통과 더불어 파업 당시 인간으로서는 감당할 수 없는 극심한 정신적 외상(trauma)이 있었기 때문인 것으로 추정되고 있다(정진주, 2012: 95). 이미 파업의 시점부터 조합원들은 우울증, 불안증, 스트레스, 수면장애에 시달렸고, 그 원인은 경제적 고통, 불투명한 미래 때문이었다.[39] 또한 파업과정에서 경험한 고립과 국가폭력만이 아니라 희망퇴직자와 정리해고자들에게 가

---

38) 2011년까지 집계된 기록된 자살자는 총 42명이다. 1980년대에 25명, 1990년대에 3명, 2000~2012년 12명이며, 기록되지 않은 자살자까지 포함하면 50명 전후에 이를 것으로 추정된다(평화박물관, 2012: 24~26).

39) 금속노조 쌍용자동차지부·노동자역사 한내, 해고는 살인이다(2009), 183쪽.

해졌던 낙인, 사회적 배제, 재취업의 어려움, 손해배상청구, 노사합의의 불이행은 "규칙 자체가 악의 근원이며", "투쟁 자체가 불가능하며 싸우는 것조차 허용하지 않는" 절망의 사회 과정에 비견할 만했다. 따라서 쌍용차 노동자들의 연쇄 자살이 명백히 구조적 강제 속에서 일어난 '사회적 타살'의 성격을 갖는다는 점에 대해서는 합의에 이른 것으로 보인다(조희연, 2012; 정현백, 2012). 그러나 5·18 유공자와 쌍용차 노동자들의 자살은 몇 가지 지점에서 향후 깊이 있게 분석되고 토론될 필요가 있다. 첫째, 한국자본주의에 전형적인 전쟁정치[40]의 개입이 두 사례의 주요한 자살유발요인이었다는 점, 둘째, 여타 사례와 달리 국가폭력의 수동적인 경험만이 아니라 시민/노동자들의 집합적 저항과 연대의 체험이 사건을 구성하는 핵심적인 특징이라는 점에서 내부 결속과 사회적 연대의 추이를 중요한 자살유발/감소 요인으로 신중하게 고려할 필요가 있다.[41]

또한 1951년부터 2005년까지 54년간 미군 사격장으로 사용됐던 경기도 화성시 매향리 인근 주민들의 자살도 한국 전쟁정치의 만성적·구조적 압력에 직접적으로 노출된 숙명론적 자살유형으로 볼 수 있다. 2012년 언론의 보도에 의하면, 주민 수가 2,000명에 지나지 않은 매향리에서 1970년 이후 모두 48명이 자살했고, 2005년 사격장 폐쇄 이후에도 9명이 스스로 목숨을 끊는 등 주민 자살은 멈추질 않고 있다. 이는 우리나라 평균 자살률의 최고 8배를 웃도는 숫자로,

---

40) 1980년 '광주'와 2009년 '쌍용차'의 사례는 '전쟁정치'가 관철되는 방식의 유사성을 보여준다. 전쟁정치의 작동방식에 대해서는 본문 주석 33번, 특히 이명박 정부의 전쟁정치에 대해서는 김동춘(2011a)을 참조하라.

41) 정리해고의 과정에서 겪은 분열, 배신, 노노갈등뿐 아니라 가족관계 파탄, 지역사회에서의 소외, 이전 친분 관계의 파손 등 이들의 관계 단절, 소외, 낙인, 배제의 문제는 광범위하다(정진주, 2012). 해고 후 2년 동안 쌍용차 노동자들의 이혼율은 7.3%로 평균이혼율의 3배가 넘는 수치에 이른다. 쌍용차 자살자 중 일정한 공통점을 발견할 수 있다면, 이혼·편부모·독신 등과 같이 1차 관계의 지지를 받지 못하는 상황에 처한 조합원이 자살유발충동에 더 많이 노출된 위험군으로 분류될 수 있다는 점이다(쌍용자동차 해고자 이창근 씨와의 인터뷰, 2012.7.28).

수십 년 간 지속된 소음과 피폭 및 오폭 등에 의한 우울증이나 외상 후 스트레스 장애(PTSD)와 관련성이 높은 것으로 알려져 있지만 정부의 후속 조치나 사회적 관심은 매우 부족한 실정이다.[42] 비근한 사례로, 최근 제주해군기지건설문제로 6년째 갈등을 겪고 있는 서귀포시 강정마을 주민들이 겪고 있는 공동체의 분열 및 자살충동[43] 또한, 준전시체제의 야만에 종속된 한국의 역사·사회적 조건이 유사한 패턴의 사회적 고통과 자연·사회·인간의 공명을 파괴하는 자살생성조류를 유발해 왔음을 지시해준다.

3) '국가 - 없음'의 상황과 가족동반자살: 가족주의적 유대의 접합

마지막으로 가족동반자살 또한 한국자본주의의 역사성과 사회경제적 배제집단의 소외를 반영하는 숙명론적 자살 유형으로 검토될 수 있다.[44] 가족동반자살은 1997년 말에 발생한 IMF 경제위기 후에 일시적으로 급증한 후 감소 추세를 보이다 2001년 이후 사회양극화가 심화되는 최근 그 발생건수가 지속적으로 증가하고 있다(이미숙, 2007: 153).[45] 특히 우리나라의 가족동반자살은 가해

---

42) MBN 뉴스, 2012년 3월 15일자.

43) 지난 11월 6일 '인권의학연구소'의 공동조사 결과에 의하면 '최근 일주일 동안 자살충동을 느낀 주민'은 31.6%에 이르고, 9.1%는 심각한 자살충동으로 이어질 가능성이 큰 고위험군에 해당한다. 2009년에 비해 공포·불안증과 정신증이 높아진 것은 지난해 8월 이후 경찰의 대규모 투입과 연행, 구속, 소송에 따른 것으로 분석되고 있다. ≪한겨레≫, 2012년 11월 6일자. 해군기지유치와 보상을 둘러싼 마을공동체의 분열에 대해서는 ≪시사in≫, 2011년 8월 31일자를 참고하라.

44) 얼마 전, 겨우 100일 사이에 잇따라 목숨을 끊은 서울 강북의 한 영구임대아파트에 사는 주민 여섯 명의 연쇄자살사건은 보편적 복지망의 부재로 인한 삶의 압박과 사회적 고립이 한계지점에 다다른 개인을 사회에서 추방하는 치명적인 사인(死因)이 될 수 있음을 여실히 보여주고 있다. ≪한겨레≫, 2012년 8월 28일자 참조.

45) 가족동반자살연구는 실태를 정확히 파악할 수 있는 공식통계가 전무한 상태로 대부분 신

자인 부모와 피해자인 자녀로 구성되는 '자녀 살해 후 자살'이라는 형태를 띠고 있다. 이는 '친밀한 남녀관계'나 '부부 자살'이 많은 서구사회와는 뚜렷한 차이를 보인다. 따라서 가족동반자살은 한국사회의 고유한 자살형태 중 하나이며, 가족 성원들을 하나의 운명공동체로 간주하는 가족(주의) 관념을 반영하는 것으로 설명된다(이미숙, 2007; 김왕배, 2010; 이현정, 2012). 문제는 대부분의 가족동반자살이 경제적 생존의 출구가 가로막혔을 때 사회경제적 지위가 낮은 계층에서 현저하게 높게 나타나기에 "사회가 부를 기준으로 양극화하면서 약자들에게 돌파구가 보이지 않는 절망이 다가왔고, 가족들은 죽음으로 문제를 해소할 수밖에 없는 사회적 타살"의 성격을 갖고 있다는 점이다(정승민, 2004). 따라서 가족동반자살은 기존 유형화를 따라 이기적 자살이나 이기적·이타적 자살의 혼합 유형으로 분류될 수 없으며(김정진, 1998; 이미숙, 2008; 김형수·김삼호, 2009), 가족주의적 유대가 접합된 숙명론적 자살의 한 형태로 이해하는 것이 타당해 보인다.

주목을 요하는 지점은, '세계 1, 2위'를 다투는 한국의 높은 자살률이나, 뚜렷한 계층적 특성을 보이고 있는 가족동반자살이 사회 문제로 부각된 것은 단지 1997년 혹은 2003년 이후의 현상만은 아니라는 점이다. 한국전쟁 이후 자녀를 동반한 여성들의 자살과 일가족 동반자살이 급증하면서 가족집단자살은 심각한 사회문제로 부각되기 시작했다(정승화, 2011: 185). 1950~1960년대 가족동반자살에 대한 기존연구와 신문기사를 살펴보면 놀라우리만치 현재의 상황과 구조적으로 동일한 자살 패턴을 발견할 수 있다. 유엔의 Demographic Yearbook 1961년 판에 의하면, 10만 명당 27.2명으로 한국의 자살률은 세계 '최고'에 육박했다.[46] 당시 만연했던 일가족집단자살은 한국자본주의의 사회경제적 필연성,

---

문기사를 미가공 데이터로 활용하고 있다(정승화, 2011; 이미숙, 2007; 이도암, 1965). 1995~2011년 연간 가족동반자살(시도) 건수를 조사한 ≪헤럴드경제≫에 의하면, 2000년대 중반부터 급증한 가족동반자살은 2006년 33건으로 5년 새 4배 가까이 폭증했고 2011년에는 37건으로 늘었다. ≪헤럴드경제≫, 2012년 2월 15일자.

46) 「경찰통계연보」를 통해 볼 때도, 1960~1970년대 자살률은 1963년과 1979년을 제외하

즉 상대적 과잉인구의 증가라는 사회적 조건과 대가족의 규제와 연대에서 벗어나 고립·해체된 가족구조의 변화에 기인한 것으로 설명되기도 했다(이도암, 1965: 99~100).

이상의 논의는 한국사회 자살현상을 설명하는데 피해갈 수 없는 매우 중요한 질문을 제기한다. 앞서 말했듯, 국민 국가 내에서 국가가 기능을 하지 않는 상황, 다시 말해 정치로서의 국가는 마비되고 통치로서의 국가만 기능하는 사회 안전망의 부재 상황을 '국가 - 없음'으로 규정할 수 있다면, 전후 '국가 - 없음'의 상태에서 만연했던 가족동반자살은 단지 일시적 현상이 아니라 신자유주의 시대 '국가 - 없음'의 상태에서 동일하게 재현되는 구조적 현상이며, 우리 사회의 도덕적 체질과 발생론적 제약을 나타내는 중요한 지표임을 시사한다.[47] 최근 관찰되는 자살 현상은 전쟁정치의 규정력과 가족주의적 유대를 한국사회의 고유한 집합적 경향으로 위치 짓고, 자살현상을 총체적으로 재이론화할 필요성을 제기한다.

5. 맺음말

『자살론』의 말미에서, 뒤르케임은 자살과 다른 사회현상들과의 관계를 논하며 도덕적 존재로서의 인간의 존엄성을 침해하는 행위인 '자살'에 대한 사회적 제재가 가능한지, 어떻게 가능한지를 진지하게 되묻는다. 이러한 질문은 우리 사회가 겪고 있는 총체적인 '삶의 위기' 앞에 여전히 생명력을 갖는다. 오늘날

고, 인구 10만 명당 25명 이상으로 세계 1위인 헝가리와 비슷한 수치를 기록했다(정승화, 2011: 193).

47) 한국의 국민형성과정과 시민권 질서의 특수성이 발생론적으로 가족주의적 사회화양식을 주형했다는 논의로는 졸고(2009; 2011) 참조.

일상이 되어버린 한국사회 자살 현상은 우리 사회가 처한 관계의 위기, 친밀성의 위기, 자아의 위기, 그리고 민주주의의 위기를 여실히 드러내 보여준다. 여전히 사회·정치·문화의 기저를 흐르는 전쟁정치와 권위주의, 규제되지 않은 과열 경쟁, 한국적 근대의 전개과정에서 뿌리 깊게 자리 잡은 가족주의적 유대 등여러 형태의 과도기적 양상 속에서 자아는 우울에 빠져들고 있다. 120여 년 전뒤르케임은 이를 도덕의 위기, 연대의 위기로 진단했고 그 처방과 해법 또한 연대를 가로막는 사회경제적 모순을 제거하는 개혁에서 시작될 수밖에 없음을 날카롭게 간파했다. 뒤르케임이 주창했던 '도덕적 개인주의', '지적 개인주의'는 이개혁을 추동할 전사회적인 차원의 도덕적 합의의 부재가 — 동시에 '개인을 개인일반으로 존중하는' 사회정치적 합의의 부재가 — 현대 사회의 지체와 병리의 핵심이라는 통찰을 담고 있다. 이 글은『자살론』의 근저에 자리한 이론적·실천적기획을 한국사회가 처한 위기의 진단에 접목시키고자 하였다. 구체적으로 이연구는 뒤르케임의 방법론에 대한 실재론적 해석에 입각할 때『자살론』의 과학성과 한계가 정당하게 평가될 수 있으며, 한국자본주의의 구조적 병리를 진단하는 범주로 '숙명론적 자살' 유형이 복원될 필요가 있음을 주장하였다. 숙명론적 자살의 구조와 메커니즘에 대한 보다 정치한 분석과 이론적 재가공은 다음의과제로 남긴다.

처음의 문제제기로 돌아가 보자. 자살이 사회적 질병이라면, 그 질병을 치유하기 위한 첫걸음은 병의 원인에 대한 진단이며, 이는 곧 "왜"라는 물음에서 시작될 수밖에 없다. "왜"라는 질문이 실종되고 봉쇄되게 된 이면에는 자살이 여전히 개인의 실존 차원의 문제라는 암묵적인 전제가, '고립된 개인'이라는 현대자유주의의 철학적 논리가 숨어 있는 셈이다. 그런 점에서 개인의 행위 기저를흐르는 '사회적 힘'을 복권하고 해명하는 작업은 오늘날 한국사회의 병리에 대한 진단과 처방을 향한 모든 시도에 있어 출발점이 될 수밖에 없다. 즉 현대 한국사회가 처한 도덕적 위기는 강제된 노동 분업에 메스를 가하는 구조적 개혁은물론, 그 진단과 처방에 있어 지적 아노미를 극복해가는 집합적 노력과 불가분하다.

더는 자신의 시대, 자신의 사회의 죽음에 대한 해명을 남의 손에 맡겨둘 수 없다. 죽어가는 자의 고독에서 N. 엘리아스(1998)가 묘사한 개인화 양식은, 문명화 과정의 최근 단계에 특징적인 폐쇄인(Homo clausus)이라는 자기 이미지로서, 특수하다고 할 수 있는 자기 자신의 죽음에 대한 예견의 방식 그리고 죽어가는 실제 상황에서의 행동과 밀접한 연관을 맺고 있다. 그러나 죽어가는 것에 대한 연구 — 여러모로 사회적 억압과 연관이 있는 연구 — 는 초보적인 수준에 머물러 있다. 죽어가는 사람이 무엇을 경험하고 무엇을 필요로 하는가, 그리고 그러한 경험과 필요가 그들의 삶의 방식과 자기 이미지와 어떤 연관을 맺고 있는지를 이해하기 위해서는 많은 연구가 필요하다.[48] 자살 연구는 지금 이 순간, 함께 숨을 섞고 살아가는 타자의 고통에 대한 관심과 공감, 모든 죽어가는 것들에 대한 끈질긴 연민과 연대의 심성을 요청한다.

참고문헌

5 · 18기념재단. 2008. 『5 · 18민주화운동 피해자에 대한 심리학적 부검 및 자살피해 예방대책과 사회적 지원방안에 대한 연구』.

강은정 · 이수형. 2010. 『자살의 원인과 대책 연구 정신의학적 접근을 넘어서』. 한국보건사회연구원. 2010.

군의문사진상규명위원회 · 자살예방협회. 2007. 『군 복무중 자살에 대한 이해와 판례분석』.

금속노조 쌍용자동차지부 · 노동자역사 한내. 2010. 『해고는 살인이다: 금속노조 쌍용자동차지부 77일 옥쇄파업 투쟁백서』. 한내.

기든스, 앤서니. 2008. 『자본주의와 현대사회이론』. 임영일·박노영 옮김. 한길사.

길리건, 제임스. 2012. 『왜 어떤 정치인은 다른 정치인보다 해로운가』. 교양인.

김동춘. 2011a. 「이명박 정부의 지배방식」. 제14회 비판사회학대회 발표문.

---

48) 노베르트 엘리아스, 김수정 옮김, 『죽어가는 자의 고독』, 문학동네(1998), 68~69쪽.

______. 2011b. 「냉전, 반공주의 질서와 한국의 전쟁정치」. ≪경제와사회≫, 통권 제89호. 333~366쪽.

김명희. 2009. "한국의 국민형성과 가족주의의 정치적 재생산: 한국전쟁 좌익 관련 유가족들의 생애체험 및 정치사회화 과정을 중심으로". ≪기억과 전망≫, 제21호. 246~285쪽.

______. 2010. 「이야기된 가족사에 나타난 가족트라우마(Family Trauma)와 복합적 과거청산」. 제4회 주니어 국제한국학학술대회 자료집.

______. 2011. 「한국의 국민형성과 가족주의의 정치적 재생산: 분단국가의 시민권 작동방식을 중심으로」. 『급진민주주의리뷰 데모스』 2호. 데모스 미디어. 280~325쪽.

김왕배. 2010. 「자살과 해체사회」. ≪정신문화연구≫. 제33권 제2호 통권119호. 195~224쪽.

김정진. 1998. 「공모에 의한 동반자살 실태와 예방대책에 관한 연구: 청소년기를 중심으로」. ≪지성과 창조≫, 통권 제12호. 99~126쪽.

김종엽. 1996. 「에밀 뒤르켐의 현대성 비판에 대한 연구」. 서울대학교 박사학위 논문.

김진업. 2011. 「마르크스 민주주의이론의 과학적 재구성을 위한 시론」. 『급진민주주의리뷰 데모스』 1호. 데모스 미디어. 125~156쪽.

김태수. 2008. 「뒤르켐과 민주주의: 직업집단론을 중심으로」. ≪사회이론≫, 통권 제34호 289~311쪽.

김형수·김삼호. 2009. 「노인 가족동반자살에 관한 연구: 살해 후 자살을 중심으로」. ≪노인복지연구≫, 통권 46호. 157~171쪽.

민문홍. 1991. 「마르쎌 모쓰와 볼쉐비즘의 사회학: 뒤르켐의 직업집단 이론을 위한 한 변명?」. 『현대사회와 문화』, 73~90쪽.

______. 2001. 『에밀 뒤르켐의 사회학』. 아카넷.

바스카, 로이. 2007. 『비판적 실재론과 해방의 사회과학』. 이기홍 옮김. 후마니타스

박영신. 1993. 「사회학의 사회주의: 뒤르켐의 갈등인식과 사회주의」. 『사회학 이론과 현실인식』. 민영사. 25~67쪽.

박지영. 2007. 「노인자살 생존자의 자살경험에 관한 연구」. ≪정신보건과사회사업≫, 제27집. 295~330쪽.

박형민. 2008. 「자살행위에서의 '소통적 자살'의 개념화: 1997-2006년 유서분석을 통해 드러난 자살행위의 '성찰성'과 '소통지향성'」. ≪사회와 역사≫, 통권 79호. 129~160쪽.

버틀러, J. & 스피박, G. 2007. 『누가 민족국가를 노래하는가』. 주해연 옮김. 산책자.

서영표. 2011. 「비판적 실재론과 비판적 사회이론」. 『급진민주주의리뷰 데모스 1: 민주주의의 급진화』. 데모스 미디어. 246~265쪽.

송재룡. 2008. 「한국사회 자살과 뒤르켐의 자살론: 가족주의 습속과 관련하여」. ≪사회이론≫, 통권 제34호. 125~162쪽.

신진욱. 2004. 「근대와 폭력: 다원적 복합성과 역사적 불확정성의 사회이론」. ≪한국사회학≫, 제38집 4호. 1~31쪽.

엘리아스, 노르베르트. 1998. 『죽어가는 자의 고독』. 김수정 옮김. 문학동네.

은기수. 2005. 「경제적 양극화와 자살의 상관성: 1997년 외환위기를 전후하여」. ≪한국인구학≫, 제28권 제2호. 97~129쪽.

이기홍. 2008. 「사회연구에서 가추와 역행추론의 방법」. ≪사회와 역사≫, 제80집. 287~322쪽.

______. 2006. 「사회과학에서 몇 가지 이분법에 대한 검토」. ≪사회과학연구≫, 제45집. 223~247쪽.

이도암. 1965. 「한국사회의 집단자살분석: 사회통계적인 분석을 통한 집단자살」. ≪청맥≫, 2, 5. 93~104쪽.

이미숙. 2007. 「가족동반자살에 대한 사회심리학적 탐색 연구」. ≪보건과 사회과학≫, 제20집. 153~175쪽.

이재승. 2007. 「군내자살처리자에 대한 국가책임」. ≪민주법학≫, 제33권. 171~198쪽.

이 철. 2008. 「머튼의 아노미 이론에 대한 비판적 고찰: 긴장이론적 해석과 구조 - 문화 불일치 명제를 중심으로」. ≪한독사회과학논총≫, 제18권 제2호. 209~236쪽.

이현정. 2012. '부모 - 자녀 동반자살'을 통해 살펴본 동아시아 지역의 가족 관념: 한국, 중국, 일본 사회에 대한 비교문화적 접근」. ≪한국학연구≫, 제40집. 187~227쪽.

정근식. 2010. 「한국의 민주화와 복합적 과거청산」. 5.18 기념재단. ≪주먹밥≫, 27호. 20~32쪽.

정승화. 2011. 「1950-60년대 한국사회 경제구조 변화와 가족동반자살」. ≪내일을 여는 역사≫, 제42호. 180~200쪽.

정진주. 2012. 「정리해고와 사회적 배제」. 쌍용자동차 해법 모색을 위한 학계·종교계·노동계 공동토론회 자료집. 〈쌍용자동차 처리방식의 문제점과 대안〉(2012. 4. 16).

정현백. 2012. "사회적 타살에 대한 책임을 물어야 한다" ≪프레시안≫, 2012년 6월 28일자.

조윤제·박창귀 외. 2012. 「한국의 경제성장과 사회지표의 변화」. ≪금융경제연구≫, 제470호.

조중근. 2010. 「전쟁의 사회심리학, 정신분석 관점」. 폭력·기억·화해 연구모임 16차 정기세미나 발표문(2010.12.29).

조희연. 2008. 「신자유주의 지구화 시대의 정치'와 신보수정권」. ≪계간 동향과 전망≫, 72호. 146~181쪽.

______. 2012. "구원 요청에 반응하지 않는 사회". ≪한겨레≫, 2012년 4월 16일자.

코저, 루이스. 2003. 『사회사상사』. 신용하·박명규 옮김. 시그마프레스.

콜리어, 앤드류. 2010.『비판적 실재론』. 후마니타스.

터너, 브라이언. 1998.「영문판 제2판 서문 — 에밀 뒤르켐에 대한 해석」, 뒤르켐, 에밀.『직업
   윤리와 시민도덕』. 권기돈 역. 새물결.

통계청. 2011. 2010년사망원인통계결과. http://kostat.go.kr/portal/korea/index.action. 2011.
   9.8 접속.

평화박물관. 2012.「광주 트라우마센터 설립을 위한 기초 연구」.

한영혜. 1983.「뒤르껭의 集合意識 연구: Conscience Collective의 사회학적 의의」. 서울대학
   교 석사학위논문.

휴즈, 존 외. 1998.『고전사회학의 이해』. 박형신 옮김. 일신사.

≪시사in≫, 207호. 2011년 8월 31일자.

≪부산일보≫. 2012년 4월 12일자.

≪한국일보≫. 2012년 7월 19일자.

≪해럴드경제≫. 2012년 2월 15일자.

≪한겨레≫. 2012년 8월 28일자.

≪한겨레≫. 2012년 11월 6일자.

MBN 뉴스. 2012년 3월 15일자.

Atkinson. J. M. 1978. Discovering Suicide: Studies in the Social Organization of Sudden
   Death. London: MacMillan.

Besnard, P. 1993. "Anomie and Fatalism in Durkheim's Theory of Regulation." in *Emile
   Durkheim: Sociologist and Moralist.* ed. by S. P. Turner. London: Routledge.

Coser, L. 1960. "Durkheim's Conservatism and Its Implication". in *Emile Durkheim:
   1858-1917.* ed. by K. H. Wolff. Colubus: The Ohio State Univ. Pr.

Durkheim, E. 1893. *The Division of Labor in Society.* tr. by W. D. Halls. N. Y.: The Free Pr.
   1984.

__________. 1895. Rules of Sociological Method. tr. by W. D. Halls. N. Y.: The Free Pr.
   1982.

__________. 1887. "La science positive de la morale en Allemagne." *Revue philosophique,*
   vol. 24. 1887.

__________. 1897. *Suicide: A study in sociology.* London: Routledge and Kegan Paul. 김충선
   역. 2000.『자살론』. 청아.

__________. 1953. *Sociology and Philosophy.* tr. by D. F. Pocock. Cohen & West LTD.

_________. 1957. *Professional Ethics and Civic Morals*. London. Routledge & Kegan Paul. 『직업윤리와 시민도덕』. 권기돈 역. 1998. 새물결.

_________. 1958. *Socialism and Saint-Simon*. t. by C. Sattler. Yellow Springs, Ohio: Antioch Press. Translation of 1928a.

_________. 2004. *Durkheim's Philosophy Lectures: Notes from the Lycee de Sens Course, 1883-1884*. N. Gross & R. Alum(eds). Cambridge University Press. Douglas, JD. 1967. The Social Meaning of Suicide. Princeton, NJ: Princeton Univ. Press.

Gouldner, A. 1971. *The Coming Crisis of Western Sociology*. London: Heineman.

Joas, H. 2002. W*ar and Modernity*. tr. Livingstone, Rodney. Blackwell Publishers Inc.

Kim, Myung-Hee. 2012. "The Social Construction of Trauma and Family Trauma." 第85回 日本社会学会大会 資料集(2012. 11).

Kushner, H. I. 1985. "Woman and Suicide in Historical Perspective." S*igns: Journal of Woman in Culture and Society* vol. 10, no. 31.

LaCapra, D. 1972. *Emile Durkheim: Sociologist and Philosopher*. Ithaca, NY: Cornell University Press.

Lukes, S. 1973. *Emile Durkheim: His Life and Work*. N. Y.: Penguin Books.

Mauss, M. 1958. "Introduction to Socialism and Saint-Simon." in S*ocialism and Saint-Simon*. t. by C. Sattler. Yellow Springs, Ohio: Antioch Press.

Miller, W. 1996. *Durkheim: Morals and Modernity*. Mcgill Queens Univ Pr.

Nisbet, R. 1963. "Sociology as an art form." in M. Stein and A. Vidich(eds). *Sociology on Trial*, Englewood Cliffs, NJ: Prentice Hall.

Pearce, F. 1989. *The Radical Durkheim*. London: Unwin Hyman.

Willer, J. 1968. "The implications of Durkheim's Philosophy of Science." *Kansas Journal of Sociology*, vol. 4.

Zeitlin. I. 1981. *Ideology and the Development of Sociological Theory*. 2nd edn. Englewood Cliffs, NJ: Prentice Hall.

국민과 비국민의 횡단:
트랜스내셔널의 주체성
해외입양인의 경험에 대한 단상*

김 재 민

급진민주주의 연구조합 데모스

전 지구화된 사회로 급속하게 변화하고 있는 현실은 경계의 유연성과 함께 자유로운 이동이 가능해지면서 새로운 유형의 존재들을 발생시킨다. 지구화가 급속하게 진행되고 있는 시대에 요구되는 민주주의의 성격은 어떠해야 하는가 라는 질문이 제기되고 있다. 국민국가의 위력이 오히려 강화되고 있는 측면에 서 다른 사회와의 교류를 통해 국민국가간의 연결을 보다 더 유연하게 만들 수 있는 주체를 형성시켜야 한다. 이런 의미에서 경계를 자유롭게 횡단하는 인간 들이 주목을 받는 시대가 도래했다.

이주는 인류의 역사와 함께 시작되었다고 할 수 있다. 하지만 현재와 같은 이 주는 예전의 이주 성격과는 질적인 차이가 존재하는데, 그것은 자신의 의지에

---

* 이 글은 2011년 한양대학교 비교역사문화연구소에서 주최한 〈트랜스내셔널 인문학〉 에 세이 공모에 제출된 글을 수정·보완한 것이다. 본문에 인용된 경우 내용주와 각주로 처리 하지 않고 서술하였음을 밝힌다. 3장(213~217쪽)의 내용 중 참고문헌으로 따로 명기되지 않은 경우는 『인종간 입양의 사회학』(J. J. Trenka 외, 2012)에서 해당 저자의 글을 인용한 것이다.

의한 이동인 것처럼 보이지만 반강제적인 이주가 주를 이루고 있다는 점에 있다. 이러한 현상의 가장 극단적인 성격을 보여주는 유형이 해외입양이라고 할 수 있다.

현대 사회의 개인은 자본주의의 발전과 함께 새로운 일자리에 대한 희망, 즉 자신과 가족이 더 나은 삶을 살아갈 수 있을 것이라는 희망을 안고 다른 장소로 이동하고 있다.

이런 흐름 안에서 주목받고 있는 다문화주의는 차이에 대한 인정과 존중의 논리를 표방하고 있다. 그러나 현실에서 차이를 인정하는 형태는 결과적으로 권력이 더욱 은밀한 방식으로 작동되면서 포섭과 동화를 위한 전략적 수단이 되고 있다. 그 결과 '다름'에 대한 거부가 확산되면서 사회적 불평등이 더욱 심각해진 상황에 직면하고 있다. 이러한 불평등을 해결하기 위한 새로운 주체성이 요구되며, 상호인정과 자율성의 보장이라는 전제에서 새로운 인간의 정체성을 추구하고 구성하고자 하는 트랜스내셔널의 인식틀이 요구되고 있다.

이 글은 국민국가의 경계를 공고히 하기 위해 '버려져야' 했던 해외입양인을 통해 이동이 자유로운 시대에 새롭게 요구되는 트랜스내셔널 주체성을 그들의 삶을 통해 상상해보는 것이다.

1. 국민과 '비국민'의 경계사이

1)

지구화의 특징은 자본과 노동의 자유로운 이동이 가능하다는 것이다. 과학기술과 정보의 발달은 자본주의가 지배하고 있는 사회의 시·공간을 새롭게 재편하였다. 또한 민주주의의 확장은 개인의 권리가 증진되고 자율성과 동등성의 인정을 통해 자아를 실현할 수 있는 공간을 새롭게 창출하고 있다. 이러한 움직임은 21세기에 들어서면서 더욱 가속화되어 국가 간의 연결을 보다 더 용이하게 하면서 '지구촌'이라는 단어를 현실화시키고 있다. 정치·경제·사회의 통합 과정이 급속하게 이루어지고 있으며 '지금 - 여기'에서 일어나고 있는 사건이 전 세계에 동시적으로 수용되고 있다. 이를 통해 끊임없이 다른 문화를 수용할 수 밖에 없으며 다른 인간들과 함께 섞여서 살아갈 수밖에 없는 조건이 형성되었 다. 서로 다른 것이 하나로 통합되어가는 과정에서 이질적인 것을 인정하지 않 는 동화전략이 지배적 흐름으로 나타나고 있는데, 이것은 하나의 제국의 권력 이 세계 곳곳에 침투함으로써 배제원리의 작동이 구체화되는 사회로의 변화를 의미하기도 한다.

이러한 사회변화에 대응하기 위해 일상적 배제의 작동이 아닌 차이를 있는 그대로 인정하면서 동등성을 추구하는 새로운 주체성이 요구된다. 이러한 주체 성은 사회에서 배제된 인간들의 욕망에서 발현될 수 있으며 그들의 삶을 통해 새로움을 추구할 수 있는 것이다.

2013년 현재 한국에 체류하고 있는 외국인은 150만 명을 넘어섰다. 이것은 10년전인 2003년 68만 명이었던 것과 비교하면 2배 이상 증가한 것이고, 2011 년 120만명이었던 것에 비해 30만 명 이상이 증가한 것이다. 즉 한국 사회는 인 구의 3%에 육박하는 이주민과 공존하고 있으며, 이러한 추세는 더욱 증가할 전 망이다. 이것은 '국가는 단일민족에 의해 구성되어야 한다'는 이데올로기의 강 력한 지배 아래 살아왔던 한국의 상황이 급속하게 변화할 수밖에 없다는 것을 뜻한다.

2011년 개정된 국적법은 급변하는 국제사회의 다문화적 흐름 안에서 민족성 을 더욱 고양시키기 위한 조치로 볼 수 있다. 이에 따라 해외입양인에게도 국적 회복이 가능할 수 있도록 제도적 장치를 구축했고, 동년 4월에 13명의 해외입양 인이 복수국적을 취득했다. 복수국적이 갖는 의미는 이중적이다. 한편으로 민 족주의의 강화를 통해 국민국가의 권력을 유지하기 위한 수단이 되며 다른 한편 으로 지구화된 세계질서에서 경계를 자유롭게 넘나들면서 상이한 사회문화가 융합될 수 있도록 행위할 수 있는 개인으로 제도적 틀 안에서 주변과 중심의 질서를 새롭게 재편하는 주체로 인정되는 의미가 있다. 또한 그동안 국가를 지배하기 위해 지속적으로 생산해냈던 '비 - 국민'의 문제를 제기하기도 한다. 그렇지만 결국 복수국적이 갖는 의미는 국가의 포섭을 통한 국가권력의 안정적 재생산에 초점을 맞추고 있는 것으로 이해할 수 있다. 그러나 복수국적이 갖는 합법성이라는 측면에서 두 번째의 의미를 적극적으로 수용하게 되면 전 지구적 자본주의가 지배하고 있는 현 질서에 대항한 상상력을 추동하면서 새로운 국면으로 변화할 수 있는 가능성을 찾을 수 있는 기회로 삼을 수 있다. 해외입양인의 삶은 철저히 한국사회와 융화될 수 없는 의식과 관념이 내재되어 있는 현 시점에서 그들의 국적 회복은 상이한 두 국가의 경계를 해체할 수 있는 행위자로서 등장할 수 있는 단초를 제공한다는 점에 의미가 있다. 이것은 어디에도 속하지 않았던 국민과 비 - 국민의 경계를 새롭게 사고할 수 있도록 도와준다. 이러한 변화는 지구화된 질서에서 국민국가의 권력이 약화되는 것을 방지하기 위한 대처방안으로 이해할 수 있다. 그렇지만 당사자의 움직임이 허용되는 제도적 인정은 사회구성으로의 변화가 위로부터의 방식이 아닌 아래로부터의 목소리로부터 관철될 수 있는 사회로 이행할 수 있는 가능성이 높아질 수 있는 기회가 되기도 한다.

2)

장윤수에 따르면 해외입양에 대한 관심은 재외동포의 목소리가 커지고 이민국에서의 일정한 지위를 획득하면서 권리 요구에 대한 대처와 그것에서 파생된 문제를 해결하기 위해, 즉 양국의 이해관계가 발생하면서 함께한 측면이 있다. 거칠게 해석하면 재외동포에 대한 관심은 결국 경계를 횡단하는 존재에 대한 국민국가의 대응이라고 할 수 있다.

노동의 자유로운 이동이 지구화 현상의 한 측면이라는 점에서 국제적 이동이 증가하고 있는 것은 필연적인 결과이다. 그렇지만 이동의 자유라는 측면에서 접근했을 때, 해외입양은 본인의 의사와는 전혀 무관하다는 점에서 강제적 이주의 대표적인 유형이다. 전 지구적 자본주의의 확장으로 인한 비자발적인 이주의 경우 삶의 생존을 위해 불가피하게 발생할 수밖에 없는 것으로 인정되고 있지만, 비자발적인 이주의 유형에서도 가장 극단적인 형태인 해외입양은 불가피한 것으로만 치부하기에는 어려운 보다 복잡하게 얽혀있는 문제이다. 이주는 통상적으로 주변에서 중심으로 이동하는 구조로 인식된다. 최근 이주의 성격역시 불평등의 심화와 사회적 양극화의 결과 중심에서 주변부로 밀려나는 존재에 의해 주로 발생되고 있다. 또한 해외입양의 발생구조 역시 일반적으로 주변부인 제3세계 국가에서 선진국으로의 이동경로를 따라 이루어진다. 그러나 빠른 기간 안에 경제대국으로 성장하여 세계질서의 주도적 역할을 담당하고 있음을 자랑스러워하는 한국의 현실에서 지속되고 있는 해외입양을 이해하기 위해서는 이른바 '잘 사는' 사회로 이동하는 것으로만 해석하기 어려운 측면이 있다. 즉 해외입양은 보다 더 복합적이고 심층적인 사회구조적 문제에 의해 발생하고 있음을 알 수 있는 것이다.

결국 민족주의의 강화와 지속을 위해 규범에서 벗어난 존재를 해결하기 위해 시작된 해외입양은 사회에서 배제되고 일탈적 행위에 의해 태어난 인간의 손쉬운 해결책으로 순수한 민족을 유지하기 위한 국가의 선택이라고 할 수 있다. '일국일민주의'를 전제하고 단일민족 이데올로기를 강화하기 위한 국가정책의 지속적 시행의 정당성을 담지하면서 인종차별을 은폐하는 수단으로 택해진 해외입양은 민족 국가적 자긍심을 고취하고자 하는 사회구조적 모순에 기인한다. 이를 위해 사회구조의 모순은 숨겨져야 하고 은밀하게 배제되는 방식으로 지속되면서 입양의 정당성을 확보하기 위한 홍보 정책의 수단으로 연결되는 것이다.

인종차별의 은폐로 인해 발생한 해외입양은 결국 인종차별의 본거지로 보내지면서 존재의 박탈감과 상처는 내면화될 수밖에 없다. 해외입양인은 물질적 보상과 자신의 정체성을 맞바꾸는 경험을 하게 된다.

해외입양인은 각인된 민족정체성을 극복해야 하고 입양된 국가의 주류사회에 동화되어야 한다는 압력에 의해 인간 내면의 고통을 감수하면서 살아갈 수밖에 없는 운명에 처하게 된다. 이러한 운명은 근본적인 차이와 차별에 좌절과 실망을 경험함으로써 원초적 상처로 각인된다. 이러한 해결될 수 없는 상처의 경험은 끊임없는 정체성 혼란으로 '버려짐'에 대한 외상에 시달리게 되고, 부모와 사회에 대한 배신감을 느끼면서 성장하게 된다. 그렇기 때문에 그들이 성장하여 모국인 한국사회에 요구하는 것은 상실에 대한 보상을 넘어서 입양구조가 내포하는 은폐된 진실에 대한 공개를 촉구한다. 이것은 국가에 의해 조작된 개인의 정체성을 되찾기 위한 노력임과 동시에 한국 사회가 갖는 구조적 모순을 해결하기 위한 움직임인 것이다. 다문화 사회로 이행하고 트랜스내셔널을 상상해야 하는 현 시점에서 국민국가와 지구화된 세계질서 사이의 구조적 문제를 고스란히 내포하고 간직하고 있는 해외입양인의 정체성은 트랜스내셔널의 새로운 주체가 지녀야 하는 가치가 될 것으로 보인다. 그 사회가 책임을 회피하고 외면함으로써 문제를 덮으려고 했을 때 나타나게 되는 수많은 소수자의 권리의 증진을 위해서라도 지금까지 외면해온 현실을 적극적으로 표출해야 함을 주장하는 것이다.

2. 해외입양인은 누구인가

1)

국민국가는 규범과 질서를 강요하고 고정된 틀에 의해 인간을 훈육한다. 그 질서에 벗어난 이들은 철저하게 사회에서 배제되고 소외되는 형태로 형상화되고, 존재하지만 존재할 수 없는 '비 - 존재'로 살아가야만 한다.

하지만 역설적이게도 세계를 하나로 묶어버리려는 신자유주의의 목적과는 다르게 경계를 확정하고 국민을 만들어냈던 국민국가의 틀에서는 존재하지 않던 새로운 주체성을 표방하는 인간이 등장하기 시작하고 있다.

해외입양인 역시 국민국가에서 가시화되지 않았던 존재들이라고 할 수 있다. 해외입양인은 지구화의 흐름에 국민국가의 권력의 약화를 방어하기 위한 민족주의 담론을 강화하는데 이용될 수 있는 측면이 존재한다. 그렇지만, 어디에도 속하지 않는 그들의 실존은 지구시민사회의 새로운 시민의 형상을 보여주고 있다는 점에서 복합적이고 중층적으로 얽혀 있는 존재라고 할 수 있다.

한국은 1948년 건국 이후 이승만 대통령이 표방한 '일국일민주의'를 기본으로 단일민족 이데올로기를 충실하게 지켜나가는 사회였다. 공동체의 구성원은 같은 민족으로 구성되어야 한다는 인식을 기반으로 뚜렷한 경계의 확정을 통해 민족주의를 강화하고 외부와의 구별을 통한 '순수함'을 강조함으로써 표준적 인간을 양산해내는 역할을 담당하고 있었다.

국민국가는 인위적으로 구획된 배타적인 경계를 기반으로 국민을 통합하기 위해 민족주의를 강력하게 작동시켰고, 그것은 포섭과 배제를 통해 그들이 추구하는 질서를 창출했다. 포섭을 통해 동화시켰으며 차이를 소멸시켰지만, 인간의 다양성은 끊임없는 차이를 생산하고 있다. 이 지점에서 트랜스내셔널이라는 새로운 시각이 제기되는 것이다.

한국은 G20을 개최할 만큼 국제질서에서 인정받는 경제대국이면서 동시에 아래로부터의 민주화 열망으로 인해 민주주의를 일정한 수준으로 끌어올린 국제적으로도 '모범적'인 사례의 국가로 평가받는다.

그러나 이처럼 '모범적'인 국가인 한국사회의 성장 이면에는 민주주의의 가치와 충돌되는 사회적 모순이 존재하고 있다. 그 가운데 존재하지만 '존재할 수 없는' 즉, 자신의 존재를 표현할 수 없었던 사회적 소수자로서의 해외입양인의 문제가 있다. 즉 주변에서 중심으로 이동을 했던 전통적인 이주형태와는 모순적이게 중심에서 중심으로 이동을 하게 되는 상황이 존재한다는 것이다.

2)

해외입양인은 사회정의에서 벗어난 일탈행위로 인해 파생된 결과 발생하게

된 존재로 치부된다. 그들은 표준적 규범에서 벗어난 존재이기 때문에 국민국
가의 책임과 의무라는 울타리에서 벗어나 있다. 사회에서 인정하지 않고 있다
는 점에서 국가에 의해 버림받은 존재이며, 입양국에서도 이방인으로 살아갈
수밖에 없는 존재이다. 그럼에도 그들은 모국에 대한 정체성의 끈을 연결하기
위해 끊임없이 시도하고 있는데, 이것은 어디에도 속하지 못한 경계인으로 살
아갈 수밖에 없는 원초적 결함에 기인하는 것으로 볼 수 있다.

한국의 해외입양 역사는 '대한민국의 건국'과 함께 시작되고 있다. 건국 이후,
한국전쟁이라는 엄청난 사건으로 사회가 완전히 폐허가 된 상태에서 '고아'와
'혼혈아'의 해결을 위해 불가피하게 입양을 선택할 수밖에 없는 현실이 존재했
다. 그렇지만 이러한 불가피한 해외입양과는 달리 실제로 발생했던 해외입양은
사회규범에서 벗어난 일탈적 존재를 중심으로 사회질서를 강화하기 위한 수단
으로 이용되었다.

한국의 해외입양은 1954년도에 보건사회부 산하 해외입양을 전담하는 기구
가 공식적으로 설치가 되면서 국가가 주도적으로 개입하면서 출발했다. 처음
해외입양은 전쟁의 폐해로 인해 발생한 고아를 국가차원에서 보호를 할 수 없는
상황이었기 때문에 그들의 생존을 위해 선택할 수밖에 없었던 결과로 이해할 수
있다. 그러나 산업화를 거치면서 해외입양이 더욱 활성화되었는데, 이것은 철
저하게 가부장적 사회구조에 의해 일탈로 인해 버려짐의 대상이 되는 아동을
'상품'으로 전환시키면서 외화를 벌어들이는 산업으로 변화하였다. 즉 1970년
대 이후 급속하게 성장한 입양산업을 통해 한국사회의 주요한 수출 산업의 한
축을 담당한 것으로 해석할 수 있는 것이다. 이러한 입양의 흐름은 현재에도 굳
건하게 지속될 수 있는 추동력으로 볼 수 있다.

이런 구조에서 발생한 해외입양인은 출생에서부터 국가의 이익을 위해 희생
이 된 존재라고 할 수 있는데, 성장 후 모국으로 귀환한 해외입양인의 요구에 대
한 국가 대응은 모국과 입양국 간의 관계를 개선할 수 있도록 도움을 줄 수 있는
민간대사의 역할을 강요한다. 결국 국가의 입장에서 해외입양인의 삶의 과정은

중요한 것이 아니며, 철저하게 국가이익을 위해 봉사하기만을 바란다. 따라서 해외입양인은 생애 과정에서 자신의 권리를 요구할 수 없는 사회조건에 놓여 있으며, 이것이 모국에 대해 말하려고 하는 중요한 이유가 되는 것이다.

3. 해외입양인의 무장소성: 경계를 초월하는 존재

1)

해외입양인은 본인의 의사와는 무관하게 이동을 해야만 했으며, 성인이 된 후 처음으로 자신의 의지로 귀환을 하게 된다. 그렇지만 양쪽 어디에도 속할 수 없는 존재이며, 현재 머물러 있는 장소가 정착할 수 있는 공간이 아닌 임시 거처에 지나지 않는다는 것이 내면화되어 있다. 어디에도 속하지 않지만 모든 것을 상상하고 자신의 주체성을 견지해나가려는 존재들이 해외입양인인 것이다.

그렇지만 해외입양인은 한국에 다시 돌아와서 정착해야 하는 존재로 보지 않는 일반적 사회인식에 의해 해외입양인에 대한 관심은 미미할 수밖에 없다. 언론에서 등장하는 가슴 아픈 사연 혹은 입양된 국가에서 모범적으로 성장해서 성공한 개인이 된 사연이 소개되지만 그것은 전적으로 남의 얘기로 치부되곤 한다. 따라서 같은 존재이면서도 다른 존재, 즉 영원한 이방인으로 남게 되는 것이다.

하지만 해외입양인의 삶에서 긍정적인 부분을 발견하는 작업은 필요하다. 그들의 삶을 완전하게 이해하고 받아들일 수 있다는 전제가 필요하기 때문이다. 최근 번역 출간된 『인종 간 입양의 사회학』은 입양인들이 자신의 목소리를 드러내고 있다는 점에서 중요한 의미를 갖는다. 입양인 당사자들이 각자의 위치에서 자신의 경험을 고백하고 입양이 갖는 사회적 의미에 대해서 논의하고 있다는 점은, 현재까지 자신의 삶을 온전히 수동적으로만 받아들였던 것에서 자신의 정체성을 긍정적이고 적극적으로 찾아갈 수 있는 가능성을 모색하고 있다는 점은 많은 시사점을 남긴다. 어디에도 속하지 않는 입장에서 어디에도 속할 수 있고, 공간으로부터의 자유로움을 통해 사회구성을 새롭게 바꾸려고 하는 입양인의 모습에서 현대사회의 변화를 찾을 수 있는 척도가 될 수 있기 때문이다. 에이미 인자 나프즈거 역시 자신의 경험을 통해 본인 스스로 동등한 개인으로 인정받기 위해서는 스스로에게 당당해야 한다고 말하고 있다. 그러한 역경과 고난이 현재의 자신을 있게 한 것이기 때문이다. 그는 한국의 경험을 선택할 때 성장하면서 혼자가 아니라는 것을 깨달았고 내가 어디에서 왔는지에 대한 궁금함과 모국에서 자신의 정체성과 소속감을 찾을 수 있을 것이라는 기대에서였다. 그러나 한국에서의 삶은 철저하게 이방인으로 보일 뿐이었다. "나는 매일같이 외국인이라는 이유로 거부와 끝없는 부정적 반응에 직면해야 했고 그뿐이었다. 나는 미국에서 겪었던 것처럼 또 다시 편견 속에 살아가고 있었지만 이번엔 내 모국에서였다"라고 고백하고 있다. 살아남기 위해서는 한국 사람처럼 행동해야 하고 한국사회의 기준을 수용할 준비를 해야 하는 것이 그가 선택한 일이었다. 그렇지만 오직 토박이들만이 한국인이 될 수 있었으며 내 몸에는 한국인의 피가 흐르고 있는데 될 수 없다는 것에 혼란을 느낄 수밖에 없었다. 결코 100퍼센트 인간이 될 수 있는 것이 아니라면 자신의 현재를 긍정적으로 인정하고 그 안에서 삶을 찾아가는 과정을 선택해야 한다는 것이다. 어느 한 곳에 소속감을 인정받기 위해 좌절과 고통의 경험은 본인의 선택이 아닌 사회구조적 문제였다는 점이다. 이러한 역경을 통해 그는 한 개인으로 성장했으며, 모국에서의 경험이 현재의 긍정적인 자신으로 성장시켰음을 고백한다. 그러면서 스스로에게 정의한 본인의 정체성은 한국계 미국인 입양인이라는 것을 인정한다. 즉 한국인도 아니고 완전한 미국인도 아닌 전형적인 경계인으로서의 긍정적 자아로 본인을 위치지운다. 이 점은 커스틴 후미 슬로트의 논의에서도 쉽게 찾을 수 있다. 그는 전반적으로 입양인들이 자신의 정체성을 형성해가는 과정에서 한국 출신이라는 것과 입양구조에 대해 탐색하는 것을 매우 중요하게 생각하고 있음을 지적한다. 본인을 한국 사람으로 여기느냐가 아닌 자신의 혈연을 찾아 만나면서 한국과 친숙해지는 것이 매우 의미 깊은 활동으로 여겨지는 것이다.

그럼에도 사회는 주변화된 존재들의 노출을 통해 균열이 발생하며, 사회적 균열은 새로운 정치적이고 사회적인 구성을 야기하는 원동력으로 작동한다.

트랜스내셔널 성격, 즉 경계 횡단성은 자본주의의 초국적 운동과 함께 국민국가의 내부적 배제원리가 외부로 전이되는 역사적 과정의 반영이라는 고지현의 지적처럼 그들의 목표는 착취와 지배를 종식시키고, 실질적 자유와 평등을 실현하는 사회로의 이행이다.

전 지구적 유동성은 국가의 통제 관리기능을 강화하는 경향을 내포하고 있다는 고지현의 지적처럼 국민국가의 권력은 약화되지 않고 오히려 강력해지고 있다는 점에서, 새로운 주체가 등장해야 한다.

자크 아탈리에 따르면 이동은 필연적인 것이며, 태초의 인간은 노마드였기 때문에 끊임없는 이동 속에서 문명을 발명할 수 있었던 것이다. 그는 정착민은 인류 진보에 한 단계에 지나지 않는다고 말한다. 이것이 현실사회의 한계이며 이동하는 인간들의 창조적 움직임을 통해 사회는 새롭게 재구성되어야 하고, 그러한 시대가 왔다는 것을 지적하고 있는 것으로 볼 수 있다. 지금과는 전혀 다른 존재들에 의해 사회를 구성하는 것이 트랜스내셔널이 추구하는 목표이기 때문이다.

따라서 정착할 수 없는 운명을 타고난 해외입양인은 경계성을 초월하고자 쉼없는 이동을 하는 존재이며 인간사회의 대안적 모델과 완전한 민주주의를 향해 이동하는 새로운 주체성의 형태를 담지하고 있는 것이다.

2)

해외입양은 근본적으로 개인의 가장 중요한 것의 상실이라는 점에서 문제에 부딪힌다. 또한 해외입양인이 어떻게 살아가고 어떤 생각을 하는지에 대해 사회의 무관심과 불인정에 의해 내가 누구인가를 찾아가는 과정이 누락된다. 사회의 관점에서는 그들이 누구인가와는 아무런 상관이 없기 때문에 당사자가 잃어버린 모든 것들에 대한 주장할 수 있는 권리가 박탈당하게 되는 것이다. 페를

리타 해리스에 따르면 해외입양은 오래된 현실이지만 입양인의 목소리는 거의 들리지 않았고, 실제로 그들의 존재는 은폐되었다. 그는 현재까지 침묵해온 입양인의 다양하고 이질적인 유년기부터 성인기까지의 성장 경험 그리고 입양에 관련된 지원이 필요한지에 대해서는 실제로 알려진 바가 없음을 지적한다.

해외입양은 개발도상국의 가난한 국가에서 선진국이면서 부유한 국가로의 이동이라는 점에서 식민주의를 기반으로 한 지구적 불평등의 현상으로 이해하기도 한다. 최적의 환경에서 성장할 수 있는 조건을 제공할 수 있을 것이라는 믿음에 근거해서 현재까지도 지속되고 있는 것이다. 즉 존 레이블이 지적하는 것처럼 상대적으로 불행한 아이들의 삶에 정치적으로 중립적인 개입이나 자비를 베푸는 게 입양이라는 현재의 인식이 궁극적으로 변화하지 않는 한, 이러한 현상은 지속될 수밖에 없다.

해외입양인은 유색인종으로서의 본인의 근본적인 정체성을 부정해야 하는 현실에 직면한다. 즉 태어난 인종을 거부하고 존재의 본질을 부정하면서 서구 사회에 맞추어서 살아가야 인간으로서의 인정을 받을 수 있다는 강박에 시달린다. 그러한 노력은 결국 실패로 돌아가게 되고 성장하면서 자아를 찾기 위한 여정을 시작하고 그 여정에서 또 한 번의 좌절과 실망을 안게 되는 것이다. 즉 어떠한 공간에서도 자신의 정체성을 완전하게 드러낼 수 없는 무장소의 인간이 해외입양인의 삶을 구성하게 된다.

이처럼 철저하게 당사자의 의사와는 무관하게 발생하고 있는 입양구조는 입양인이 어디에도 완전하게 속할 수 없는 경계인일 수밖에 없다는 것을 인정해야 한다. 완전하게 소속되는 공간이 없는 것을 역설적으로 어느 공간에서도 자신의 목소리를 낼 수 있는 적극적인 주체로의 전환이 곧 트랜스내셔널이 목표로 하고 있는 인간이다. 무장소성을 어떻게 적극적으로 수용할 것인가의 관점에 따라 트랜스내셔널의 주체로 등장할 수 있는 가능성이 열리는 것으로 볼 수 있다. 이 점에서 공간을 초월한 해외입양인의 삶을 사회 곳곳에 내재해 있는 모순들을 해결할 수 있는 주체로 세울 수 있는 가능성이 있다.

4. 해외입양인의 정체성 찾기

1)

성인이 되어 경계를 횡단하는 해외입양인의 수는 증가하고 있다. 왜 강제로 버려진 존재들이 자발적으로 경계를 넘어서 귀환을 하고 모국에 관심을 갖게 되는지 근본적으로 질문을 던져야만 한다.

해외입양인의 자전적 소설에서 표현되는 자아정체성의 혼란은 출생과 함께 박탈의 경험에 기인한다. 또한 자신을 버릴 수밖에 없었던 가족보다는 국가에 대한 배신은 귀환 후 한국의 경제성장과 함께 가부장적인 사회 현실의 경험을 통해 심화된다.

최유진이 지적하는 것처럼 해외입양은 근본적으로 서구 중심의 자본주의 이데올로기가 인간에게 가하는 착취와 아동의 상품화를 표면화하고 있다. 이것은 해외입양인의 삶으로 전이되어 자신의 정체성을 부정적으로 각인하는 것으로 연결된다.

해외입양인의 소설의 공통적인 특징은 자신의 정체성에 대한 혼란스러움이다. 그들은 한국인과 이방인 사이에서 어느 곳에도 속하지 않는 철저한 경계에 놓여 있음을 고백한다. 소위 성공한 해외입양인의 귀환에는 민족의식을 고양시키고 각자의 위치에서 항상 한국인임을 자랑스럽게 여기고 각 나라에서 한국의 위상을 높여달라는 국가의 요구는 그들에게 또 한 번의 좌절의 경험을 하게 만든다.

조미희는 "내가 만일 한국을 떠나게 된다면 그것은 도망이 아니라 소속감과 안도감을 가지고 시작하는 새로운 출발이 될 것이다. 완전한 한국인이 될 수는 없지만, 그래도 나는 한국인이다. 그래서 나는 55퍼센트 한국인"으로 스스로 규정하고 있다. 정경아(제인 정 트렌카)역시 "내가 이 땅에서 태어났으니 이런 탐닉은 나의 타고난 권리"라고 말한다. 그렇지만 내면에서 형성된 정체성과 외부에서 바라보는 시각의 충돌은 불가피하게 발생할 수밖에 없는 것 또한 현실이다. 그들은 불쌍하니까 자선을 베풀어달라는 것이 아닌 도움을 주는 사람과 도움을 받는 사람은 동등한 인간이라는 점을 강조하고 인간적인 존중의 필요성을 제기하고 있다. 살아오는 동안 지구상의 많은 사람들에게서 헤아릴 수 없는 도움을 받은 것처럼 본인 역시 다른 존재에게 도움을 줄 수 있는 동등성의 원리에 입각하여 트랜스내셔널의 주체가 되는 것이다.

2)

해외입양인의 현실은 확실한 국적이 있고 생활터전이 있음에도 소속이 없는 존재라는 점에서 모순적인 상황을 보여준다. 이런 점에서 트랜스내셔널을 주도하고 있는 다른 이주민의 삶과는 질적인 차이가 근본적으로 존재하고 있다.

해외입양인은 본인의 의사와는 무관하게 영토에서 쫓겨난 존재이다. 존재가 박탈된 인간의 귀환은 지구화의 영향으로 인해 자유롭게 경계를 넘나들고 있는 것과 연결하여 그들의 존재의 이유를 찾을 수 있을 것이다. 귀환을 통해 새롭게 경험하게 되는 모국의 사회현실을 체험하게 되고 사회를 바꾸기 위해 행동을 할 수밖에 없음을 피부로 절감하게 된다.

자크 아탈리는 경계를 해체하는 인간 유형으로 트랜스휴먼을 제기하고 있다. 트랜스내셔널 시대에는 트랜스휴먼이 새로운 시민으로 등장해야만 한다는 것이다. 그렇다면 트랜스휴먼은 어떤 존재를 말하는 것일까? 완전히 새로운 인간 유형일까?

그는 국경 없는 단일체로서의 지구 공동체의 형성은 정착민인 동시에 유랑민인 트랜스휴먼에 의해 가능하다고 주장하면서 새로운 종류의 권리와 의무는 '공동의 이익'을 위한 보편적 민주주의의 초석이 된다고 하였다. 지구는 극도로 다양하고, 자치적이며, 자유롭고, 모든 인류가 받아들일 수 있는 공간이 되어야 하며 그 안에서 사람들은 자유롭고 존경받으며 일하면 살게 되는 것이다. 새로운 종류의 '공동의 이익'을 창조하는 행위자로서의 해외입양인의 움직임은 뚜렷하게 나타난다. 존재를 박탈당할 수밖에 없었던 모국과 입양국과의 관계를 새롭게 설정하고 모국의 문제를 밝혀냄으로써 기존 질서를 해체하고 다른 삶의 방식을 제기하고 있기 때문이다.

경계의 구별이 뚜렷했던 사회구성에서 경계가 모호해짐으로써, 인간 삶은 근본적인 변화가 불가피하다. 인간 삶의 다른 방식을 보여주고 있는 여러 범주에 속하는 개인이 존재한다. 보지 못하고 듣지 못하는 것을 행하게 하는 존재로서의 트랜스휴먼은 소수자의 특징을 공유하고 있다고 할 수 있다. 결국 현재 사회를 지배하고 있는 질서에서 벗어난 수많은 배제된 존재들이 트랜스휴먼의 전형이 될 수 있는 것이다. 해외입양인 역시 새로운 사회로의 이행을 촉발시키는 존재인 이유는 여기에 있다. 유진월·이화영이 지적하고 있는 것처럼 트랜스내셔널의 주체로써 이미 주어진 기준이나 표준을 거부하는 입양인의 삶을 투영하여 새로운 영역을 만들어내는 창조적 노마드의 지위를 확장하는 것이 새로운 사회로 이행하는 디딤돌이 될 수 있기 때문이다.

5. '경계'를 해체하는 해외입양인: 트랜스내셔널의 주체

1)

이용일은 트랜스내셔널리즘이 등장하게 된 배경을 두 가지, 날로 심화되는 세계화의 현실적 위력과 중심에 대한 주변의 '인정투쟁'으로 요약하였다. 트랜스내셔널은 국가의 통제 밖에 존재하는 개인의 네트워크라는 점에서 이주민들이 고국사회와 정착사회를 연결하는 다양하게 얽혀진 사회적 관계들을 만들고 유지하는 과정으로 이해한다. 많은 이주민들이 지리적, 문화적, 정치적 경계들을 횡단하는 트랜스내셔널 사회장을 만들고 있다는 것을 강조하기 위함이며, 경계들을 이어주는 다양한 관계들을 발전시키고 유지함으로써 자신의 개성과 정체성을 발전시키고 있다는 것이다.

트랜스내셔널은 인정의 정치를 전제한다. 즉 다름을 차별이 아닌 차이로 인정하고 주체적인 소통이 가능한 개인으로 인정하고 있다는 점에서 관계의 새로운 방식을 추구하는 것이다. 트랜스내셔널에서 가장 중요한 것은 규범에서 벗어난 존재들, 즉 배제와 차별에 의해 소수자로 살아갈 수밖에 없는 존재에 대해 동등한 인간성을 부여하는 것으로 볼 수 있다. 동등성에서 출발함으로써 전 지구화된 사회의 주체가 설정될 수 있기 때문이다.

트랜스내셔널의 인정은 지금까지 배제되었거나 주변화된 존재들을 같은 수준에서의 주체로 상정한다는 것에서 경계에 갇힌 사고틀을 넘어서는 것이다. 민족주의 패러다임이라는 인식틀에 갇혀서 사고하는 인간과는 전혀 다른 새로운 유형의 인간과의 접속은 사고의 전화를 수반할 수밖에 없다. 그것은 기존 질서를 지배하고 있던 이념과 관습을 깨뜨리고 사회질서를 새롭게 구성하는 것으로 연결된다.

이용일은 트랜스내셔널은 동화와 적응, 통합의 개념을 넘어서 단순히 정착사회에 머무는 것이 아니라 모국과의 지속적인 관계를 맺으며 이동·횡단하며 민족적 경계개념으로 규정하기 어려운 사회적 공간들을 확장하는 것으로 규정하고 있다. 그의 주장은 트랜스내셔널의 시각을 통해 새로운 인식틀이 필요하다는 것을 역설하고 있다. 트랜스내셔널리즘을 이주자들이 그들의 실제 일상과 사회적·경제적·정치적 관계를 통해 민족국가의 경계를 넘어서는 사회장을 만드는 과정으로 이해해야 한다는 것이다.

이런 의미에서 그는 이주민을 두 지역, 혹은 여러 지역을 자유롭게 횡단하며 자신의 생계와 일상을 바꾸고 새롭게 사회구성을 촉진한다는 점에서 자유인이자 해방자의 모습으로 묘사한다. 그들은 어떠한 한 사회에 동화 내지 통합되는 것에 큰 의미를 두지 않고, 또 그럴 필요성도 느끼지 못하는 인간인 것이다.

해외입양인 역시 국민국가의 '경계'를 넘나들고 있다는 점에서 이주민으로 규정할 수 있을 것이다. 민족주의의 비극으로 탄생했지만, 민족주의를 새롭게 규정하고 있는 존재인 해외입양인은 탈경계인의 전형을 사고할 수 있도록 한다.

해외입양인은 정체성이 어디에도 속하지 않고 항상적인 경계에 놓여 있다는 점에서, 경계에 연연하지 않으면서 경계를 전유하는 존재인 것이다. 자크 아탈리는 태초의 인간은 끊임없는 이동 속에서 문명을 발명한 노마드였다고 주장했다. 정착민은 인류 진보에 있어 한 단계에 지나지 않을 뿐 귀결점이 되지 못하고, 국가는 노마드의 행렬을 잠시 멈추게 하는 오아시스 역할 이상을 할 수 없다는 것이다. 그는 들뢰즈와 가타리의 "우리는 역사를 쓴다. 하지만 언제나 정착민의 시각에서 국가의 도구라는 이름으로 써왔다. 역사는 노마디즘을 이해한 적이 결코 없었다"라는 언술을 인용하면서 사회는 결코 배제된 자들의 목소리를 담아낼 수 없는 한계를 내포하고 발전해왔다는 점을 지적하고 있다. 따라서 새로운 사회를 구성하기 위해서는 표준으로 간주되는 정착민의 시각이 아닌 자유롭게 이동하면서 자신의 정체성을 새롭게 구성해가면서 경계를 해체하는 유목민적 사고를 내면화한 이주민의 인식틀을 전유할 필요성이 제기되는 것이다.

자의든 타의든, 현대인들은 기존의 가치와 삶의 방식을 넘어 끊임없이 새것을 창조해내는 삶을 살아갈 것이라는 아탈리의 주장은 국경이 해체되고 새로운 사회를 형성하는 인간 존재가 나타날 것이라는 예고이다. 그러한 새로운 삶과 태도를 만들어가는 존재로서의 해외입양인을 적극적으로 전유할 필요가 있으며 그들에게 나타난 부정성을 긍정성으로 바꾸어나감으로써 하나의 사회로 수렴되는 흐름에서 각자의 개성을 유지하고 창조할 수 있는 가능성을 엿볼 수 있는 것이다.

2)

초국가적 '경계 넘기'의 상상력은 한국의 사회구조적 모순에 의해 쫓겨나고 버려져야만 했던 20만 명 이상의 해외입양인의 존재를 통해 트랜스내셔널의 주체성의 단초를 모색하는 것으로 밀고 나가야 한다. 해외입양인은 입양국과 모국 사이에서 정체성이 충돌되는 개인이다.

즉 입양국과 모국을 자유롭게 횡단하는 인간이기도 하지만, 어디에도 속할 수 없는 완전한 경계인의 삶을 살고 있다. 이러한 특징에서 트랜스내셔널이 모색하는 인간 유형이 어떤 모델로 설정되어야 할지를 상상할 수 있는 것이다.

이것은 현실적으로 대다수 개인들에게는 자유롭지 못한 횡단만이 존재하고 있음을 말해주는 것이기도 하다. 반강제적 횡단이 현재의 트랜스내셔널 상황에서 행해지고 있는 일반적인 형태라는 점에서, 자유롭지 못한 것을 자유롭게 할 수 있도록 하는 것이 새로운 트랜스내셔널의 목표이기도 하기 때문이다.

전 지구적인 자본주의의 공고화는 자본의 자유로운 이동과 함께 노동의 재배치를 현실화하고 있다. 이것은 단적으로 국경을 넘나드는 수많은 개인이 존재하는 것으로 드러난다.

이러한 사회의 변화와 더불어 역으로 잃어버렸던 존재를 찾아가기 위한 과정으로 트랜스내셔널의 주체성을 사고하게 되면 잃어버렸던 정체성을 되찾기 위한 과정은 초국경적이고 지구시민사회라는 트랜스의 경로를 따르고 있지만 민족을 강조하는 도구로 이용될 수 있는 지점까지도 포착할 수 있게 된다. 이 지점까지 포착하게 되면 민족을 강화하는 담론의 매개로 포섭되지 않는 진정한 트랜스내셔널이 추구하는 주체성을 형성할 수 있게 될 것이다.

트랜스내셔널은 글로벌 자본주의의 변화하는 조건들과 연결되어 있기 때문에 자본과 노동의 지구적 관계라는 맥락에서 분석되어야 한다는 이용일의 지적은, 트랜스내셔널리즘이 다양하게 얽혀 있는 이주민의 일상과 민족 경계들을 횡단하면서 정체성의 혼종(混種, hybrid)과 공존을 통해 사회를 구성해가는 과정의 특징을 갖는다는 점에서 이해할 수 있다.

경계를 넘나들며 살아가는 트랜스내셔널 이주민들은 두 개 혹은 여러 개의 민족국가들의 민족 만들기 과정들에 직면하거나, 심지어 그 과정들에 참여하기도 한다. 그렇기 때문에 그들의 정체성과 일상은 국민국가들의 국민 만들기 과정들 속에 깊이 뿌리박힌 인종과 종족성과 같은 헤게모니 범주들에 의해 구성되어진다.

이주민의 실체를 이해하는 인식틀로서의 트랜스내셔널은 새로운 주체성을 요구한다. 이 지점은 해외입양인의 인식과 맥을 같이 하고 있다고 볼 수 있다. 새로운 인류 공동체를 모색하는 트랜스내셔널에서 국민국가와 초국적 국가간의 연결고리로서의 역할을 담당하는 주체로서 해외입양인의 존재에서 배울 필요가 있는 것이다. 강제적으로 모국을 떠나 타국에 살면서 어떠한 방식으로든 모국과의 관계를 유지하고자 하는 그들의 생활에서 서로 다른 문화가 상호인정되면서 조화롭게 형성될 수 있는 다리 역할을 하면서 새로운 사회로의 전환을 모색하는 행위자이기 때문이다.

3)

트랜스내셔널 시각은 어느 곳에도 속하지 않는 객관적 시선으로 사물을 바라보는 것을 가능케 하는데, 인간은 누구나 한 공간에 속해있는 존재라는 점에서 트랜스내셔널 시각을 견지하기가 쉽지는 않다. 즉 모든 인간은 어떤 방식으로든 국민국가로부터 제약을 받고 있기 때문이다. 이용일은 어느 문화에도 완전히 속하지 않는 혼종정체성을 가진 이주민의 시각이 트랜스내셔널 시각이라고 한다면, 그것은 트랜스내셔널리즘이 출발했던 '인정투쟁'의 문제로 돌아오게 된다고 한다. 즉 트랜스내셔널 앞에는 많은 어려움이 직면하고 있다는 것인데, 원래의 목적을 넘어 국가경쟁력으로 신자유주의적 세계화의 새로운 전략으로 오용될 수 있다는 것이다. 그럼에도 신자유주의적 세계화라는 현상 자체가 국민국가의 경계를 모호하게 만들고 있다는 점에서 좀 더 적극적으로 트랜스내셔널 주체를 계속해서 발견하게 되면 진정한 의미에서의 지구시민사회로 이행할 수 있을 것으로 생각된다.

트랜스내셔널은 특정 나라의 경계 안에서 바라보는 국민국가 패러다임을 극복하려는 새로운 관점이라는 점에서 해외입양인의 시각을 통해 국가의 경계를 넘어설 수 있는 가능성을 모색할 수 있다.

서구 중심적인 사고와 문화가 내면화되어 있는 해외입양인들을 통해 다른 지역, 즉 한국의 역사를 재조명할 수 있으며 그들의 존재할 수 없었던 삶을 복원하여 두 문화를 매개하면서 새롭게 사유하는 인간을 창조할 수 있는 기회를 해외입양인으로부터 배울 수 있는 것이다. 서구 중심적이지만 주변부의 시각을 체화한 해외입양인의 삶을 창조적으로 재전유할 필요가 있는 이유는 국민국가의 패러다임에 갇혀서 사회를 상상하였던 시각을 탈피하여 다양한 맥락에서 사회를 새롭게 구성할 수 있도록 만드는 것이며 이것이 트랜스내셔널의 주체로 도약할 수 있는 기회로 다가오기 때문이다.

해외입양인은 국민국가의 틀 안에 결코 포섭될 수 없는 경계인의 전형이다. 또한 그럼에도 불구하고 각 국가의 행위자로서 다른 사회와의 연결을 매개하는 주요 행위자이다. 이러한 점은 트랜스내셔널이 추구하는 경계가 모호해지는 사회에 객관성을 유지할 수 있는 시각을 갖춘 새로운 주체성으로 볼 수 있다. 자신의 정체성을 견지하면서 복잡하게 얽혀 있는 사회 문제를 근본적으로 제기할 수 있는 지구시민사회의 새로운 주체로서의 삶의 형태를 보여준다는 점에서 해외입양인은 트랜스내셔널의 주체성을 실체화하고 있다. 즉 트랜스내셔널 주체성의 새로운 모델을 상상하는 촉매제 역할의 근거는 해외입양인의 존재 - 자체에 내면화되어 있는 것이다.

참고문헌

고지현. 2010. 「지구화와 국민(민족)국가 — 경계의 문제」. ≪사회와철학≫, 제19호.
유진월·이화형. 2010. 「침묵하는 타자에서 저항하는 주체로의 귀환」. ≪우리문학연구≫, 제29집.
이용일. 2009. 「트랜스내셔널 전환'과 새로운 역사적 이민연구」. ≪서양사론≫, 제103호.
＿＿＿. 2009 「다문화시대 고전으로서 짐멜의 이방인 새로 읽기」. ≪독일연구≫, 제18호.
장윤수. 2010. 『코리안 디아스포라와 문화네트워크』. 북코리아.
정경아(J. J. Trenka). 2005. 『피의 언어』. 송재평 역. 와이겔리.
조미희. 2000. 『나는 55퍼센트 한국인』. 김영사.
최유진. 2010. 「해외입양인 내러티브에 나타난 침묵된 이주와 죽음의 이미지」. ≪비교한국학≫, 제18권 제3호.
J. Attali. 이효숙 역. 2005. 『호모 노마드 유목하는 인간』. 웅진.
J. J. Trenka 외. 뿌리의 집 역. 2012. 『인종간 입양의 사회학』. 뿌리의 집.

보편적인 능력으로서의 사랑

급진민주주의 좌파와 대항종교운동의 새로운 조우를 위한 연구노트

9

장 훈 교

급진민주주의 연구조합 데모스

이 글은 서울신학대 학생들과의 교류과정에서 내가 얻은 그들의 '사랑'에 대한 부분적인 응답이다. 나는 급진민주주의 좌파 운동이 그들의 사랑으로부터 정치의 윤리, 보다 정확하게 말한다면 해방운동의 영성의 차원을 배울 수 있기를 바란다. 서울신학대 학생들은 그것이 '무조건적 사랑'이어야 한다고 나에게 가르쳐주었다. 난 동시에 이 '무조건적 사랑'이 서울신학대 학생들이 신앙근본주의와 정치보수주의와의 결합을 통해 형성된 한국 정치교회의 권력에 저항할 수 있는 민주적 힘과 결합할 수 있기를 원했다. 정치교회를 배제하고 현재 한국의 민주주의투쟁을 이해하는 것은 불가능하다. '신은 곧 사랑이다'라는 그들의 언명에도 불구하고 화폐와 권력에 의해 매개되는 그들의 '무조건적인 사랑'이란 허구다. 그것은 도구적인 사랑일 뿐이다. 난 나에게 사랑을 가르쳐준 그들이 도구적인 사랑에 대항해 '무조건적 사랑'을 옹호하는 우리의 급진민주주의 프로젝트와 함께하기를 원한다. 나는 무조건적 사랑의 원리가 민주주의를 통해 자신의 물질적 힘을 얻을 수 있다고 믿는다.

1. 서론: 자아의 유기적인 위기

본 연구의 목적은 현 단계 한국 민주주의가 직면한 민주주의의 위기를 넘어 민주주의를 급진화하기 위한 대항헤게모니 투쟁의 대상으로 '사랑'을 고찰하는 것이다. '사랑'이 민주주의 투쟁의 연구대상이 되는 이유는 지금 우리가 직면한 민주주의의 위기가 '우리가 우리 자신과 어떻게 마주하고 있는가?'의 문제를 포함하는 자아(self)의 변형 문제와 직결되어 있기 때문이다. 이러한 문제제기는 민주주의의 위기에 대한 우리의 지배적인 상식과 대립한다. 민주주의의 위기에 대한 지배적인 정의는 정치과정의 투입(input)과 산출(output)의 위기로부터 현재 한국의 민주주의의 위기가 발생한다는 것이다. 정치과정의 투입의 위기를 강조하는 입장은 정당민주주의의 위기를 강조하는 데 반해 산출의 위기를 강조하는 입장은 정부의 정책수행의 위기를 강조한다.[1] 하지만 본 연구의 전제는 민주주의의 위기는 투입과 산출의 위기보다 심층적인 층위에서 정의되어야만 한다는 것이다. 왜냐하면 현재의 정치과정의 위기는 우리의 전통적인 삶의 양식과 결합되어 있던 정치 - 사회적인 삶의 모델(model)과 제도들이 변화된 우리 삶의 양식과 조응하지 못해 발생하는 유기적인 위기(organic crisis)의 차원에서 파악되어야 하기 때문이다.

다시 말한다면, "지금 권력과 억압은 오히려 사람들이 그들 자신과 어떻게 마주하느냐 하는 문제와 긴밀히 결합(클라이브 해밀턴, 2011: 170)"되어 있기 때문에 문제의 핵심은 자아(self) 그 자체라는 점이다. 리처드 세넷(Richard Senett, 2004)은 삶에 대한 안정적인 통제의 구조가 무너진 '단기 자본주의' 시대에는 개인의

---

[1] 나의 관점에서 볼 때, 이러한 정치과정의 투입과 산출의 측면에서 한국 민주주의의 위기와 대안에 대한 가장 영향력 있는 분석은 여전히 최장집의 『민주화 이후의 민주주의』이다. 특히 2005년에 출간된 개정판의 후기에서 강조하는 '민주주의가 능력 있는 정부를 필요로 하는 이유'를 참조하라.

인간성(personal character)이 훼손될 위기에 처한다는 사실을 증명한다. 그에 의하면 특히 "다른 사람과 유대관계를 맺으면서 지속 가능한 자아(sustainable self)의 의식을 간직하는 인간성의 특성"들이 무너진다. 이러한 인간성의 와해는 우리 시대의 대표적인 삶의 문제인 '삶의 표류'라는 유동성으로부터 발생하며 이는 곧 우리의 삶이 불안에 의해 지배된다는 것을 가리킨다. 동시에 바로 이러한 이유 때문에 우리는 안정적이고 지속적인 관계의 구축을 위한 '지속 가능한 자아'를 열망한다. 바로 여기가 불화(不和)의 발생 장소다. 우리 삶의 방식은 우리가 원하는 그 '지속 가능한 자아'를 만들어낼 수 없다. 다시 말해 나의 삶의 방식은 나에게조차 모델(model)이 아니다.[2]

하지만 현재 자아의 유기적인 위기는 정치적인 형식을 통해 표현되지 않고 있다. 자아의 유기적인 위기로부터 발생하는 불안과 열정은 분명한 정치적 요구로 나타나지 않고 정의되지도 않으며 파악도 되지 않는다. 다시 말해 자아의 유기적인 위기를 민주주의를 통해 해결하려는 집합적인 정치적 정체성이 구축되지 않고 있다. 이런 자아의 유기적인 위기와 민주주의의 균열이 증폭됨에 따라 자아의 유기적인 위기는 민주주의 정치와는 다른 대상과의 동일시(identification)를 통해 열정을 표출하고 있다. 이를 보여주는 다양한 위기의 징후들이 나타나고 있다. 국가정체성과의 동일시를 통해 자아의 유기적인 위기를 치환하려는 보수 시민사회의 호명운동으로부터, 일상생활 내부로 침투해 있는 다양한 유형의 중독의 증폭, '일베'로 알려진 '일간베스트저장소'와 관련된 논쟁, 내면의 병리적인 왜곡으로 귀결되는 우울증 현상의 일반화 등. 이 중에서도 한국 종교근본주의운동의 출현은 한국 자유민주주의의 ① 자아의 유기적인 위기

---

[2] 하지만 문제는 나의 삶의 방식은 나의 책임이라는 점이다. 나의 삶의 방식은 운명에 의해 정해진 것이 아니라 나의 선택에 의한 것이기에 내가 책임져야 한다. 자신의 삶에 대한 책임은 자신이 져야 하는데, 바로 여기에서 자신의 삶을 책임지지 않는 자들, 다시 말해 자신의 선택에 대해 책임을 지지 않는 자들에 대한 불만이 발생한다.

에 대한 무능력을 표현하는 것이자 ② 한국 자유민주주의 내부에서 관리할 수 없는 적대적 갈등의 영역이 정치근본주의와의 동일시를 통해 새로운 집합적 정치적 정체성의 영역을 만들어내고 있음을 보여주는 대표적인 사례이다. 근본주의는 "적대적 갈등은 적과 동지의 구별이라는 순수한 적대적인 형태"를 통해 표출하기 때문에, 민주주의와 양립 불가능하다. 왜냐하면 적대적 갈등은 정치를 폐기하고 적과 동지 사이의 내전으로 귀결시키기 때문이다. 자유민주주의 정치경쟁의 내부로 통합될 수 없는 자아의 유기적인 위기로부터 발생하는 갈등과 열정이 근본주의와 접합되는 과정을 방지하고 민주주의를 방어하는 동시에 민주주의를 급진적으로 확장하기 위해서는 자아의 유기적인 위기로부터 발생하는 불안과 열정이 표출될 수 있는 정치적 동일시(political identification)의 대상으로서 정치적 범주가 존재해야만 한다. 한국 급진 민주주의 프로젝트는 한국 자유민주주의 내부의 정치경쟁을 주도하고 있는 '진보 - 보수'라는 양대 범주체계 내부의 합리주의 접근의 강화로 나타나고 있는 정치적 범주의 정상화 과정을 비판하면서, '진보 - 보수' 양대 범주체계와 자아의 유기적인 위기 사이의 균열에 대항헤게모니적인 개입을 할 수 있는 전통적인 '좌파' 범주의 민주적 재구성을 요청해야 한다. 좌파가 자아의 유기적인 위기로부터 발생하는 열정의 동일시 대상이 되기 위해서는 자아의 문제에 응답할 수 있는 정치적 범주를 구성할 수 있어야 한다. 본 논문은 이런 구상을 위한 하나의 실험으로 ① 로이 바스카가 제안하는 '보편적인 자기실현'으로서의 해방의 윤리에 기초하여 ② 좌파의 급진 민주주의적인 재구성을 위한 범주로서 급진민주주의 좌파(radical democratic Left)를 제안한다.

2. 인간해방과 대항헤게모니 투쟁

대항헤게모니 투쟁(counter hegemonic struggles)은 체제 내부에서 발생하는 새로운 질서의 조건들에 주목하면서 내부의 변형을 통해 전체로서의 사회에 새로운 질서를 부여하기 위한 투쟁을 가리킨다. 체제를 유지·존속시키는 낡은 질서의 '위기' 그 자체로부터 새로운 질서로의 이행을 직접적으로 도출하는 것이 아니라 낡은 질서와 대립하는 새로운 질서의 '조건들'로부터 출발한다는 점에서 '대항헤게모니'의 개념은 체제의 위기가 자동적이고 필연적으로 새로운 질서로 나아간다는 포괄적인 의미의 경제주의(economism)와 결별한다. 위기로부터 출발하지만 그 위기의 해결을 위해 능동적이고 효과적인 개입을 강조하는 헤게모니 개념의 계보는 '위기'의 개념을 상실하지 않으면서도 질서의 재생산과 변형 과정에 개입하는 다양한 집단과 개인들의 전략·전술적인 차원의 실천을 종합하기 때문이다. 여기에서 헤게모니와 대항헤게모니의 위기에 대한 대응전략의 차이의 비대칭성을 확인하는 것이 중요하다.

1) 능력으로서의 사랑

대항헤게모니는 헤게모니와 ① 헤게모니적인 구성의 측면에서 대칭적이지만 ② 헤게모니는 지배를 구축하는 개념인 데 반해 대항헤게모니는 지배에 대한 대항을 통해 해방으로 나아가는 과정을 가리키는 개념이라는 사실로부터 비대칭적이다. 바로 이 때문에 대항헤게모니는 그 개념의 내적 요청에 의해 인간의 해방에 대한 정의를 포함해야 한다. 이 질문에 대한 우리의 응답은 마르크스의 『공산당 선언』에 나온 다음과 같은 언급, "각자의 자유로운 발전이 모두의 자유로운 발전의 조건이 되는 연합체"(마르크스, 2002: 44)를 자신의 고유한 메타 리얼리티의 철학(the philosophy of Meta-Reality)을 통해 재해석하고 있는 로이 바스카의 '보편적인 자기실현으로서의 해방'에 대한 개념에 기초하여 재구성한다. 여기에서 '해방'은 인간 능력의 완전한 실현으로 파악된다.

대항헤게모니 투쟁이 인간에 대한 인간의 모든 지배관계로부터 인간을 해방하는 프로젝트를 위한 투쟁이라고 우리가 정의할 수 있다면 그리고 '해방'에 대한 우리의 정의가 마르크스가 『공산당선언』에서 언급했던 "각자의 자유로운 발전이 모든 이들의 발전의 조건"이 되는 사회라면 대항헤게모니 프로젝트는 다음과 같은 전제를 이미 자신 안에 가지고 있어야 한다. 그 전제란 인간의 자연구조(human nature)3) 그 자체가 인간의 해방을 실현할 수 있는 능력을 가지고 있어야만 한다는 것이다.4) 우리가 돌을 던질 수 있는 이유는 돌의 구조 그 자체가 우리가 던질 수 있는 고체의 구조를 견지하고 있기 때문인 것처럼, 인간의 해방이 인간의 능력에 의해 가능하기 위해서는 인간의 자연구조 그 자체에 그러한 능력이 이미 존재해야만 한다.

다시 말해 해방운동은 인간의 자연구조 안에 완전한 자유의 층위가 이미 실재하고 있으며 이의 실현이 가능하다는 전제 위에 구축되어 있다는 전제를 필요로 한다. 동시에 이 층위는 자신을 실현시키려는 능력을 지니고 있어야만 한다. 인간 자연의 일반 구조로부터 발생하는 이러한 능력, 인간에 대한 인간의 지배 관계와는 구별되는 하지만 인간의 완전한 자기실현을 위해 요청되는 이 능력을 우리는 에리히 프롬(Erich From)의 고전적인 연구에 기초해 '사랑'이라고 부르고

------

3) 인간본성 혹은 인간의 본성이라고 번역되어온 'human nature'를 여기서는 인간의 자연 구조로 번역한다. 이런 번역을 도입하는 이유는 인간본성에 대한 통속적인 접근들이 인간의 고유한 내적구조로서의 'human nature'에 대한 과학적인 인식을 가로막는 역할을 하기 때문이다. 인간의 자연구조는 인간 일반에 공통된 내적구조를 가리킨다. 오해를 불식하기 위해 첨언한다면 언어와 사회는 인간의 고유한 자연구조의 일부로 이해되어야 한다. 여기에서 인간의 동물성과 자연성은 대립하는 것이 아니라 그 모두가 인간의 자연구조 일반에 통합된다. 사회를 구성할 수 있는 인간의 자연구조로부터의 능력이 없다면 사회 그 자체가 성립할 수 없기 때문이다. 사회는 인간의 자연구조 그 내부에 이미 가능성으로 내재되어 있었다고 보아야 한다.

4) 바스카의 인간의 자연구조의 개념은 마르크스주의적인 변증법적 비판과 공존할 수 없으며 이는 마르크스가 비판하고자 했던 초역사적인 보편적 윤리에 기초해 이루어지는 비판주의의 변형인 형이상학으로서의 관념론의 변형일 뿐이라는 비판에 대해서는 와이트(Wight, 2006)와 칼리어(Collier, 2002)를 참조하라.

자 한다. 일반인에게 오해를 불러일으키는『사랑의 기술』이라는 이름으로 번역된 그의 1955년 저서『Art of Loving』에서 'Art'는 아름다운 것을 생산할 수 있는 능력 일반을 가리키는 개념으로 현대인에게 익숙한 '테크네(Techne)'로서의 기술과는 구별되어 이해되어야만 한다. 이런 관점에서 본다면 '사랑의 기술'이란 사실 아름다운 것을 생산하는 능력으로서의 사랑이 된다. 따라서 인간의 해방에 대한 프로젝트는 인간 자연의 일반구조가 '능력으로서의 사랑'을 발생시킬 수 있는 실재라는 전제 위에서만 가능하다.

2) 인간해방의 이중성: 적대와 사랑의 비대칭적 변증법

인간의 해방이란 이런 관점에서 우리 내부에 이미 존재하고 있는 '능력으로서의 사랑'을 실현해나가는 과정이다. 문제는 우리 내부에 그리고 사회 내부에서 우리의 이러한 능력의 실현을 방해하는 조건과 장애가 존재한다는 점이다. 중요한 점은 이러한 조건과 장애가 우리의 능력에 기초하여 이것을 전유하는 형태로만 존재한다는 점이다. 따라서 일반적인 관점에서 이러한 장애와 조건들은 우리의 능력의 자율성을 전유하는 타율성의 관계들이라고 할 수 있다. 권력관계는 기본 정의에 의해 우리의 능력을 전유하는 타율적인 관계로만 존재할 수 있다. 따라서 인간의 해방이란 이러한 타율적인 권력관계를 해체하는 동시에 인간의 능력을 실현시키는 과정이 된다. 문제는 타율적인 권력관계를 해체하는 과정이 곧 인간 능력의 실현 과정은 아니라는 점이다. 인간의 능력을 실현하기 위해서는 타율적인 권력관계가 해체되어야 하지만 이것이 곧 인간 능력의 실현은 아니라는 사실을 생각하면 문제의 본질은 명확하다. 이를 로이 바스카는 인간의 해방의 이중성이라고 말하는데, 이중성이란 ① 타율성 제거를 위한 변증법(dialectics of shedding)과 ② 실현의 변증법(dialectics of realization)의 과정을 가리킨다(Bhaskar, 2001b [2002b]: 52). 나는 이를 재번역하여 ① 적대의 변증법과 ② 사랑의 변증법이라고 부르고자 한다. 이러한 표현의 전환은 일정한 장점을 갖는다. '적대의 변증법'은 인간의 해방을 가로막는 타율성과 나의 능력 사이에 '적대'의 장소가 존재한다는 것을 말해주며, '사랑의 변증법'은 보편적인 자아실현의 과정이 능력으로서의 사랑의 실현 과정이라는 사실을 보다 분명하게 규정한다.

핵심은 적대의 변증법과 사랑의 변증법의 관계가 비대칭적이라는 것이다. 다시 말해 적대의 변증법이 사랑의 변증법에 대해 우선한다는 것이고 동시에 적대의 변증법으로 사랑의 변증법이 환원되지 않는다는 점이다. 바스카는 이렇게 말한다. "하지만 이 두 변증법은 비대칭적인 관계이다. 실현의 변증법은 제거의 변증법 이전에 실현될 수 없다"(Bhaskar, 2001a[2002b]: 52). 인간의 해방은 우리의 자율성을 전유하는 타율성의 관계를 해체하는 우선적인 과정과 새로운 관계를 우리의 능력으로서의 사랑을 통해 창조적으로 재구성하는 이중적인 과정이다. 우리는 적대의 변증법을 통해 우리의 능력으로서의 사랑을 실현하기 위한 조건들의 문제를 우선적으로 고려해야 하지만 새로운 조건 그 자체가 새로운 관계를 구성해내는 것은 아니라는 사실을 인정해야만 한다. 조건은 가능성을 열어주지만 그것을 실현시키는 것은 아니기 때문이다.

3) 이중전망(dual perspective): 정치와 연합(association)

다른 관계와 구별되는 정치관계의 고유성이 적대에 기초한다는 칼 슈미트의 통찰을 받아들인다면, 적대의 변증법을 사랑의 변증법과 분리시키거나 사랑의 변증법으로 적대의 변증법을 대체하려는 시도는 대항헤게모니 투쟁으로부터 '정치'를 제거한다. 하지만 적대의 변증법만을 고려하는 프로젝트는 타율성을 강제하는 낡은 관계들의 해체에 관심을 가질 뿐 새로운 관계를 창조하는 인간의 능력이 어디로부터 발생할 수 있는가에 대해 무관심하다. 낡은 관계의 해체가 새로운 관계로 이행할 것이라는 전망은 불투명하며 안토니오 그람시의 통찰력에 의존한다면 그것은 늘 낡은 지배관계의 변형으로 혹은 새로운 지배관계로 통합될 가능성에 직면한다. 따라서 적대의 개념 그 자체에 의존하는 정치는 낡은 관계를 대체하는 새로운 관계를 구축해낼 수 없는데 이것은 사랑의 변증법에 기초하는 정치와는 다른 형태의 관계유형에 대한 개념을 요청한다. 우리는 이 관계유형을 '연합(association)'이라고 규정한다.5) 이러한 규정에 의하면 해방의 이중성은 적대와 사랑의 변증법의 비대칭적인 연관에 의해 정치와 연합의 비대칭적인 연관의 문제로 전환된다. 인간해방의 실현 과정에서 요청되는 정치를 우리가 적대에 기초하는 전통적인 정치의 개념과 구별하여 대항정치(counter politics)라고 부를 수 있다면 대항정치를 구성하는 이러한 정치와 연합의 비대칭적인 이중성의 관계를 그람시의 통찰력을 빌려 '이중전망(dual perspective)'이라고 부를 수 있다. 전체로서의 사회의 변형을 위한 대항헤게모니 프로젝트는 정치와 연합의 비대칭적인 이중적 관계에 기초하는 변형에 대한 이중전망을 요청한다.

동시에 '연합'의 개념을 새로운 질서의 구축을 위한 대항헤게모니 투쟁의 내부에 위치시키는 변형에 대한 이중전망은 대항헤게모니 프로젝트를 '정치 - 정치적인 것'의 변증법으로 바라보는 급진 자유주의의 정치철학에 대한 비판의 입지점을 제공할 수 있다. 자유주의 정치철학의 급진화 과정에서 '정치'의 긍정성

---

5) 내가 여기서 사용하는 '연합(association)'의 개념은 마르크스로부터 연원한다. 『공산당선언』에서 마르크스와 엥겔스는 아래와 같이 말한다. "발전 과정에서 계급 차이가 사라지고 모든 생산이 서로 연합한 개인들의 손에 집중된다면, 공공권력은 정치적 성격을 상실할 것이다. 본래적 의미에서 정치적 폭력이란 한 계급이 다른 계급을 억압하기 위해 조직된 폭력이다. 프롤레타리아트가 부르주아지와의 투쟁에서 필연적으로 계급으로 단결한다면, 또 혁명으로 지배계급이 되며 지배계급으로 단결한다면, 또 혁명으로 지배계급이 되며 지배계급으로서 낡은 생산관계를 폭력적으로 청산한다면, 그들은 이 생산관계들과 아울러 계급대립의 존립조건과 계급 일반을 폐지할 것이며, 그럼으로써 계급으로서 자기 자신의 지배까지 폐지할 것이다. 자신의 계급과 계급 대립을 지녔던 낡은 시민사회의 자리에 하나의 연합체, 즉 그 안에서는 각자의 자유로운 발전이 모두의 자유로운 발전의 조건이 되는 연합체가 들어선다"(마르크스·엥겔스, 2002: 44).

에 대한 우리 시대의 지배적인 상상이 구축되었지만 '정치(the politics)' 그 자체
는 '정치적인 것(the political)'을 포함해서 적대의 변증법에 기초하고 있는 동시
에 권력으로부터 우리 능력의 소외를 다루는 소외된 관계의 개념일 뿐이다. 정
치의 소멸에 대한 고전적인 마르크스주의자들과 아나키스트들의 상상이 하나
의 '유토피아'일지라도 정치 그 자체가 '부끄러운 것'이라는 사실이 변화될 수는
없으며 정치가 우리의 능력을 전유하는 하나의 소외관계라는 사실도 변화될 수
없다. 정치의 발생은 자율성과 타율성 사이의 적대로부터 발생하는 것이며 이
것은 연합을 구축하기 위한 과정과 연결되어 있는 새로운 사회를 위한 낡은 사
회의 변형과정에서만 옹호될 수 있다. 정치를 우회할 수도 없지만 정치를 물신
화해서도 안 된다. '연합의 연합'이라는 해방에 대한 마르크스주의자들의 전통
적인 상상은 인간의 해방과정에 내재된 적대와 사랑의 변증법의 이중성에 기초
해 새롭게 조명되어야만 한다. 우리는 '연합'을 정치로 대체하거나 '정치 - 정치
적인 것'의 변증법에 의해 '연합'에 대한 상상을 사회관계로부터 추방한 급진 자
유주의 정치철학에 대해 비판적인 입장을 견지하는 것이 필요하다.

4) 보편적인 자아실현: 변형과 사랑

우리가 일반적으로 '자아(自我)' 혹은 '자기(自己)'라고 번역하는 'Self'는 본래
의 나를 가리키는 개념으로 매우 논쟁적인 개념이지만 이러한 인간의 자연구조
로부터 해방을 도출해내는 과정에 필수적으로 요청되는 개념이다. 이미 잘 알
려진 것처럼 포스트모더니즘은 대상 - 주체의 이분법에 기초해 대상의 인식과
경험, 체험을 가능하게 하는 동일성을 지닌 자아 개념 일체를 부정한다. 하지만
로이 바스카는 포스트모더니즘과 같이 자아(self)의 개념 일체를 부정할 경우 인
간의 해방을 위한 인간 자연구조에 내재된 인간의 능력을 인식할 수 없게 된다
고 비판한다. 이에 대한 로이 바스카의 대안은 다음과 같은 자아의 세 층위를 구
별하는 것이다.

① 에고(ego)

② 육화된 인격성(the embodied personality)

③ 초월적으로 실재하는 진정한 자아(transcendentally real self)

자아의 층위 구별을 통해 바스카는 다른 자아들 및 대상세계와 분리된 'ego'에 대해서는 비판하면서도 모든 형태의 인간해방 프로젝트에 내재되어 있는 초월적으로 실재하는 자아(transcendentally real self)라는 개념은 방어한다. 다른 '나(I)'와 분리되어 있으면서 대상세계와 분리되어 마주하고 있는 독립적인 원자로서의 'ego'는 포스트모더니즘의 주장처럼 하나의 환상이다. 여기서 'ego'가 하나의 환상이라고 말할 수 있는 이유는 'ego'라는 대상이 존재하지 않기 때문이다. 하지만 보다 중요한 점은 환상으로서의 'ego'가 실재적인 인과적 힘을 가진다는 점이다. 하나의 환상으로서의 'ego'는 실재적인 인과적인 힘을 가진다는 점에서 로이 바스카는 이 'ego'를 '데미 리얼리티(demi-reality)'라고 부르면서 (Bhaskar, 2001a[2002b]: 71) 자아의 한 층위를 구성하는 요소로 인정한다.

바스카는 'ego'는 실재하지 않는 환상이지만 환상으로 실재하면서 우리의 삶과 세계에 인과적 힘을 가지고 있다는 의미에서 '데미 리얼리티'라고 부르는 반면, 경험적인 차원에서 '나(I)'로 확인되는 서로 분리된 독립적인 육체화된 인격성(personality)는 실재한다고 말한다. 문제는 이 ②로서의 '자아'는 실재하지 않는 ①로 환원될 수 없기 때문에 매우 복잡한 구성을 갖는다는 사실이다. 그리고 바로 이러한 ②로서의 '자아'를 구성하는 하나의 층위로 ③이 존재한다.

바스카는 이 ③으로서의 자아를 우리의 사랑과 창조성의 근원으로 작동하는 진정한 나라는 의미에서 '참된 자아(alethic self)'라고 부른다. 'ego'의 비실재성과 환상으로서의 실재성에 의한 인과적 힘을 인정하고 동시에 경험적으로 실재하는 육체에 의해 분리된 육체화된 인격성으로서의 자아를 긍정한다고 해도 그 밑에 존재하는 초월적으로 실재하는 자아에 대한 인정은 우리의 지배적인 상식과 대립한다는 점에서 추가 설명을 요한다. 바스카의 이 개념을 이해하는 핵심은 나와 분리된 또 다른 '나'들과 동시에 나와 분리되어 있는 대상세계와의 관계를 ① 근대주의의 대상 - 주체의 이분법과 ② 모든 형태의 주체를 해체하는 포스트 모더니즘 일반의 접근법 둘 모두를 비판하면서 넘어서는 과정에 위치한다. 바스카의 대안은 이 '데미 리얼리티'가 실재하는 동시에 이에 대한 우리의 반성 (reflection)이 가능하다는 사실에 기초하여 실재의 구조가 어떠해야 하는가를 탐구하는 방향으로 나아간다. 이런 의미에서 바스카는 자신의 작업을 초기의 '비판적 실재론' 작업에 대한 추가 보완이자 동시에 '비판적 실재론'이 성립하기 위한 실재 일반에 대한 반성이라는 의미에서 '메타 리얼리티(meta-reality)'의 철학이라고 부른다.6) 이 반성을 통해 바스카는 'ego'가 환상인 동시에 실재하는 인과적인 힘을 갖는다는 반성이 가능하기 위해서는 우리의 경험적인 분리를 넘어서 그 대상과 동일시를 이룰 수 있는 자아의 층위가 필요하다는 결론에 도달한다. 바스카는 이러한 동일시를 '초월성(超越性, transcendence)'의 개념과 결합된 '초월적 동일시(transcendental identification)'라고 부른다.

여기에서 주의할 것은 '초월성'이 인간을 넘어서 인간이 절대로 경험할 수 없는 영역으로 나아가는 것을 가리키는 개념이 아니라는 점이다. 이 초월성의 개념을 이해하기 위해서는 비판적 실재론은 모든 것을 의식 내의 표상으로 환원하는 내재주의에 대한 비판인 동시에 초월을 인정하고 의식으로부터 대상의 독립을 주장하는 다양한 실재론과 유물론의 견해에 기초하고 있는 입장이라는 것을

---

6) 메타 리얼리티의 철학은 로이 바스카가 말하는 Transcendental Dialectical Critical Realism(TDCR)의 발전의 과정에서 정립된 것이다. 바스카는 TDCR은 메타 리얼리티의 철학으로 가는 과도기적 단계라는 서민규의 연구에 동의한다. 이런 측면에서 보면 바스카의 연구는 ① Basic critical realism ② Dialectical critical realism ③ Meta-reality라는 크게 세 단계로 이루어져있다고 할 수 있다(Bhaskar & Hartwig, 2010: 171). 바스카 본인은 TDCR과 메타 리얼리티의 철학의 핵심적인 경계가 정신성(spirituality)이 단지 종교 혹은 보다 일반적으로 말한다면 성과 속의 모든 유형의 해방 프로젝트에 전제조건이라는 입장으로부터 일상생활의 전제조건으로의 이행이라는 점에서 찾는다(Bhaskar & Hartwig, 2010: 172).

상기하는 것이 중요하다. 초월성은 의식으로부터 분리되어 독립하여 대상의 실재성을 옹호하는 기초 위에서 주체 - 대상의 이분법을 넘어 대상에 대한 우리의 동일시가 어떻게 발생하는가에 대한 설명을 제공하는 개념이다. 주체 - 대상의 이중성(subject-object duality)은 우리가 경험할 수 있는 현대 세계의 핵심적인 특성이지만 그러한 경험이 가능하기 위해서는 나와 분리된 대상과 하나가 되는 초월성이 존재해야만 하고 이 과정을 통해 우리는 주체 - 대상의 이중성을 넘는 '초월적 동일시'를 이룬다. 중요한 점은 이러한 '초월적 동일시'가 우리의 일상생활을 유지·존속할 수 있는 공통성의 토대라는 점이다. 비판적 실재론의 자신의 입장을 과학적 실험은 어떻게 가능한가라는 질문을 통해 구축했다면 로이 바스카의 메타 리얼리티의 철학은 우리의 일상생활이 어떻게 가능한가라는 질문에 대한 응답으로 구축되었다고 말할 수 있다. '초월적 동일시'는 우리의 일상생활과 대립되는 비일상적이고 예외적인 특수한 경험이 아니라 우리가 일상생활에서 반복적이고 지속적으로 노출되는 우리의 경험 안에 내재하는 특성이다. 바로 이 점 때문에 바스카가 강조했던 것처럼 '초월적 동일시'가 신비주의자들의 목표일 수도 있지만 이 '초월적 동일시'는 신비주의뿐만 아니라 우리의 일상생활에 존재하는 공통적 특성이고, 반대로 이러한 일상생활에 내재하는 공통성으로서의 '초월적 동일시' 때문에 신비주의자들의 경험이 가능할 수도 있다고 우리는 말해야 한다. 하지만 그 신비주의적 경험은 우리의 과학적 반성의 대상이 되어야 한다. 마지막으로 초월성과 초월적 동일시의 개념을 수용해야 하는 또 다른 근거는 이 개념에 기초하지 않고서는 우리의 일상생활과 과학 그리고 예술에서 발생하는 창조성의 발생 구조를 해명할 수 없다는 점이다. 왜냐하면 창조성은 나의 외부에 존재하는 대상에 대한 초월적인 동일시를 통해 대상과 나의 분리를 넘어 서지 않고서는 발생할 수 없기 때문이다. 대상에 대한 새로운 인식이란 대상의 내적구조에 대한 우리의 인식이 보다 확장된다는 것을 가리키는데 이러한 인식의 새로운 확장은 연역이나 귀납을 통해 발생하는 것이 아니라 우리 '외부'의 그 대상과의 하나 되는 초월적인 동일시의 경험을 통해서만 가능하다.

창조성은 말 그대로 주어진 자료의 종합이나 개념에 대한 우리 이성의 탐구를 통해 발생하는 것이 아니라 그 '너머'에 있는 외부로부터 오는 것이다. 그래서 바스카는 다음과 같이 말한다. "존재로서의 초월성과 초월적 동일시의 개념은 일상생활과 과학 그리고 예술적인 영감 등에 필수적인 개념이다"(Bhaskar, 2001a [2002b]: 45).

나와 경험적으로 분리되어 있는 대상들과 사실은 내가 하나라는 것을 인정하고 긍정하는 차원이 '참된 자아'로서의 층위이고 이 층위가 인간자연의 일반구조에 보편적으로 내재하며 이러한 과정이 '초월적인 동일시'를 통해 작동한다는 사실을 인정할 때, 이 논의의 자연스런 논리적인 귀결은 초월적으로 실재하는 자아는 본질적으로 우리를 구성하고 있는 우주 일반과 연결되어 있다는 점이다. 왜냐하면 초월적인 동일시는 나와 대상의 분리를 넘어서는 동일시의 경험인데, 이러한 과정을 통해 도달하는 초월적인 실재 자아는 나와 분리된 모든 대상, 보다 정확하게 말한다면 모든 만물과 자신을 일치시키는 자아이기 때문이다. 그리고 바로 여기로부터 바스카의 메타 리얼리티 철학의 가장 논쟁적인 부분인 'ground state'와 'cosmic envelope' 개념이 도출된다.

초월적으로 실재하는 자아의 개념에 의해 인간이 경험적으로 분리된 모든 만물들과 동일시될 수 있는 층위가 인간의 자연구조 내에 존재해야 한다면 이는 인간이 우주의 일부분이라는 것을 말한다. 일부분이라는 것은 초월적 동일시의 정의에 의해 우주와 분리되지 않은 연속적인 존재이고 동시에 우주와 접속하고 있다는 것을 뜻하는 것이다. 이것이 뜻하는 것은 인간이 우주를 구성하는 필수적인 요소를 인간 그 자체 내에 포함하고 있어야 한다는 것을 말한다. 인간은 그 요소 자체는 아닐지라도 그 요소를 자신의 층위로 가지면서 우주를 구성하는 그 필수적인 요소로부터 발현된 존재여야 한다. 바스카는 이것을 'ground-state'라고 부른다(Bhaskar, 2001c[2002b]: 207). 그리고 바로 이러한 정의에 기초해 모든 만물은 우주의 일부이자 동시에 우주를 구성하는 필수적인 요소인 'ground state'를 자신의 구성요소로 하고 있기 때문에 우주의 모든 만물은 서로 연결되어 있는데 바스카는 이것을 'cosmic envelope'라고 부른다(Bhaskar, 2001c[2002b]: 207). 로이 바스카는 이 'cosmic envelope' 개념은 종교적으로 '신'의 개념에 의지해 해석될 수도 있다고 인정한다. 왜냐하면 모든 만물의 창조에 개입해 있는 동시에 모든 만물을 둘러싸고 그것을 연결시키는 개념이 바로 'ground state'와 'cosmic envelope'이기 때문이다. 하지만 중요한 점은 우리는 '신'을 이야기하는 것이 아니라 'cosmic envelope'을 이야기하는 것이라는 점이며, 이 동일한 대상의 구조를 누군가는 '신'의 속성으로 혹은 '신'의 개념에 의지해 설명하고 있다는 것이다. 로이 바스카의 주장은 'cosmic envelope'를 신의 개념에 의지해 혹은 신의 속성으로 파악한다고 하더라도 '사태'는 변화하지 않는다는 것이다. 바로 이 점에서 우리는 세속과 종교의 입장에서 동일한 것을 이야기하고 있을 가능성이 있고 그것은 동일한 효과를 발휘한다는 것이 바스카의 주장이다.

이것은 우리의 능력으로서의 사랑이라는 개념과도 부합한다. 우리의 능력이 강화되면 될수록 우리는 나와 분리되어 있는 또 다른 '나'와 대상들과 초월적으로 동일시할 수 있는 능력이 강화되며 이 과정이 '참된 자아' 즉 초월적으로 실재하는 자아의 과정으로 나아가는 과정이 된다. 이것은 사랑에 대한 우리의 상식적인 이해와도 일치하는데, 왜냐하면 사랑은 분리된 자아들이 서로를 하나로 경험하는 현상이기 때문이다. 우리의 사랑이 깊어질수록 우리는 우주의 모든 생명과 사물이 'ground state'를 공유하고 있는 그것으로부터 각기 다른 방식으로 발현된 존재라는 사실을 깨닫게 되며 이를 통해 모든 것이 분리된 것이 아니라 연속되며 동시에 서로가 서로를 전제하고 있다는 사실로 나아가게 된다.

이를 통해 우리는 나와 분리된 대상의 고통과 기쁨이 동시에 나의 고통과 기쁨이기도 하다는 사실을 알게 된다. 이러한 이해는 우리가 경험한 천성산과 하나가 되었던 지율 스님의 생명을 건 투쟁의 일화를 '능력으로서의 사랑'이라는 개념을 통해 다시 조명할 수 있는 기초를 제공한다. 지율 스님은 자신의 생명을 건 단식투쟁에 대한 주위의 걱정에 대해 "천성산을 살리는 것은 나 지율이 아니다"며 "천성산에서 죽어가는 수많은 생명의 울부짖음에는 귀 기울이지 않는 이들이 지금 비구니 한 명의 목숨을 놓고 호들갑을 떨고 있다”며 호통을 쳤다. 우리가 해방의 과정으로 나아가게 되면 될수록 우리는 우주에 존재하는 모든 존재들에 대한 감성과 인식을 획득하게 된다. 이러한 과정으로 나아가게 될 때 우리는 나와 분리되어 외부에 존재하는 세계로서가 아니라 나를 구성하는 일부로 받아들이게 되며, 이러한 과정은 그 세계의 해방과 나의 해방이 분리되어 있지 않다는 사실을 알도록 한다. 천성산과 지율 스님이 하나가 되었다는 것은 단지 하나의 ‘은유’가 아니라 우리는 이러한 경험이 실재로 발생할 수 있었던 인간 보편의 일반구조가 무엇인가에 대한 관점에서 접근해야만 한다. 나와 나의 세계가 분리된 것이 아니라 하나로 통일되어가면서 천성산의 고통은 지율 자신의 고통과 동일한 고통으로 나타나고, 따라서 지율 스님의 해방과 천성산의 해방은 하나의 해방의 문제가 되었다.

마지막으로 강조할 것은 지율 스님의 사례처럼 실제 행위를 하는 ‘나’는 ‘육화된 인격성’으로서의 나라는 사실이다. 다시 말해 우리는 모두 인간 자연의 일반구조에 내재된 ‘참된 자아’의 층위를 가지고 있지만 이 층위로부터 발현하는 사랑과 창조의 힘을 실제 행위로 구성해내는 것은 ‘육화된 인격성’이라는 점이다. 즉 육화된 개인성으로서의 나가 행위라는 실천을 구성한다. 따라서 “우리의 ‘육화된 인격성’이 우리의 ‘ground state’에 대해 보다 더 열려질수록, 우리는 우리 자신에 대해 보다 더 잘 이해할 수 있게 되는 동시에 우리는 각자의 자유로운 발전을 조건으로 하는 모두의 자유로운 발전의 관점에서 행위할 수 있게 된다. 또한 궁극적으로 우주 안의 모든 존재들의 자기실현과 모든 생명의 견지에서 행위할 수 있게 된다”(Bhaskar, 2001d[2002b]: 149).

5) 자기변화와 집단변형

로이 바스카의 주장처럼, 인간의 참된 자아로 나아가는 모든 형태의 해방 프로젝트가 인간 자연의 일반구조에 보편적으로 존재하는 ‘능력으로서의 사랑’의 개념에 기초하는 보편적인 자기실현의 과정이라면, 사회를 변형하는 행위는 필연적으로 사회적 존재의 자기 - 변화에 의존할 수밖에 없다. 왜냐하면 나의 사랑의 능력의 변화가 곧 나의 변화이고 나의 변화 없이는 내가 속한 대상으로서의 관계를 이전과 다르게 인식할 수 없기 때문이다. 변형의 실천은 따라서 나의 변화를 우선적으로 요청해야 한다. "그래서 모든 변화는 궁극적으로 자기 - 변화에 의존한다. 그리고 모든 행위는 궁극적으로 자기 - 행위에 의존한다(Bhaskar, 2001d[2002b]: 100)"고 바스카는 말한다. 사회적 존재로서의 인간의 자기변화와 대상으로서의 세계의 변화를 보다 더 잘 이해하기 위해서는 로이 바스카가 사회적인 존재의 4차원이라고 말하는 네 가지 차원을 기억하는 것이 필요하다. 앞에서도 강조했던 것처럼 인간 일반의 자연구조는 인간을 사회와 역사로부터 분리하는 개념이 아니라 사회적 존재로서의 인간 일반의 자연구조라는 점에서 이는 모순되지 않는다. 바스카는 최소한 사회적 존재는 다음과 같은 네 가지 차원을 갖는다고 말한다(Bhaskar, 2001c[2002b]: 205).[7]

① 자연과의 물질적 상호작용(material transaction with nature)
② 타자와의 사회적 상호작용(social transaction with others)
③ 사회구조(social structure)
④ 육체화된 인격성의 층화(stratification of our embodied personalities)

변형한다는 것은 따라서 이 네 차원을 변형한다는 것을 의미하며 이것은 변형이 단지 사회의 변형만이 아닌 수평적으로 분화되고 수직적으로 층화되어 있

---

7) 로이 바스카의 메타 리얼리티에 대한 비판적 실재론 진영 내부의 다양한 비판들이 존재하지만 그럼에도 바스카의 사회적 존재의 네 평면의 개념의 고유성과 탁월성에 대한 인정은 공통적이다. 이에 대해서는 Hilary Wainwright(2008)의 "Rethinking the political party"와 Joseph(2006)를 참조하라.

는 사회적 존재의 네 차원 모두와 관계된 총체성을 획득해야 한다는 것을 말한다.[8] 중요한 점은 이러한 변형하는 모든 변형적 실천에 앞서 논리적으로 자기 자신을 변형하는 행위가 존재해야 한다는 것이다. 나 자신의 변형 없이 변형적 실천은 존재할 수 없다. 다르게 말한다면, 나 자신의 변형 없는 세계에 대한 개입 행위는 나 자신의 문제를 사회적 존재의 네 차원에 그대로 투사하는 결과를 가져온다. 우리가 마주하고 우리를 규정하는 사회적 존재의 4차원을 변형하고자 한다면 우리는 우리 자신을 변형해야 한다. "당신이 사회를 변형하고자 한다면, 당신은 당신 자신을 변형해야 한다."

동시에 이는 해방운동에 대한 매우 중요한 윤리를 제공한다. "내가 여기서 주장하고자 하는 것은 어떤 누구도 다른 이를 대신해 이야기할 수 없다는 것이다. 오직 개인들로서의 우리만이 우리 자신에 대해 이야기할 수 있다"(Bhaskar, 2001d [2002b]: 119). 우리 모두는 타자를 '대신'하여, 타자를 '위해' 말을 할 수 없다. 타자의 해방은 타자 자신에 의해서만 이루어질 수 있는 것이기 때문이다. 이는 해방의 단위는 오직 개인으로서의 우리라는 것을 말하는 동시에 타자를 위한 해방이란 거짓이라는 것을 가르쳐준다. 오직 우리가 확인할 수 있는 과제는 나의 해방이 타자의 해방과 연결되어 있다는 것을 확인하는 것이며 나의 실천을 통해 타자의 해방을 위한 조건을 구축하는 것뿐이다. 어느 누구도 타자의 해방을 타자 자신의 과제로부터 '해방'시킬 수 없다. 이것이 '자기변화'에 우선성을 부여하는 보편적인 자기실현으로서의 해방이라는 개념에 내재된 해방의 윤리이다.

---

8) 이러한 해방의 총체성에 대한 인정은 매우 중요하다. 왜냐하면 힐러리 웨인라이트가 말하는 것처럼 "사회주의에 대한 지배적인 전통은 사회구조의 문제를 중심영역으로 설정하였고, 다른 세 가지 평면들은 종종 배제시키곤" 하였기 때문이다(Wainwright, 2008). 그런데 바로 이러한 구조 - 환원주의적인 혁명 혹은 해방에 대한 정의 때문에 이종영이 말하는 '혁명의 판타즘'이 발생한다. '혁명의 판타즘'이란 "혁명이 이루어지면 모든 것이 다 해결되리라고 생각하는 판타즘, 혁명과 더불어 모든 고통이 사라진 새로운 세상이 도래하리라는 판타즘"(이종영, 2002: 372)을 뜻한다.

자기변화의 우선성을 강조하는 이러한 입장이 집단적인 변형적 실천을 강조하는 입장과 대립하는 것은 아니다. 그와 달리 자기변화의 우선성은 집단적인 변형적 실천이 어떻게 가능한가에 대한 우리의 상식적인 이해와 일치한다. 집단적인 변형적 실천을 구성한다는 것은 나의 명령에 복종하는 나의 사회적 신체를 구축하는 과정이 아닌 나의 능력과 분리되어 있는 타자의 능력 사이에 '능력의 일치'를 구축하는 과정이기 때문이다.

3. 조건적인 사랑과 무조건적인 사랑

우리 현대 사회가 미움, 분노, 그리고 폭력이 사랑보다 지배적인 사회라는 사실을 부정할 수 있는 사람은 많지 않을 것이다. 이는 현대 사회를 지배하는 자연의 한계에 무관심한 가부장제와 결합된 자본주의가 생산하는 야만과 폭력의 실재성에 대한 우리의 인식이 심화되어 갖게 된 직관은 아니다. 이러한 우리의 직관은 상당부분 주기적으로 반복되는 우리의 일상생활에 대한 경험으로부터 오는 것이기에 매우 강력하다. 인간이 경험하는 고통의 형태 중에 인간과 인간의 관계에서 발생하는 관계의 분리, 파괴, 파편화 혹은 배신으로부터 오는 고통의 형태가 현대 인간을 압도적으로 규정하는 고통이라는 점은 이를 뒷받침한다. 우리 모두가 경험하고 있는 이러한 고통에 대한 자기인식이 세계를 바라보는 우리의 직관의 기초가 된다. 하지만 동시에 우리는 사랑은 어디에나 존재하며 사랑이 없이 인간과 인간의 관계가 성립될 수 없다는 사실도 강력하게 긍정한다. 우리가 직면한 세계는 미움, 분노, 폭력이 지배하지만 그러한 지배의 배후에서 사랑은 살아 숨 쉬며 꿈틀거리고 있다는 것을 '거의' 자연적으로 긍정한다. 미움, 분노, 폭력과 달리 사랑은 내가 경험하는 고통의 종언의 상태이자 운동이고 내가 갇힌 고독과 분리의 감옥으로부터의 탈주이며 불화로부터 조화로, 무의미에서 삶의 의미로 나아가는 어떤 의미에서 유토피아(utopia)로 존재한다. 그래서 우리는 늘 사랑에 실패하지만 사랑을 열망하며 미움과 분노 그리고 폭력에 기초한 관계가 아닌 사랑에 기초한 관계를 열망한다.

우리는 조건을 매개로 성립하는 사랑을 사랑으로 인식하지 않는다. 왜냐하면 조건을 매개로 성립된 사랑은 일종의 도구적인 이성(instrumental reasoning)의 결과라고 보기 때문이거나 보다 일반적으로는 '교환(exchange)'이라고 보기 때문이다. 우리는 '사랑'이 무엇인가라는 질문 앞에 망설이게 되지만 직관적으로 시장에서 이루어지는 돈과 상품의 교환처럼 작동하는 관계를 사랑이라고 말할 수 없다는 것을 알고 있다. 이것은 우리가 사랑을 무조건성(unconditionality)의 개념에 기초해 정의하고 있기 때문이다. 도구적이고 조건적인 이성의 매개에 의해 성립되는 사랑은 다음의 두 가지 중 하나다. ① 사랑을 빙자한 교환관계, 혹은 ② 사랑+α. 여기에서 'α'는 물론 교환관계이다. 중요한 것은 이 교환관계로 인해 우리의 사랑이 늘 소외되거나 사랑 그 자체가 아닌 조건들에 의해 지배된다는 것이다. 따라서 조건적인 사랑은 늘 타율적인 힘에 의해 사랑의 관계가 전유된다면, 무조건적인 사랑은 사랑 그 자체에 의해 작동한다는 점에서 자율적이다. 따라서 우리는 다음과 같이 두 개의 사랑을 구별해볼 수 있다.

① 무조건적인 사랑
② 도구적이고 조건적인 사랑

물론 현실에서 압도적인 사랑의 유형은 도구적이고 조건적인 사랑이다.9) 이

---

9) 우리 시대의 사랑에 대한 일반적인 인식은 사랑이 하나의 계약관계로 발전해나가는 경향성을 갖고 있다는 것이다. 여기에서 의미하는 '계약관계(contractual relationship)'란 사랑이 특정한 조건하에서 작동한다는 것을 말한다. A와 B의 사랑이 하나의 계약관계라고 할 때 이는 A와 B의 사랑이 특정한 조건하에서 작동하고 있다는 것을 말한다. 이런 이유 때문에 '계약관계'에 의해 파악되는 사랑은 '무조건성'에 기초한 사랑과는 구별되는 사랑

것은 사랑에 대한 우리의 열망에도 불구하고 우리가 사랑 그 자체로부터 소외되는 사랑의 유형이 우리 사회에 지배적이라는 것을 말한다. 무조건적 사랑에 대한 우리의 열망은 사랑 그 자체로부터의 소외로부터 벗어나고자 하는 자유와 해방에 대한 열망이지만 역설적으로 현실을 구성하는 '도구적인 조건성'으로 인해 무조건적인 사랑에 대한 우리의 열망은 동시에 우리의 불안의 근거이기도 하다. 왜냐하면 현실로부터 탈주하는 무조건적인 사랑과의 접속은 도구적인 조건성이 지배하는 현실 세계에서 우리의 유기적인 생명활동 및 사회적인 인정 활동을 저해할 수도 있기 때문이다. 사랑의 무조건성에 대한 우리의 열망은 사랑이 만들어내는 삶의 탈주의 형태가 도구적인 조건성에 의해 매개될 수밖에 없는 우리의 현실과 충돌한다.

문제는 우리가 경험하는 대부분의 사랑이 특정한 조건하에서 작동하는 계약관계임에도, 우리는 우리의 사랑을 방어하기 위해 이러한 사랑의 도구적인 조건성에 대해 '모르고자' 한다는 것이다. 이것은 일종의 '무지에의 열정'이라고 할 수 있는데 우리 사회에서 구축되는 사랑에 대한 객관적 실재가 나에게 심미적인 만족과 즐거움을 주지 않기 때문에 내 안에 구축된 심리적인 현실 밖으로 나아가지 않으려는 열정을 말한다. 열정적으로 모르고자 하는 이러한 '무지에의 열정'으로 인해 사랑에 대한 우리의 지배적인 인식은 여전히 ① 감정과 ② 환상 사이를 맴돈다. 동시에 사랑을 하나의 삶의 전략으로 제시하는 '전략으로서의 사랑'이라는 인식에 철저하게 대항한다.

나의 욕망과 필요의 실현을 위해 사랑 그 자체를 도구로 제시하는 '전략으로서의 사랑'에 대한 일반적인 평가는 '속물(snob)'이다. 사랑을 그 자체의 목적이 아닌 도구로 활용하는 것에 대한 우리의 반대는 부분적으로 위선적인 것이다. 왜냐하면 특정한 조건하에서 사랑이 작동하고 있다는 사랑의 계약관계라는 속성 자체가 이미 사랑이 우리 시대의 삶의 전략의 일부라는 사실을 말하고 있기

이다.

때문이다. '전략으로서의 사랑'과 구별되는 것은 조건 그 자체만의 교환이 아니 사랑을 통한 조건의 교환이라는 속성 때문이다. 전략으로서의 사랑은 노골적인 교환관계이기 때문에 사랑이라 부를 수 없지만 ① 사랑에 의해 은폐된 형태로, 혹은 ② 사랑의 유지와 존속을 위해 필요한 삶의 필요라는 이름으로 도입된 '조건들'에 대해서는 우리는 '사랑'이라고 부르는 것이다. 바로 이런 이유 때문에 우리는 '조건들'이 수면 위로 부상할 때 나의 사랑의 대상이 사실은 '속물'이었다는 인식을 하게 된다. 대상의 속물성이 확인되면 이것은 조건들을 은폐하고 있던 모든 형태의 사랑이라는 외피를 벗어던진다. 사랑은 불가능해진다. 사랑이 유지되기 위해서는 일정한 형태의 신비화가 끊임없이 요구되는데 나의 타자가 속물로 확인되는 순간 더는 신비화가 불가능하기 때문이다. 이것이 분명하게 드러나는 사례는 바로 '이혼'이다. 이혼의 과정은 사랑에 의한 결혼이라는 관계 아래 은폐되었던 조건들이 수면 위로 부상하는 과정인데, 이 과정을 통해 사랑이 유지되고 존속하기 위해 필요했던 조건들이 노골적으로 수면 위로 부상한다.

통속적인 유물론자들은 인간의 육체와 물질적인 조건들과는 구별되는 정신의 영역의 실재성에 대한 모든 주장을 관념론과 동일시하지만, 이것은 인간의 존재를 물질성의 차원이라는 단일 차원으로 환원하는 물질 환원주의일 뿐이다. 통속적인 유물론자들은 정신의 영역의 실재성을 부정한다. 하지만 비판적 실재론은 로이 바스카의 주장처럼, 인간의 정신은 인간 존재를 다른 존재로부터 구별하는 특성이며 세계에 대한 변형의 힘을 지닌 창조적이고 인과적인 힘을 가진다고 주장한다. 동시에 무엇보다도 중요한 점은 비판적 실재론이 인간의 정신 영역이 사회적인 상호작요에 없어서는 안 될 필수적인 영역이라고 말하는 점이다(Bhaskar, 2002b: 15).

문제는 사회관계의 유지와 재생산 그리고 변형의 과정에 필수적으로 요청되는 이러한 인간의 정신 영역에 대해 한국의 좌파가 효과적이고 능동적인 개입을 하고 있지 못하다는 점이다. 이에 반해 한국의 기독교회는 인간의 정신 영역을 종교의 영역으로 전유하기 위한 능동적인 개입의 전략을 구현하고 있다. 한국

기독교회의 놀라운 교세확장을 설명하기 위해서는 보다 역사적이고 보다 과학적인 설명이 요청되는 것이 사실이지만,[10] 이러한 교세확장의 배경에는 현대 한국사회에서 발생하는 인간의 분리 불안과 소외, 물질적 조건으로 환원될 수 없는 '행복'이라는 정신적 만족을 향한 열망이 존재한다는 것은 틀림없다. 기독교는 신은 그 자체가 사랑이라는 명제하에 ① 신과의 초월적 동일시 ② 교회공동체로부터 부여되는 인간과 인간의 관계에 대한 초월적인 동일시를 통해, 인간 - 교회 - 신으로 연결되는 하나의 확장된 가족형태로 세계와 마주하면서 현대사회를 살아가는 동반자적 관계를 구현하고 있다. 동시에 기독교회는 A. 그람시가 『옥중수고』에서 '지식인'이라는 사회적 범주의 역사적 구성을 설명하기 위해 예를 든 중세 성직자들처럼 학교, 교육, 도덕, 정의, 자비, 선한 일과 같은 다양한 사회서비스를 통해(Gramsci, 1971: 8) ① 전체로서의 사회에 대한 능동적이고 효과적인 개입과 ② 현대사회에 대한 대안적인 공동체의 예시모델(prefigurative model)로 자신을 제안하는 동시에 우리시대의 '철학'으로 자신을 정립하기 위한 헤게모니투쟁을 전개하고 있다.

---

10) "교단들의 교회 재적 교인 통계를 합친 숫자로 보면 개신교 교인의 총수는 1960년대에 60만 명을 조금 상회했는데, 1990년에는 무려 1,000만 명을 넘는다(재적 교인 통계는 여러 교회에 교적을 둔 떠돌이 교인, 그리고 군대에서 세례를 받았으나 이후 교회에 출석하지 않는 이들 등이 포함되었기 때문에 실제보다는 훨씬 과장되었다). 이런 양적 폭발 과정에서 대형 교회들이 등장했다. 한국 개신교의 폭발적 성장은 대형 교회로 부상한 몇몇 교회에 의해 추동되었다고 해도 과언이 아니다. 1960년에 5,011개였던 교회의 수가 1990년에는 3만 5,869개로 약 615%가 늘었지만, 이 가운데 미자립 교회의 비율이 70~80%에 이른다는 점을 대형 교회의 등장과 약진의 추이와 비교하면 한국 개신교의 성장이 얼마나 대형 교회 현상에 치우쳐 있는지 알 수 있다"(김진호, 2012: 101). 하지만 김진호는 1990년대를 경유하면서 한국 개신교회의 교세 확장이 위기의 국면으로 접어들었다고 분석하면서, 이러한 위기의식이 1990년대 이후 현재까지 한국 개신교회의 정치세력화 및 해외 선교 그리고 교회활동 일반에 영향을 미치고 있다고 진단한다.

4. '철학적 사건'으로서의 '무조건적 사랑'이라는 대항헤게모니 투쟁

인간과 인간을 결합시키고 인간과 세계를 다시 통합하는 근원적인 힘에 대한 전통적인 이름은 사랑(love)이다. 인간이 사랑을 할 수 있다는 사실은 인간의 자연 구조가 사랑이라는 능력을 발생시킬 수 있는 힘을 가진 구조라는 것을 보여준다. 하지만 사랑이라는 능력은 전통적인 마르크스주의의 인식대상으로 성립하지 못했다. '사랑의 과학'이라고 불리는 정신분석과의 결합을 통해 사랑과 마르크스주의의 문제설정이 조우하고 있지만 여전히 사랑은 과학의 대상일 뿐 우리의 변형적인 사회적인 행위를 불러일으키는 능력으로 인정받지 못하고 있다.

하지만 관계를 구성하는 보편적인 능력으로서의 사랑에 대한 강조는 전통적인 급진주의 정치학과 전통적인 영성 사이에 존재한다고 알려진 분리를 넘어선다.11) 영성과 급진주의 정치학과의 결합은 지금까지와 다른 형태의 급진주의 정치학을 우리가 사유할 수 있도록 도와준다. 의식과 물질 사이의 대립을 강조하는 전통적인 속류화된 유물론은 비판적 실재론에 의해 극복된다는 것을 이미 강조했다. 의식은 물질의 발현적인 힘이며, 따라서 특정한 시기의 물질로부터 그리고 동시에 의식의 동기적인(syncronic) 발현적 힘으로서의 물질이라는 관념으로부터 전개되어온 것이다. 다시 말한다면 의식은 모든 물질에 이미 하나의 가능성으로 내재되어 있거나 전개되어 있어야 하기 때문이다(Bhaskar, 2001c[2002b]: 214). 이러한 입장에서 영성은 물질과 분리되어 있는 것이 아니라 물질 자체에 이미 하나의 가능성으로 존재하고 있어야 하며, 그 영성으로부터 물질에 대한 우리의 의식은 또한 그 영성의 발현적인 힘으로 이해되어야 한다.

---

11) 한국의 기독교 사회운동 내에서 영성과 사회과학의 관계 혹은 대립은 사회운동 분화의 중요한 계기가 되었다. 이에 대해서는 김진호(2012: 128)을 참조하라. 김진호는 이러한 대립이 적합한 대립구도가 아님을 강조한다.

1) 안토니오 그람시: 자아의 윤리적인 재구성

영성과 급진주의 정치학과의 결합에 대한 로이 바스카의 이러한 요청은 A. 그람시를 통해 그 대안적인 구성의 한 경로를 보여줄 수 있다. 그람시는 사회주의 프로젝트와 대중의 일상과 결합되어진 상식의 중요성을 검토하면서 상식의 비판적인 변형 과정을 통해 새로운 질서로 나아가는 과정을 검토한다. 이 과정에서 그람시는 자아의 윤리적인 재구성의 과정이 정치투쟁의 영역으로 진입하기 이전 경유해야 하는 영역이며 동시에 바로 이 과정 자체가 사회주의 프로젝트가 나아가야 할 과정이라고 말하기 때문이다. 그에 의하면, 대항헤게모니의 정치적 발전은 정치 본연의 영역의 발전만으로 구성되는 것이 아니라 정치와 구별되는 하지만 분리될 수 없는 '지식'과 '철학'의 차원을 지닌다. 이것은 헤게모니가 정치라는 단일한 차원으로 평면화된 개념이 아니라 '지식 - 정치 - 철학'의 3차원을 지닌 프로젝트의 성격을 갖기 때문이다. 헤게모니에 대한 일반적인 이해와 달리 헤게모니는 ① 집단과 집단의 관계뿐만 아니라 ② 집단과 구조의 관계를 포함하는 개념이어서, 집단과 집단의 관계에 대한 문제를 집중적으로 조명할 때는 헤게모니라는 일반 개념과 구별되는 헤게모니 프로젝트(hegemony project)라는 개념을 사용하는 것이 유용하다. '지식 - 정치 - 철학'은 바로 이러한 헤게모니 프로젝트의 3차원이라고 우리가 규정할 수 있다. 이러한 헤게모니 프로젝트에 대한 이해는 헤게모니 프로젝트를 정치의 단일한 차원으로 접근하여 헤게모니를 모든 정치투쟁 일반과 구별되지 않는 개념으로 해소되는 것을 방지한다. 헤게모니투쟁은 '지식 - 정치 - 철학'이라는 3차원이 결합된 일종의 통합정치(inclusive politics)의 형태로 진행된다고 이해되는 것이 A. 그람시의 통찰력에 보다 부합한다. 여기에서 '철학'의 층위는 '자아의 윤리적인 재구성'의 영역을 가리키는 차원으로 이 차원은 일반적으로 적대의 개념에 기초하는 정치의 개념으로 환원될 수 없는 헤게모니 개념의 고유한 차원이라고 할 수 있다.

그람시는 대항헤게모니의 정치적 발전은 정치 본연의 영역으로 진입하기 이전에 자아의 윤리적인 재구성이라는 문제의 영역으로 먼저 진입해야만 한다고 생각했다. '자아의 윤리적인 재구성'의 영역에 먼저 진입한다는 것은 정치운동과 분리된 '철학운동'이 선행하고 여기에 후행하여 정치운동이 전개되어야 한다는 것을 말하는 것이 아니다. 그람시는 모든 운동의 분리를 전제로 사고하지 않았다. 전체로서의 사회의 변형을 위한 투쟁은 서로 다른 영역과 층위들에 개입하는 총체화된 변형적 실천을 요청하기 때문에 운동들은 분리가 아니라 종합되어야 하기 때문이다. 자아의 윤리적인 재구성을 향한 철학운동은 정치운동과 구별되지만 그것과 분리되지 않은 형태로 우선성을 부여받는다. 이것은 앞에서 논의한 우리의 분석과도 일치한다. 왜냐하면 자아의 변형 없이는 어떠한 형태의 사회변형도 불가능하기 때문이다. 이러한 '철학운동'의 우선성에 대한 그람시의 통찰과 로이 바스카가 말하는 '자기 - 변형의 우선성(the primacy of self-transfomation)'은 동일한 문제를 공유하며, 바스카의 '메타 리얼리티' 철학에 의해 보다 확고한 이론적인 지위를 부여받을 수 있다.

다시 정리한다면 정치적 헤게모니 투쟁은

다른 대립적인 노선들과의 노선 경쟁

⇩

윤리적인 영역

⇩

정치 본연의 영역에서의 투쟁

과정으로 이루어진다. 정치경쟁을 통해 윤리의 영역에 개입하고 이 영역의 우선적인 변화에 기초해 정치 본연에서의 투쟁이 진행되어야만 한다. 이것을 우리는 '정치·윤리'라고 부를 수 있다. 그람시의 대항헤게모니 투쟁은 정치윤리에 기초해 자아의 윤리적인 재구성을 동반하는 정치투쟁이다. 그리고 바로 이러한 이유로 ① 철학과 정치는 분리되지 않으며 ② 새로운 문화를 창조한다는 것이 '철학적 사건'이 되는 이유다(『옥중수고 2』: 164). 다시 말한다면 그람시의 대항헤게모니 투쟁은 정치투쟁을 통해 전체로서의 사회에 지적·도덕적 질서를 부여하기 위한 투쟁을 진행하는데 이 과정은 '철학적 사건'을 창출하는 과정이 되어야 한다는 것이다. 철학적 사건이란 다수의 질서에 순응하는 형태로 일상적인 삶을 살아가는 우리 개인들이 대중 속으로 흩어지는 것이 아니라 자신의 보편적인 고유성을 인정하는 참된 자아에 대한 인식에 이르는 과정을 말한다. 이것은 비판적인 자기 성찰의 과정이며 정치와 결합된 ① 과학과 ② 윤리의 차원을 내포한다. 이러한 참된 자아를 구성하는 윤리적인 재구성의 차원은 대항헤게모니투쟁을 일반 다른 투쟁들과 구별시켜주는 핵심적인 특성이라고 할 수 있다.

2) '능력으로서의 사랑'이라는 대항헤게모니 투쟁

우리의 일차적인 목적은 '사랑'이라는 개념을 민주주의좌파의 언어로 다시 전유하는 것이다. 사랑을 인간의 보편적인 능력으로 재전유해야만 하는 이유는 사랑을 인간의 해방을 위한 프로젝트의 기초이자 인간의 자연구조에 적합한 새로운 형태의 관계를 구축하는 실질적인 능력으로 인정하고 그것을 통해 모든 형태의 지배관계에 대항하기 위함이다. 지배와 결합하여 지배관계를 재생산하는 매개로 작동하는 사랑을 지배로부터 해방하여 사랑 그 자체의 자연적이고 자발적인 행위를 이끌어내는 과정이 인간의 자유와 해방의 과정이다. 사랑은 우리 인간 자연구조의 일반 구조에 내재된 능력이며 이 능력은 모든 형태의 관계를 구성하는 데 기초가 된다. 하지만 사랑이 곧 해방은 아니다. 사랑을 지배관계에 대항하는 능동적인 변형활동의 능력으로 만들어내는 것은 우리를 사랑으로 소외시키고 있는 인간과 사회, 자연 그리고 나의 내부적인 구조라는 인간 존재를 구성하는 4차원에 대한 투쟁과 결합되어야만 한다.

로이 바스카의 인간의 자연구조에 내재된 궁극성(ultimatum)으로서의 사랑에 대한 이해는 사랑 그 자체인 신이 모든 것을 결정하기에 주어진 모든 것을 신적인 것으로 받아들이는 교회공동체의 보수적인 강령에 대해 비판하는 동시에 그것과 대항할 수 있도록 한다. 우리 안에 내재된 능력으로서의 사랑은 가능성의 조건들을 제공할 뿐 우리의 삶을 결정할 수 없다. 이것은 비판적 실재론의 가장 기본적인 주장으로서 층화되어진 구조를 갖는 인간 존재의 궁극적인 층위인 사랑은 인간 존재의 가능성의 조건을 결정할 뿐 그 자체로 인간 존재를 결정할 수 없기 때문이다. 층화되어진 구조로서의 인간 존재에서 나타나는 발현적 속성으로 인해 자유의지(free will)의 문제가 해명되며, 동시에 이러한 이유로 인간을 통해 인간의 형식으로 나타나는 인간의 사랑은 인간들의 자유의지와 능동적이고 구성적인 실천에 의해 역사화되어야 한다. 다음과 같은 바스카의 말은 이렇게 이해되어야 한다. "당신이 원한다면 신이라고 불러도 좋은 그 대상이 우리에게 조건들을 제공한다. 인간은 그 가능성들의 일부를 골라내어 선택하며 결정한다. 신이 제공한 가능성의 총체성으로부터 인간이 결정한다"(Bhaskar, 2000a [2002a]: 139).

사랑을 사랑 그 자체로부터 소외시키는 도구적인 조건성들과 그 조건성들에 영구성을 부여하려는 '사랑의 헤게모니'라는 지배에 대항하는 대항헤게모니 투쟁은 우리에게 무한한 가능성으로 부여되어 있는 인간의 보편적인 능력으로서의 사랑을 전유하는 도구적이고 조건적인 사랑에 대항하여 무조건적인 사랑을 옹호하는 투쟁의 형태로 전개된다. 동시에 이 투쟁은 능력으로서의 사랑이라는 우리의 사랑의 개념은 개념과 실천 사이에 발생하는 불일치를 우리의 실천을 통해 변형해나갈 수 있는 잠재성을 인정한다. 이러한 변형적 실천의 잠재성은 개념과 실천 사이에 발생하는 불일치에 대한 '성찰성(reflexivity)'이 인간 자연구조에 내재된 우리의 능력이라는 것을 말한다.

도구적이고 조건적인 사랑은 'ego'와 'ego' 사이의 교환관계에 의해 성립되는 사랑의 유형이다. 'ego'는 우리가 앞에서 살펴본 것처럼 자기 자신을 다른 타자들과 분리된 독립적인 대상으로 간주하고 나의 정체성을 타자의 정체성과 분리된 형태로 혹은 그에 대항하는 형태로 경험한다. 나는 너와 완벽하게 분리되어 존재하기 때문에 나의 존재는 오로지 나에게 의존할 뿐, 나의 어떤 일부도 너와 공유하거나 너에게 의존하지 않는다고 생각한다. 이러한 'ego'로서의 '나'는 대상과의 관계를 도구적이고 조작적인 관계로 맺을 수밖에 없으며, 대상과 이런 관계를 형성하기 위해서는 그 관계의 성격 자체가 '소유적'이어야 한다(Bhaskar, 2001d[2002b]: 137). 이런 개인을 C. B. 맥퍼슨의 분석을 따라 '소유적 개인'이라고 명명할 수 있을는지도 모른다. 이러한 '소유적 개인'은 'ego'에 기초하며 이런 'ego'의 대상과의 관계를 지배하는 이성은 도구적인 '계산 이성(calculating reason)'이라고 할 수 있다.

동시에 소유에 대한 우리의 집착을 발생시키는 것은 '일시적인 실재(transient reality)' 혹은 '상대적인 실재(relative reality)'라고 부르는 '육화된 퍼스낼리티'와 관계가 있다. "당신의 상대적인 실재성의 어떤 부분이 당신에게 본질적인 것인가? 실제로 많은 이들은 그들의 물질적인 소유의 관계 속에서 자기 자신을 규정한다"(Bhaskar, 2001d[2002b]: 138). 우리는 소비를 통해 구입하는 상품들이 나를 구성한다고 생각한다. 하지만 자동차에 대한 우리의 소유가 우리의 일부를 구성하는 것처럼 느껴지지만 이러한 소유는 인간의 죽음이라는 예정된 경로 앞에서 그 의미를 상실한다. 초월적으로 실재하는 진정한 자아 앞에서 육화된 퍼스낼리티를 구성하는 소유의 대상은 모두 집착(attachment)일 뿐이다. 경제성장에 대한 우리의 물신숭배도 우리의 이러한 '육화된 인격성'의 잠정적이고 상대적인 실재성을 인정하지 못해서 발생하는 결과이다. 클라이브 해밀턴의 주장처럼, 경제성장은 일반인들에게 화폐소득을 증가시키는 이러한 화폐소득이 중요한 이유는 단지 '소비' 그 자체가 증가한다는 이유 때문만은 아니다. "그것은 경제성장이 사람들에게 불러일으키는 흥분과 경제성장으로 더할 나위 없는 행복이 보장될 거라는 믿음 때문이다"(해밀턴, 2011: 36).

하지만 소비는 우리에게 행복을 선사하지 않는다. 'ego' 그리고 '육화된 인격성'과 구별되는 '초월적으로 실재하는 진정한 자아'가 존재한다는 사실을 우리가 인정할 수 있다면 우리는 '자유(free)'에 대해 우리의 내면으로부터 정의내릴 수 있게 된다. 여기에서 '자유'는 나의 '초월적으로 실재하는 진정한 자아'와 충돌하는, 진정한 나와 불일치하는 타율성의 관계를 제거하고 진정한 나로 돌아가는 과정이 된다. 이 진정한 나와 타율적인 관계 사이에서 발생하는 갈등과 긴장으로 인해 우리의 내면은 늘 불편하다. 다르게 말하면 '행복'하지 않다. 내가 '행복'하지 않다는 것은 또한 나의 의도가 실현되지 않고 있다는 것을 말한다. 실현되지 않은 나의 의도는 나의 욕망(desire)과 불안(fear)으로 연결되며 욕망과 불안은 우리를 집착(attachment)으로 이끌 뿐 자유로 인도하지 않는다(Bhaskar, 2001d[2002b]: 147).

따라서 조건적인 사랑에서 무조건적인 사랑으로 '이행'하는 과정은 참된 자아를 향해 나의 자유를 향한 나의 변화(self-change)로부터 출발하지만 나의 변화로 한정될 수 없는 사회적인 변형의 과정이다. 왜냐하면 사회적인 존재의 변형 과정은 사회의 변형 과정과 연결되어 있기 때문이다. 무조건적인 사랑은 우리가 도달한 진정한 자아의 'ground state'로부터 흘러나오는 것이고 이것은 그 자체로 자발적이고 올바른 행위다. 'groud state'로부터 흘러나오는 이러한 행위만이 무조건적인 이유는 이러한 '이행'의 과정만이 도구적인 조건성과 합리성으로부터 자신의 행위를 해방하기 때문이다. 따라서 우리는 "개인적인 자기실현과 보편적인 자기실현 사이에 혹은 개인과 사회 변화 사이에 어떠한 대립도 존재하지 않는다(Bhaskar, 2001d[2002b]: 105)고 말할 수 있다.

우리가 'ground state'와 하나 되는 과정에서 우리는 자신을 다른 타자와 세계 일반으로부터 분리를 넘어서 우리 자신과 전체로서의 우주가 동일한 대상임을 알게 되는 초월적인 동일시의 과정으로 나아간다. '무조건적인 사랑'은 우리가 우리 자신이 마주하고 있는 대상과 사실은 분리되어 있지 않다는 '초월적인 동일시'에 기초하기 때문이다. "어느 누구도 다른 존재와 분리되어 있지 않다. 존재한다는 것은 관계하는 것이다. 그래서 존재한다는 것은 지리 - 역사적이다"(Bhaskar, 2001d[2002b]: 113). 존재한다는 것은 관계하는 것이기에 타자와 분리된 독립적인 자아로서의 'ego'는 환상이다. 다시 말한다면 존재는 관계이기 때문에 우리 자신을 이해하고 참된 자아를 발견한다는 것은 그 관계성을 이해한다는 것과 동일하다. '무조건적인 사랑'이란 그 관계성에 대한 우리의 이해의 강도에 비례한다. 이러한 이행의 과정은 다음과 같은 두 과정을 동반한다.

① 이러한 '관계성'에 대한 우리의 이해는 자신과 동일한 처지에 있는 '잉여인간'
  들의 사회로부터의 추방을 허용하는 현대 잉여인간들의 구경꾼의 논리를 지
  배하는 '잉여성의 판타지'를 해체시킨다.
② 타자를 만난다는 것은 타자의 고통에 등을 돌리지 않고 그 고통을 타자로부
  터 발견한다는 것을 말한다. 타자의 고통에 대한 이해는 타자의 고통을 발생
  시킨 원인에 대한 질문으로 연결되어야만 한다. 타자의 고통의 원인에 대한
  질문을 '무조건적인 사랑'이라는 이유로 사랑으로부터 배제하려는 일련의 모
  든 시도들은 자신의 의도를 배신할 수밖에 없다.

조건적인 사랑을 생산하는 현대 소비자본주의에 대한 비판과 동시에 무조건
적인 사랑의 실현을 요청하는 영성과의 대항헤게모니와의 접합은 일반적으로
급진주의 정치학과 영성 사이에 존재한다고 알려진 공약불가능성에 반대하는
입장이다. 그람시의 문제의식을 적용한다면 무조건적인 사랑은 정치의 인식론
으로서의 윤리로서 작동하며 이러한 윤리는 우리의 내부에 위치하고 있는 영성
으로부터 출현하는 객관적인 윤리이다. 이러한 접합을 통해 대항헤게모니 투쟁
은 '사랑'의 무조건성에 대한 옹호를 자신의 윤리로 하는 정치윤리를 갖게 되며
이러한 정치윤리는 조건적인 사랑에 대한 비판과 동시에 무조건적인 사랑의 실
현을 표면적으로 주장하면서도 소비자본주의와의 동맹을 통해 인간의 영성 방
어에 실패하고 있는 일부의 종교에 대한 종교비판이자 동시에 현실적인 종교개
혁운동의 성격을 가질 수 있게 된다. 이것은 자본주의 비판인 동시에 종교비판
의 형태라는 이중형태로 진행된다. 이러한 이중비판의 형태로 진행될 수밖에
없는 이유는 현대 사회가 생산하는 개인의 삶의 위기가 자아(self)의 문제와 중
첩되어 나타나기 때문이다. 문제의 중심이 자아의 변형(self-transformation)과 연
결될 때 영성과 급진주의 정치학의 결합은 회피할 수 없는 하나의 이론적인 동

시에 실천적인 문제가 된다. 이러한 이중비판운동을 통해 '능력으로서의 사랑'이라는 대항헤게모니 투쟁은 인간의 해방에 대한 프로젝트에 대한 새로운 이중전망을 제시한다. 이제 '전체로서의 사회' 변형을 이한 대항헤게모니 투쟁은 나의 외부에서 나에게로 향하는 운동이 아니라 나의 내부로부터 출발하는 운동이어야만 하기 때문이다. 해방은 근본적으로 자기 자신의 해방이다. "우리가 영향을 줄 수 있는 유일한 변화의 대상은 자기 자신뿐이다. 그리고 그 자기변화가 진실로 진정성이 있고 효과적이 되기 위해서는 보편적인 자기실현을 지향해야 한다"(Bhaskar, 2001c[2002b]: 223).

5. 급진주주의 좌파와 대항종교운동의 동맹

민중운동과 민중신학을 연결하였던 민중에 대한 인식론과 그 인식론이 가능하기 위한 전제로서 세계의 존재에 대한 존재론을 포괄하여 우리가 '민중철학'이라고 규정한다면, 민중이라는 공통성에 기초해 구축되었던 1970~1980년대 대항종교운동과 대항사회운동의 동맹은 민중철학의 급속한 해체와 함께 1990년대를 경유하면서 급속하게 약화되었다. 민중철학과 신학과의 접합을 통해 한국 고유의 해방신학으로서의 민중신학 운동을 전개하였던 대항종교운동은 '신학으로서의 민중'이라는 화두를 여전히 유지하고 있지만 민중철학의 해체와 그 공백으로부터 발생한 새로운 해방신학운동과 기독교보수주의에 능동적이고 효과적인 개입을 하지 못하고 있다. 동시에 2004년 이후 본격적으로 출현하고 있는 기독교 근본주의운동은 대항종교운동뿐만 아니라 한국 민주주의 그 자체에 대한 가장 공격적인 위협이 되고 있다. 이러한 상황은 대항능력의 일치라는 대항헤게모니 프로젝트의 원론적 요구를 넘어 대항종교운동과 민주주의의 급진화를 위한 대항정치 - 사회운동의 동맹 문제를 시급한 문제로 제기하고 있다. 인간의 보편적인 능력으로서의 사랑이라는 개념에 기초해 해방을 보편적인 자기

실현의 과정으로 정의하는 대항헤게모니 프로젝트는 민중철학의 해체로 인해 발생한 대항정치 - 사회운동과 대항종교운동의 동맹을 새로운 기초를 제공할 수 있다.

1) 종교근본주의의 출현: 정치의 도덕화와 정치적 범주의 정상화

2006년 12월 31일 서울 광화문에 위치한 새문안교회 담임목사인 이수영 목사는 '깰지어다, 일어날지어다'라는 제목으로 설교를 했다. 그 설교에서 그는 이렇게 말했다. "하나님의 교회를 압박하고 선교와 교육의 자유를 박탈하려는 세력들이 하나님의 분노의 잔을 받고 사라지는 해가 되어야 하겠습니다"(김지방, 2007: 22). 여기에서 하나님의 교회를 압박하는 세력은 민주적인 선거를 통해 집권한 당시 노무현 정권을 가리키는 것이고, 2007년 새해 대통령 선거에서는 노무현 정권을 하나님의 이름으로 즉 신의 이름으로 심판해야 한다고 그는 주장한 것이다. 『정치교회』의 저자인 김지방은 이렇게 묻는다. "과거 정교분리를 외쳤던 보수세력, 보수교회가 왜 이렇게 적극적인 정치 참여를 선언하고 나선 것일까. 교회에 무슨 일이 있었던 것일까"(김지방, 2007: 23). 보수교회의 능동적인 정치참여가 표면적으로 불거진 것은 2006년 불거진 사립학교법 재개정문제이지만 보수기독교의 정치세력화 시도는 2000년대 이후 지속적으로 전개되어왔다. 2004년 한국기독당, 2007년 기독민주당 그리고 2011년 9월 20일 현재 '대한민국의 구원을 위해 기독교가 나선다'는 취지아래 창당선언을 한 기독자유민주당까지 기독교 정치정당 창당의 역사는 2000년대 초반 한국 민주주의의 특성을 규정하는 중요한 요소의 하나이다. 기독교 정치정당 출현은 제도적인 배경은 2004년 총선에서 정당투표제가 도입되면서 개신교들의 전국적인 정당지지를 독자적으로 활용할 수 있는 정치전략이 가능해졌기 때문이다. 이러한 기독교 정치정당의 배후는 우리에게 기독교 뉴라이트 운동12)이라고 알려진 뉴라이트 운동이다.

　권진관은 현재의 한국의 기독교 보수주의가 능동적인 정치적 개입을 옹호한다는 점에서 이전의 한국 기독교 보수주의와는 질적으로 상이하다는 증언을 한다. 최대광(2010)은 이런 질적 차이를 '근본주의'의 개념을 통해 정의한다. 그는 자신의 논문 「기독교 근본주의의 정의와 미국과 한국의 기독교 근본주의」 논문에서, 전통적인 교리의 옹호와 이를 통한 종교적 정체성의 방어에 머물지 않고 전체로서의 사회의 '순수성'을 회복하자는 운동으로 나아가게 될 때 여기에서 보수주의와 근본주의가 갈라선다고 주장했다. "기독교 근본주의와 보수주의의 다른 점은 그들의 신념을 정치운동화한다는 데 있다고 했다. 이 '순수한' 교리의 관철을 위해서 극복해야 할 것은 세속화된 사회와 가치관이다"(최대광, 2010: 42).

　기독교 뉴라이트와 근본주의의 정치적 정체성을 상징적으로 보여주는 예는 그들이 진행한 국민대회 혹은 기도회의 명칭이다. 2007년 3월 뉴라이트 측의 서경석 목사가 금란교회의 김홍도 목사가 함께 서울시청에서 진행한 국민대회의 명칭은 '친북반미좌파종식 3·1 국민대회'였다. 류대영의 지적처럼 "그들의 이원론적 세계관은 세상을 찬찬히 이해하는 데 유용하기보다는 화급한 전투를 위해 필요한 무기와도 같다. 그들의 이원론은 우군과 적군을 명확히 구별할 수 있게 하며, 적군을 악의 세력이라고 쉽게 판단할 수 있게 해준다. 따라서 그들이 느끼는 위기감은 절박하고 적에 대한 분노는 맹렬하며, 전투에 임하는 그들의 자세는 결연하다"(류대영, 2009: 396). 이런 종교근본주의적인 정치운동의 출현은 민주주의 정치체제 자체에 대한 근본적인 도전을 함의한다. 왜냐하면 종교근본주의 정치운동은 정치의 도덕화(moralization of politics)를 그 전제로 하는데, 정치의 도덕화가 진행되는 과정에선 대립하는 정치적 범주의 균열이 선과 악의 대립구도로 재편됨으로써 나와 공존할 수 없는 악으로 규정되는 동시에, 그 범주와의 대립 자체를 하나의 성전으로 이해하도록 만들어 궁극적으로 '정치'를 민주주의로부터 소멸시키기 때문이다. 이들의 지향은 민주주의를 신의

---

12) 2007년 7월 27일 서울 연자동 기독교회관에서 '뉴라이트 기독교연합' 창립식이 열렸다.

이름으로 관리되는 치안체제로 작동시키는 것이다.

(1) 최대광에 의하면, 종교근본주의는 현대 사회에 내재된 자아정체성의 분열 과정에 대한 반동적인 개입이다. 다시 말해 "현대의 (자아의) 분열에 대한 응답으로 자신을 창조적으로 재구성하는 것이 아니고, 고정된 과거로 회귀함으로써 과거의 안정감에 복귀하고자 하는 것"(최대광, 2010: 37~38)으로부터 출현한다. 곧 현대 한국 개인의 내면성의 와해 혹은 병리적인 왜곡 과정에서 발생하는 자아정체성의 분열 혹은 리차드 세넷의 표현을 빌리면 '지속 가능한 자아'의 구성이 불가능해진 현대 한국 자본주의에서 발생하는 문제의 표현이 종교근본주의를 통해 표출된 것이다. 종교근본주의는 현대 한국 사회에서 발생하고 있는 내면의 병리적인 왜곡 과정을 전체사회의 '오염'의 과정으로 정의하고, '오염'의 원인을 제거하는 운동 곧 전체사회의 '순수성'을 회복하는 종교정치의 부활을 통해 내면의 불안에서 발생하는 열정을 전체사회을 '오염'시키는 타자들에 대한 공격으로 전환시킨다. 종교근본주의가 전제하는 순수성은 ① 이들이 양보할 수 없다고 생각하는 5대 교리뿐만 아니라 ② 한국 개신교회와 한국의 근대성을 매개하는 한국의 국가정체성(national identity)으로의 회귀를 의미한다. 이는 곧 전체사회에 대한 정치개입의 근거가 곧 종교근본주의가 전제하는 한국의 국가정체성에 대한 오염이라는 것을 의미한다. 현대 한국사회에서 발생하는 자아정체성의 와해 혹은 병리적인 왜곡을 국가정체성의 오염 혹은 위기로 전이시키고, 이를 오염의 근원이라고 여겨지는 타자들에 대한 다른 수단에 의한 전쟁의 선포, 이것이 한국의 종교근본주의의 기본 메커니즘이라고 할 수 있다. 바로 이 때문에 한국전쟁 전후를 통해 결정적으로 구축된 남북 냉전체제의 구도가 종교근본주의가 파악하는 ① 국가정체성의 중심이자 ② 국가정체성의 위기와 오염을 불러일으키는 요소들이 남북 냉전체제의 구도를 중심으로 통합되는 것은 일견 자연스럽다. 한국전쟁을 신의 폭력을 매개로 반복하려한다는 점에서 종교근본주의의 출현은 ① 내전을 정치과정 안으로 치환함으로써 말의 능력과 힘에 의존

하는 정치경쟁을 실현하는 민주주의체제 내부에 ② 또 다른 수단에 의한 내전상
황을 불러일으키려는 시도라고 할 수 있다. 신의 폭력을 통한 전체사회의 '정
화', 이것이 종교근본주의의 슬로건이다.

(2) 종교근본주의의 또 다른 차원은 국가정체성과 동일시되었던 자신들의 정
치적 범주로부터 이탈 혹은 분열 과정이다. 왜냐하면 종교보수주의와 한국 보
수주의의 접합 패러다임이자 이들의 정치적 범주였던 '보수'가 더 이상 종교보
수주의의 열정의 대상일 수 없는 임계상황에 직면하여, 종교보수주의로부터 종
교근본주의로의 직접적인 전환이 발생했기 때문이다. 개신교 기독정당 현상은
한국 보수주의 정당인 '민정당 → 민자당 → 신한국당 → 한나라당 → 새누리당'
과의 정치동맹 혹은 이를 통해 자신들의 요구를 실현하는 전략이 아닌 이들과의
정치경쟁을 선언하고 정치적 동원 대상으로 한국 개신교 전체 집단을 설정하였
다. 다시 말해 이들의 지속적인 실패에도 불구하고 정치적 범주로서의 보수로
부터의 이탈 과정을 통해 자신을 다시 정의하는 과정을 진행하고 있다. 이들의
일차적인 이유 혹은 표면적인 동기는 한국 보수주의 정당의 '좌경화'이다. 이들
이 제시하는 '좌경화'의 사례는 오직 정치적인 의미만을 띄는 것이지만, 대상에
대한 설명으로 나아가기 위한 '징후'들을 보여준다. 3김 청산을 주장하며 한나
라당에 진출한 과거 민중당 계열 정치인들에 대한 보수 내부의 불만이나 이들에
대한 보수주의 집단 내부의 불안 그리고 이명박 대통령도 한나라당 대선후보 선
출과정에서 '우파로 위장한 좌파'라는 내부의 비판에 직면했어야 했다는 사건들
은 이러한 징후의 대표적인 예이다.

종교근본주의의 입장에서 본다면, 한국 보수라는 정치적 범주를 매개하는 정
치정당과 프로젝트는 국가정체성의 오염과 위기의 진정한 해결자일 수 없는 동
시에 국가정체성 문제의 일부로 다시 정의된다. 따라서 자신들을 더 이상 대표
할 수 없는 정치정당과 자신을 분리하여 종교근본주의 정치정당을 설립하려는
이들의 시도는 내적으로 정당화된다. 그들이 '보수의 좌경화'라고 부른 현상은

한국 자유민주주의 구조에 내재된 인과적 힘의 하나인 [진보-보수]라는 정치적 범주의 정상화(normalization) 과정에 대한 불안의 다른 이름이라는 점이다. 다시 말해 '진보 - 보수'의 정상화의 과정에서 발생하는 배제와 불안이 종교근본주의 정치정당을 통한 정치적 범주의 재구성 운동으로 나타난 것이다. 로버트 O. 팩스턴에 의하면 체제 외부의 모든 운동은 체제 내부로 진입하는 과정에서 '정상화(normalization)'의 압력에 직면한다. 이것은 다른 운동들과 이념과의 타협과 협상능력을 강화시키지 않고서는 체제 내부에서 효과적이고 능동적인 정치행위자로 존재할 수 없고 동시에 광범위한 정치동맹을 구성할 수도 없기 때문에 발생하는 현상이다. 이런 현상은 모든 정치권력체제에서 일반적으로 확인되는 현상이지만, 자유민주주의체제 내부에서 발생하는 합의 중심의 패러다임에 대한 하나의 설명 변수로 도입될 수 있다. 자유민주주의체제는 주기적인 선거를 통한 정당정부의 구성을 그 핵심 작동원리로 하는데, 이 과정의 누적은 정치적 범주체계 내부에서 타협과 합의에 대한 압력을 발생시킨다. 왜냐하면 이 과정은 전체사회에 대한 국가 관리의 합리성을 매개로 한 국가이성으로서의 정치정당을 요청하고, 국가이성의 합리성 내부의 대립은 인정하지만 그 대립의 차이보다는 관리를 위한 합의를 중요하게 부각시키기 때문이다. 바로 이 때문에 정치적 범주체계 내부에서 합의 중심의 패러다임이 적대 중심의 패러다임을 대체하는 효과가 누적되며, 이 과정은 다른 정치적 범주와의 대립을 유효한 현실 내에서의 대립으로 환원하고 이를 통해 사실상 정치적 범주의 유의미한 차이를 부차화하려는 시도 일반이 발생하는데 난 이 현상을 로버트 팩스턴의 '정상화' 개념을 빌려와 정치적 범주의 정상화 과정이라고 부를 수 있다고 본다.

이런 관점에서 본다면, 종교근본주의가 보수로부터 분리의 계기로 선언한 '보수의 좌경화'란 사실 한국 자유민주주의를 구성하는 정치적 범주체계의 정상화 과정으로부터 발생하는 '진보 - 보수' 범주 사이의 유의미한 차이의 소멸 과정에 대한 대응의 다른 표현이라는 사실을 알게 된다. 각 개인의 내면에서 발생하는 자아정체성의 위기를 국가정체성과의 동일시를 통해 치환해왔던 종교근본주의가 자신들이 악으로 규정하던 두 번의 민주정부의 교체 과정을 통해 더욱 증폭된 정치적 범주의 정상화 과정에서 발생한 국가정체성의 위기와 오염을 보수로부터의 이탈과 근본주의로의 회귀를 통해 재접합하려는 시도가 바로 한국의 종교근본주의운동이라고 할 수 있다. 각 개인의 내면성의 와해 곧 일상적인 삶의 유기적인 위기 상황으로부터 발생하는 자아정체성의 문제를 정치적 범주를 통해 표현할 수 없는 현상에 대한 반민주주의적인 개입의 형태가 종교근본주의라고 본다면, 이는 현재 한국 자유민주주의체제의 위기가 단지 정치과정의 투입과 산출로부터 발생하는 위기 그 이상의 것임을 보여준다. 왜냐하면 현대 한국 자아정체성의 점증하는 폭발적인 왜곡 과정이 진보-보수라는 정치적 범주의 정상화 과정과 분리되어 국가정체성의 순수성을 호명하는 집단과의 결합을 통해 내면의 왜곡을 타자에 대한 신적 폭력 곧 정치를 도덕화하는 과정을 통해 표출할 가능성의 공간이 점점 증대하고 있음을 보여주는 것이기 때문이다. 바로 이 때문에 일상적인 삶의 유기적인 위기 과정에 내재되어 있는 자아정체성의 문제와 민주주의의 문제는 분리된 문제가 아니며, 자아정체성의 왜곡 과정에서 발생하는 적대성을 표현하고 통합할 수 있는 정치적 범주의 구성이 현대 한국 민주주의의 급진화를 위한 일차적인 요청의 하나임을 알게 된다. 민주주의의 급진화를 위한 대항헤게모니 프로젝트로서의 급진 민주주의가 접합될 수 있는 지점이 바로 이 지점이다. ① 자아의 분열과 보수-진보라는 정치적 범주의 정상화 과정에서 소멸한 적대의 표출 공간을 ② 반민주주의적인 개입을 통해 종교근본주의로 전환하려는 운동과 달리, 대항종교운동과 급진 민주주의 프로젝트의 접합은 ① 종교근본주의에 대한 비판과 동시에 ② 종교근본주의의 운동을 전복하여 자아의 분열과 보수-진보라는 정치적 범주의 정상화 과정에서 배제된 열정들을 자아변형을 매개로 한 전체사회의 민주적 재구성에 대한 열정으로 전환시킬 것을 요청한다. 근본주의의 도전에 대한 급진 민주주의의 대응은 민주주의의 급진적인 확장이다.

2) 급진민주주의 좌파: 좌파 정치적 범주의 급진민주주의적인 재구성

자아의 위기로부터 발생하는 불안을 넘어서려는 우리들의 열정에 내재된 보편적인 자기실현의 운동을 민주주의와 접합하여 민주적인 열정(democratic passion)으로 전환하기 위해서는 열정이 표현되고 집중될 수 있는 정치적 동일시의 대상으로서 '정치적 범주'가 존재해야만 한다. '좌파(Left)'의 범주는 인간의 자기실현으로서의 이상을 근대 사회주의 프로젝트를 통해 실천해온 중심 정치적 범주이다. 하지만 유럽의 국가사회주의와 사회민주주의 그리고 제3세계에서 발생한 민족사회주의라는 '좌파'라는 정치적 범주의 20세기 프로젝트는 모두 내파했다. 20세기 좌파를 구성했던 프로젝트와 달리 인간의 보편적인 능력의 실현을 위한 대항헤게모니 프로젝트를 내재한 정치적 범주로서의 좌파를 본 논문에선 '급진민주주의 좌파'라고 정의한다. 급진민주주의 좌파는 민주주의 좌파 혹은 민주적 좌파(democratic left)에 내재된 민주주의와의 관계 모호성을 보편적인 자기실현이라는 인간 해방의 대항규범을 통해 재정립함으로써 민주주의를 "인간 능력의 완전한 실현"이라는 민주주의 본래의 의미로 규정한다. 동시에 급진 민주주의 좌파라는 정치적 범주는 ① 1980년대 이후 넓은 의미의 마르크스-레닌주의의 영향 하에 구성된 한국 변혁주의 ② 1990년대를 경유하면서 1990년대 한국 시민사회와 정치사회를 매개하는 범주로 나타나 현재 안정화된 진보주의 ① 모두에 대한 비판인 동시에 ② 좌파와 해방을 다시 연결함으로써 자유민주주의의 내부로 통합된 자유, 평등, 연대의 요소들과 인간해방의 재접합을 통해 정상화 과정 외부로 배제된 인간 해방에 대한 상상을 다시 민주적인 정치경쟁 내부로 도입하는 정치적 범주이다.

이런 급진민주주의 좌파는 ① 좌파라는 정치적 범주를 불평등에 대항하는 평등의 운동으로 정의하는 지배적인 상식과 대립한다. 왜냐하면 평등이 아닌 인간의 자유 실현을 위한 해방(emancipation)의 개념을 좌파 정의의 일차적인 요인으로 제시하기 때문이다. ② 평등은 민주주의운동의 일차적인 요소임에 틀림없지만 각 개인의 구체적인 특이적인 자유의 실현이란 요소와 결합하지 않는 평등은 자유민주주의의 내부의 한계 내에 머문다. 평등과 각 개인의 구체적인 특이적인 자유의 실현의 결합이 로이 바스카의 보편적인 자기실현으로서의 해방 개념에 내재된 중심적인 요청이다. 자유민주주의의 내부로 통합된 자유와 평등 그리고 연대의 요소를 인간의 자기실현을 위해 급진화한다는 점에서 급진 민주주의 좌파(Radical democratic left)는 좌파의 급진 민주주의적 재구성을 향한 정치적 범주라고 할 수 있다.

민주화 이후 한국 민주주의의 정치적 범주체제를 지배하고 있는 보수-진보 정치적 범주체계는 다음과 같은 두 운동을 통해 등장했다. ① 식민지배와 한국전쟁 그리고 정전이라는 또 다른 수단에 의해 유지 존속된 내전의 구조화로부터 발생하는 좌파-우파 정치적 범주체계에 대한 폭력과 규율의 결과 ② 1987년 민주화 이후 민주주의로의 이행이라는 정치적 조건 하에 한국 자본주의의 변형과 맞물린 한국 시민사회의 폭발적인 성장 국면 속에서 출현했다. 한국 진보주의는 1980년 5월 광주를 통해 복원된 한국 변혁주의에 내재된 ① 민주주의에 대한 부정 ② 분석적이고 추상적인 보편성을 통한 전체사회의 변형에 대한 열망으로 인해 현실과 분리된 구체성의 부재라는 두 요소에 대한 비판을 시민사회를 구성하는 다양한 집단들의 요구의 정치(politics of demand) 실현과 접합하여 민주화 이후 민주주의 국면에서 정치 경쟁할 수 있는 구체적인 정책 생산의 메커니즘을 강조했다. 따라서 진보라는 정치적 범주는 프로젝트를 통해 구성되는 좌파라는 정치적 범주와 달리 프로그램 기반을 통해 작동하는 특성을 지닌다. 진보라는 정치적 범주의 이런 기본 특성은 기존 질서에 대한 개입의 구체성과 결합될 수 있었고 동시에 진보라는 범주를 20세기 좌파의 프로젝트인 국가사회주의, 민족사회주의, 사회민주주의 일반과 분리된 기존 질서의 합리화를 위한 '관리로서의 평등' 실현을 위한 다양한 운동들의 종합 범주로 작동할 수 있었다. '관리로서의 평등'이란 국가를 통한 공적관리의 대상으로 평등을 설정하는 것이다. 이것은 평등이 사실상 상이한 개인들을 공평하게 다루는 관리의 기술과 결합되어 있다는 것을 의미하고 동시에 시민의 평등이란 오직 공적인 규칙체계와 결합되어 이해된다는 것을 가리킨다. 이 때문에 진보의 범주를 좌파와 동일시하는 일부 입장과 달리 ① 내전의 종식과 외세의 식민화를 반대하는 민족주의운동 ② 독재에서 민주주의로의 이행을 요청하고 민주주의의 자유화와 민주화를 주장했던 자유주의 계열 운동이 자신의 진보성을 주장할 수 있는 근거가 된다. 진보는 프로젝트 기반의 범주가 아니라 질서에 대한 구체적인 개입의 방향에서 정의되는 범주이기 때문이다. 바로 이런 진보라는 정치적 범주의 특성 때문에 2008년 진보의 재구성을 목표로 민주노동당으로 분화한 진보신당 프로젝트가 진보신당의 의도와 달리 진보라는 정치적 범주의 재구성이 아닌 현재와 같은 ① 통합진보당 중심의 민족주의계열 ② 진보정의당 중심의 자유주의 계열 ③ 진보신당 중심의 한국 사회주의 계열로 분화된 근본 이유이다. 역사를 통해 구성된 한국 진보주의의 복합성이 범주를 구성하는 헤게모니 능력의 결여 과정에서 각 계열로 분화되어 나타나 각자를 진보라는 정치적 범주의 정치정당으로 정의한 것이다.

진보의 범주는 ① 시민사회와 정치사회의 분리를 전제로 ② 시민사회의 요구의 정치를 정치사회 내부로 통합하기 위한 통합(inclusion)의 정치를 지향한다. 따라서 관리로서의 평등을 관철하려는 진보는 지배의 과잉에 대항하여 지배의 합리성을 실현하는 정치적 범주라는 점에서 상황의 개선을 위한 효과를 발휘하지만 구조의 변형 문제를 상황의 개선과 분리한다. 왜냐하면 민주적인 정치경쟁은 상황의 개선을 위한 구체적인 개입 보다 분명하게는 시민사회를 구성하는 다양한 유형의 요구를 실현할 수 있는 정책경쟁을 통해 작동하기 때문이다. 이런 정책경쟁을 통해 '관리로서의 평등'을 실현하는 진보 범주는 따라서 구조의 변형과 연결된 인간의 보편적인 자기실현을 낭만주의의 잔재 혹은 20세기 국가사회주의와 민족사회주의 운동에 내재된 전체주의의 맹아로 인식한다. 민주주의좌파의 범주와 진보 범주의 핵심적인 차이는 바로 여기에 존재한다. 민주주의좌파는 국가사회주의와 민족사회주의 운동에 내재된 전체주의의 맹아와 대립하면서 ① 민주주의와 좌파의 접합을 요청하고 ② 동시에 민주적인 정치경쟁을 자유민주주의의 정치사회를 넘어 전체사회의 모든 관계들의 민주화를 향한 영역 모두로 확장한다. 다시 말해 보편적인 자기실현으로서의 해방 개념을 실현하기 위해 인간을 사회적 존재로 유지하고 존속하는데 필요한 모든 관계의 평면들에 대한 개입을 옹호한다. 관리로서의 평등에 대립하는 해방의 개념을 민주주의를 통해 실현하는 이런 프로젝트를 민주주의 개념 그 자체의 실현이란 의미에서 급진 민주주의 프로젝트라고 부를 수 있다면, 민주주의좌파의 민주주의는 단순한 수식어가 아니라 진보-보수라는 정치적 범주체계의 정상화 과정에 대한 대항을 통해 지배의 합리화가 아닌 지배 그 자체의 폐지를 통해 인간 능력의 완전한 실현을 향해 나아가는 운동의 다른 이름이다.

6. 결론

본 논문은 한국 기독교 보수주의와 근본주의에 대한 비판으로부터 출발하지만 동시에 이로 한정되지는 않는다. 민주주의좌파와 대항종교운동의 동맹은 한국 개신교로 환원될 수 없는 다양한 대항종교운동을 그 동맹대상으로 한다. 이 논의의 기초는 민주주의좌파의 '해방'과 동과 서 모두에서 발전한 대항종교운동의 목표가 메타 리얼리티적인 차원에서 동일하다는 가정에 기초한다. 해방과 종교를 연결시켜주는 것은 인간의 보편적인 능력으로서의 사랑이라는 개념이다. '능력으로서의 사랑'은 그 사랑을 소외시키는 다양한 관계들에 의해 도구적이고 조건적인 사랑의 형태로 표출되고 있지만 해방운동과 대항종교운동은 참된 자아로 나아가는 사랑의 이행운동을 통해 사랑과 창조의 능력에 기초한 새로운 사회의 구성을 지향한다.

'능력으로서의 사랑'에 기초하는 대항헤게모니 프로젝트는 종교와 과학을 대비시키고 과학의 이름으로 종교를 사회로부터 추방하려는 일련의 '과학주의'운동에 기초하지 않는다. 이와 달리 우리가 제안하는 프로젝트는 종교를 통해 우리가 경험하는 초월적인 경험이 우리의 일상적인 생활을 가능하기 위해 필연적으로 전제되어야만 하는 초월성의 개념과 충돌하지 않는다는 판단에 기초해 이러한 경험이 가능하기 위한 실재에 대한 철학적 반성을 진행한다. 이러한 탐구로부터 우리는 이러한 경험이 가능하기 위한 인간 자연의 일반 구조에 내재된 보편적인 능력으로서의 사랑을 발견한다. 따라서 종교 그 자체 또한 인간 자연의 일반구조로부터 발생하는 가능성의 조건들에 의해 규정되는 것이며 따라서 그것은 우리의 인식이 발전되어 소멸할 수도 있지만 동시에 세계를 구성하는 우리의 능력을 표출하는 경로로 발전될 수도 있다.

내재성(immanence)이라는 개념에 기초해 설명된 이러한 인간의 보편적인 능력으로서의 사랑이라는 개념을 종교는 신(god)과 동일시한다. 우리는 이 지점에서 '신은 사랑 그 자체'라는 종교의 주장에 대해 어떤 입장을 가질 것인가? 대항헤게모니 프로젝트는 인간의 보편적인 능력으로서의 사랑의 내재성의 '이름'이 무엇인가에 대해 논쟁하지 않으며 그것은 다양한 형태의 이름으로 규정될 수 있다는 것을 받아들인다.13) 다시 말해 그 능력에 대한 인식론적 상대성을 인정하며 바로 이러한 이유로 인해 종교와 신을 새로운 질서로부터 추방하려는 시도에 대해 반대한다. 하지만 이것이 모든 종교에 대한 우리의 합리적인 판단이 불가능하다는 것을 가리키는 것은 아니다. 우리는 '능력으로서의 사랑'이 실재한다는 입장에 기초해 그러한 실재에 대한 정의는 우리의 경험과 해석에 의존해 있다고 말하고 있지만 이러한 우리의 인식론과 상대성에 대한 허용이 우리가 경험하는 모든 종교들과 신에 대한 해석들이 동등하게 가치 있다거나 혹은 보다 적합한 보다 불합리하다는 판단을 내릴 수 없다고 말하는 것은 아니기 때문이

---

13) 로이 바스카는 신에 대해 이야기할 때 대문자를 사용하지 않는다. 다시 말해 신(God)을 말하지 않고 신(god)을 이야기한다. 여기에서 이 '신'에 대한 핵심적인 오해의 하나는 이 '신'을 유신론자들이 인격화하여 믿고 있는 신과 혼동하는 것이다. 바스카는 신에 대해 이야기하지만 그가 신의 개념을 허용하는 것은 자신의 개념에 대해 그들이 '신'이라고 부르고자 한다면 그것을 허용한다는 것뿐이다(Bhaskar & Hartwig, 2010: 168).

다. 우리는 신과 종교에 대한 판단적 합리성(judgmental rationality)을 견지할 수 있고 견지해야만 한다.

우리는 '신이 사랑 그 자체'라면 신과 종교를 부정하지 않는다. 하지만 신의 이름으로 인간의 사랑을 소외시키는 특정하게 해석되어 정의된 사랑에 대항해 이를 비판할 수 있다. 민주노동당과 진보신당이 제출한 성소수자차별방지법에 대한 기독교단체들의 반발은 이에 대한 직접적인 사례이다. 2008년 성소수자차별방지법 제정과정에서 동성애자차별금지법저지 의회선교연합을 총괄하고 있던 장헌일 사무총장은 차별금지법안에 대해 "동성애차별금지법(차별금지법안)은 동성애를 정상으로 공인하고, 확산을 막으려는 모든 건전한 노력을 금지시킨다"며 "동성애가 사회에 확산되고 나면, 피해자가 생기며 사회병리현상들이 심화될 수 있다"고 주장했다. 그는 또 "동성애는 분명한 죄악이라는 것을 가르쳐야 한다"며 "동성애를 정상으로 인정하려는 세상의 흐름에 휩쓸리지 않도록 동성애는 하나님이 금지한 죄악이라는 것을 가르쳐야 한다"고 밝히기도 했다.[14] 이것은 신은 곧 사랑이라는 명제 위에 구축된 사랑이 모든 이의 사랑은 아니며 단지 이성애자들만의 사랑이라는 것을 보여준다. 성소수자차별방지법을 동성애자차별방지법으로 재명명하는 과정에서 상징적으로 드러나는 이러한 사랑의 이성애적 전유에 대해 우리는 판단적 합리성을 통해 이런 이성애적 사랑만을 사랑으로 규정하는 그들의 사랑과 그 사랑을 옹호하는 신에 대해 반대하고 비판할 수 있다. 이는 단지 보수 개신교계만의 문제는 아니다. 2010년 12월 28일자 ≪오마이뉴스≫ 보도에 의하면 2010년 12월 20일 대한민국종교지도자협의회에 속한 대한민국 7대 종단의 대표들은 공동성명을 통해 "그러나 사회적 소수자 인권보호를 빌미로 '동성애차별금지법'과 같이 우리사회의 전통적인 사상적 근간과 사회적 통념을 무너뜨리는 입법에 대해서는 적극 반대한다"[15]고 발

---

14) 인터넷 ≪참세상≫, 2007년 11월 9일자.

15) ≪오마이뉴스≫ 2010년 12월 28일자, "'성지순례' 마치고 온 종교지도자들, 이게 무슨 짓

표했다. 동성애는 후천적인 환경의 산물이며 약물치료와 상담을 통해 치료될
수 있다고 주장하는 이들의 끈질긴 협박에도 불구하고 이들 종교는 자신들의 교
회 내부에 존재하는 성적 소수자들을 스스로 '박멸'할 수는 없다. 교회의 공식적
인 입장과 달리 교회 내부에 존재하는 성적 소수자들은 자신의 성적 정체성을
숨긴 채로 즉 성과 교회를 분리하여 자신의 신앙생활을 유지하고 있기 때문이
다. 인간의 보편적인 능력으로서의 사랑에 기초하는 우리의 대항헤게모니 프로
젝트는 이러한 성소수자로부터 종교와 교회를 박탈하려는 것이 아니라 이 성소
수자들이 자신의 사랑을 옹호하는 종교와 교회를 위해 동맹을 맺는 방향으로 나
아가야 한다.

능력으로서의 사랑이라는 개념에 기초하여 신과 종교에 대한 인식론적 상대
성을 인정하지만 동시에 판단적 합리성을 통해 비판을 수행할 수 있다는 우리의
대항헤게모니 프로젝트에 대한 이해는 동시에 실천으로부터 영적 차원으로 후
퇴하는 전통적인 종교의 관점에 대해 근본적인 비판을 수행한다. 우리가 비판
하는 전통적인 영적 차원으로의 후퇴란 우리의 능력으로부터 사랑을 소외시키
는 질서에 대한 변형의 실천으로 나아가기보다는 그것과 분리된 '영성'의 실현
이 가능하다는 입장을 가리킨다. 하지만 이미 앞에서 살펴본 것처럼 인간의 보
편적인 자기실현으로서의 해방은 ① 적대의 변증법과 ② 사랑의 변증법의 비대
칭적인 관계 속에서 구성되어 있기 때문에 나의 사랑을 소외시키는 4차원에 대
한 개입과 변형 없이 나의 능력을 실현시킬 수 있는 조건을 구축하는 것은 나의
해방과 타자의 해방을 분리하여 나의 해방에 몰두하게 할 뿐 진정한 초월적인
자아로서의 우리의 해방과 분리될 수밖에 없다. 보편적인 자기실현으로서의 해
방이라는 우리의 철학이 자기변화(self-change)의 중요성과 그 우선성을 인정하
다고 하더라도 이 프로젝트의 입장은 내가 해방되기 위해서는 타자의 해방이 필
요하며 바로 이것이 해방의 과정이라는 것이다.

———————

입니까."

우리의 출발은 모든 형태의 지배와 권력관계가 유지 존속하기 위해서는 권력관계에 의해 전유되는 인간 일반의 자연구조로부터 발생하는 능력이 존재해야만 한다는 것이다. 즉 지배와 권력관계는 그 자체로 독립적인 관계가 아닌 우리의 능력을 우리 자신으로부터 소외시키는 과정을 통해 작동하는 관계이다. '능력으로서의 사랑'이라는 우리의 개념은 바로 이러한 존재론으로부터 도출된다. '인간에 대한 인간의 지배'는 '인간의 인간에 대한 사랑'의 전유일 뿐, 그 반대일 수는 없다. 대항헤게모니는 '인간에 대한 인간의 지배'의 헤게모니에 대항하여 인간의 인간에 대한 자율적이고 창조적인 대안적인 관계를 '능력으로서의 사랑'에 기초해 구축하려는 운동이자 전략이다. '능력으로서의 사랑'이라는 개념에 기초하는 대항헤게모니 투쟁은 ① '사랑'을 인간의 일상에서 경험할 수 없는 그래서 인간의 해방과 대립하는 힘으로 설정하고 '초월적인 구원'을 통해서만 가능한 문제로 상정하는 일부의 종교운동에 대립한다. 왜냐하면 우리는 바로 우리의 일상생활이 유지되고 존속하기 위해서는 인간 일반의 자연구조 내부에 '능력으로서의 사랑'을 발생시키는 구조가 존재한다고 말을 하기 때문이다. '능력으로서의 사랑'은 유한한 인간 존재로부터 박탈되어 무한성의 존재자에게 귀속되어야 하는 것이 아니라 인간 일반의 보편적인 능력으로 환원되어야만 한다. 동시에 ② '능력으로서의 사랑'에 기초하는 우리의 투쟁은 사랑을 전유하는 모든 형태의 지배 - 권력 관계로부터 우리의 사랑을 환원하려는 시도를 진행한다. 따라서 '무조건적인 사랑'에 대한 옹호는 인간의 해방을 위한 필수적인 요청으로 이해되어야 한다. 새로운 대안적인 질서를 구축하기 위한 '창조성'은 인간의 사랑의 능력에 기초하지 않고서는 창출될 수 없다. 창조성, 사랑 그리고 자발성은 모두 인간의 자연에 주어진 능력의 구조로부터 발생하는 것이다. 우리는 이것을 '영성(spirituality)'의 차원이라고 부를 수 있는데, 전통적인 유물론과 관념론의 대립과는 무관하게 이러한 '영성'의 차원은 모든 물질(성)을 구성하는 내부 구성요소 혹은 차원이며, 동시에 물질성은 정신성으로 환원할 수 없다. 문제는 인간의 일상생활을 구성하고 있는 이러한 영성의 차원을 인간의 해방 프로젝트

와 대립하거나 혹은 인간의 해방 프로젝트로부터 박탈하여 인간의 외부세계에
한정하려는 일련의 운동들로부터 인간의 영성의 고유한 차원을 다시 확인하여
그것을 '인간화'하는 것이다. 이러한 운동의 과정에서 '사랑'은 우리가 부정하고
자 해도, 우리가 의도하지 않아도 우리가 마주한 공동의 세계를 구성하는 능력
으로 작동할 것이다. 사랑은 나에게 '사치'라고 말하는 20대의 젊은이들이 있다.
인간 존재의 자연구조에 내재하는 보편적인 능력으로서의 사랑을 '사치'라고 말
하는 이들의 현상적인 이유는 모든 다르지만 자신이 처한 불행과 비참, 혼돈과
무능에 대한 반동이라는 측면에서 공통성을 갖는다. 사랑은 그들이 처한 조건
에서 배제되어야만 하는 관계의 구성으로 정립된다. 하지만 사랑은 '사치'라는
이들의 주장이 강하면 강할수록, 사랑에 대한 열망은 그리고 사랑을 통해 분출
되는 열정은 강력하다. 왜냐하면 이미 에리히 프롬이『사랑의 기술』에서 밝혔
듯이, 사랑에 대한 그들의 열망과 열정의 강도는 그들이 처한 고독의 강도에 비
례하기 때문이다. 우리는 이 사랑에 대한 열정을 민주주의적인 열정과 결합해
야만 한다.

참고문헌

권진관. 2009.『예수 민중의 상징 민중 예수의 상징: 민중신학의 조직신학적 체계』. 동연.
그람시, 안토니오. 2004a.『그람시의 옥중수고 1: 정치편』. 이상훈 옮김. 거름.
______. 2004b.『그람시의 옥중수고 2: 철학, 역사; 문화』. 이상훈 옮김. 거름.
김지방. 2007.『정치교회: 권력에 중독된 한국 기독교 내부 탐사』. 교양인.
김진호. 2012.『시민K, 교회를 나가다: 한국 개신교의 성공과 실패, 그 욕망의 사회학』. 현암
　　　사.
류대영. 2009.『한국 근현대사와 기독교』, 푸른역사.
마르크스, 칼·프리드리히 엥겔스. 2002.『공산당선언』. 이진우 옮김, 책세상.
법정. 1999.『무소유』, 범우사.
세넷, 리처드. 2002.『신자유주의와 인간성 파괴』. 조용 옮김. 문예출판사.

________. 2004. 『불평등 사회의 인간 존중』. 유강은 옮김, 문예출판사.

알트파터, 엘마. 2007. 『자본주의의 종말』. 염정용 옮김. 동녘.

이종영. 2002. 『내면성의 형식들』. 새물결.

조희연. 2011. 「한국적 '급진민주주의론'의 개념적·이론적 재구축을 위한 일 연구: 자본주의
  와 사회적 차별질서를 넘어서는 '민주주의적 변혁주의' 탐색」. 『급진민주주의리뷰 데
  모스 1: 민주주의의 급진화』, 급진민주주의 연구모임 편, 데모스 미디어.

최대광. 2010. 「기독교 근본주의의 정의와 미국과 한국의 기독교 근본주의」. 『기독교사상』.
  대한기독교서회.

최장집. 2005. 『민주화 이후의 민주주의』(개정판). 후마니타스.

프롬, 에리히. 2006. 『사랑의 기술』. 황문수 옮김. 문예출판사.

해밀턴, 클라이브. 2011. 『성장숭배: 우리는 왜 경제성장의 노예가 되었는가』. 김홍식 옮김.
  바오출판사.

Bhaskar, Roy. 2000a[2002a]. "Critical realism and Ethics: Introducing transcendental dialec-
  tical critical realism." *From Science to Emancipation: Alienation and the Actuality of
  enlightenment.* Sage Publications Ltd: London.

________. 2001a[2002b]. "Critical realism: beyond Modernism and Post-modernism."
  Reflections on Meta-Reality: transcendence, emancipation and everyday life. Sage
  Publications Ltd: London.

________. 2001b[2002b]. "Who am I?" *Reflections on Meta-Reality: transcendence,
  emancipation and everyday life.* Sage Publications Ltd: London.

________. 2001c[2002b], "Meta-Reality: In and beyond critical realism." *Reflections on
  Meta-Reality: transcendence, emancipation and everyday life.* Sage Publications Ltd:
  London.

________. 2001d[2002b]. "Social Science and self-realization: Non-duality and co-
  presence". *Reflections on Meta-Reality: transcendence, emancipation and everyday
  life.* Sage Publications Ltd: London.

Bhaskar, Roy & Mervyn Hartwig. 2010. *The Formation of Critical Realism: A personal
  perspective.* Routledge: New York.

Carroll, William K. 2006. "Hegemony, Counter-hegemony, Anti-hegemony." *Socialist
  Studies*, Vol.2, No.2.

Collier, Andrew. 2002, "Dialectic in Marxism and critical realism." *Critical Realism and
  Marxism.* London and New York: Routledge.

Fraser, Nancy. "Are we talking too much about Religion?" interview on www.resetdoc.org. http://www.youtube.com/watch?v=0KHRfnUCcko.

Gramsci, A. 1971. *Selections from the Prison Notebooks of Antonio Gramsci*. Q. Hoare & G. N. Smith, Trans. New York City, NY: International Publishers.

Joseph, Jonathan. 2006. "Marxism, the Dialectic of Freedom and Emancipation." *Realism, Philosophy and Social science*. Palgrave MacMillan: London.

Mouffe, Chantal. 2000. "Politics and Passion: the Stakes of Democracy." *Ethical Perspective*7/2-3, http://www.ethical-perspectives.be.

__________. 2005a. *On the Political*. Routledge: London

__________. 2005b. "For an agonistic public sphere." *Radical Democracy: Between abundance and lack*. Edited by Lasse Thomanssen and Lars Tønder, Manchester Univ. Press: Oxford.

__________, 2010. "From antagonistic politics to an agonistic public space." http://www.re-public.gr/en/?p=2801

Wainwright, Hilary. 2008. "Rethinking the political party." Internet source: http://www.redpepper.org.uk/Rethinking-political-parties/.

Wight, Colin. 2006. "Realism, Science and Emancipation." *Realism, Philosophy and Social Science*. Palgrave macmilan: New York.

지은이(가나다순)

김명희 | 급진민주주의 연구조합 데모스

김보현 | 명지대학교 연구교수

김재민 | 급진민주주의 연구조합 데모스

류석진 | 서강대학교 정치외교학과

서영표 | 제주대학교 사회학과

손우정 | 급진민주주의 연구조합 데모스

방인혁 |

이창언 | 성공회대학교 연구교수

장훈교 | 급진민주주의 연구조합 데모스

급진민주주의리뷰 *데모스* No.4 2013
한국 급진민주주의 프로젝트: 비판과 모색 II
ⓒ 급진민주주의 연구조합 데모스 편집위원회, 2013

초판 1쇄 인쇄 | 2013년 10월 30일
초판 1쇄 발행 | 2013년 11월 15일

편집위원 | 서영표·장훈교·이승원·조희연
엮 은 이 | 급진민주주의 연구조합 데모스
지 은 이 | 김명희·김보현·김재민·류석진·서영표·손우정·방인혁·이창언·장훈교

펴 낸 이 | 김원식
펴 낸 곳 | 데모스 미디어
　　　　　주소 121-801 서울시 서초구 양재동 154-2 우성 ⓐ 105-906
　　　　　등록 제321-2010-000045호
판매대행 | 도서출판 한울
　　　　　전화 031) 955-0655 팩스 031) 955-0656

Printed in Korea.
ISBN 978-89-966350-5-5 94330
　　　978-89-966350-3-1 (세트)

* 가격은 겉표지에 있습니다.